# OBSTINAÇÃO
# OBSTINAÇÃO
# OBSTINAÇÃO

Solicite nosso catálogo completo, com mais de 350 títulos, onde você encontra as melhores opções do bom livro espírita: literatura infantojuvenil, contos, obras biográficas e de autoajuda, mensagens espirituais, romances, estudos doutrinários, obras básicas de Allan Kardec, e mais os esclarecedores cursos e estudos para aplicação no centro espírita – iniciação, mediunidade, reuniões mediúnicas, oratória, desobsessão, fluidos e passes.

E caso não encontre os nossos livros na livraria de sua preferência, solicite o endereço de nosso distribuidor mais próximo de você.

*Edição e distribuição*
**EDITORA EME**
Caixa Postal 1820 – CEP 13360-000 – Capivari-SP
Telefones: (19) 3491-7000 | 3491-5449
Vivo (19) 99983-2575 ☻ | Claro (19) 99317-2800 | Tim (19) 98335-4094
vendas@editoraeme.com.br – www.editoraeme.com.br

# OBSTINAÇÃO

ROMANCE MEDIÚNICO

**WANDA A. CANUTTI**
EÇA DE QUEIRÓS e CHARLES
(ESPÍRITOS)

Capivari-SP
– 2019 –

© 2016 Wanda A. Canutti

Os direitos autorais desta obra foram cedidos pela autora para a Editora EME, o que propicia a venda dos livros com preços mais acessíveis e a manutenção de campanhas com preços especiais a Clubes do Livro de todo o Brasil.

A Editora EME mantém o Centro Espírita "Mensagem de Esperança" e patrocina, junto com outras empresas, instituições de atendimento social de Capivari-SP.

3ª reimpressão – janeiro/2019 – de 11.001 a 12.000 exemplares

CAPA | André Stenico
PROJETO GRÁFICO E DIAGRAMAÇÃO | Victor Benatti
REVISÃO | Léa Fazan

Ficha catalográfica elaborada na editora

Eça de Queirós (espírito)
 Obstinação / pelos espíritos Eça de Queirós e Charles; [psicografado por] Wanda A. Canutti – 3ª reimp. jan. 2019 – Capivari, SP : Editora EME.
 352 p.

 1ª ed. março. 2016
 ISBN 978-85-66805-77-2

 1. Romance mediúnico. 2. Reencarnações sucessivas. 3. Práticas mediúnicas.
 I. TÍTULO.
                                                        CDD 133.9

# SUMÁRIO

Palavras do autor ..................................................................................7
Parte I – Na Alemanha ..........................................................................9
Parte II – No mundo espiritual ..........................................................137
Parte III – No Brasil............................................................................233
Epílogo................................................................................................313

# PALAVRAS DO AUTOR

―――― ∽ ――――

AQUELES QUE ADENTRARÃO estas páginas, aqueles que terão a felicidade de tomar conhecimento do que aqui deixamos em exemplos, em lições de vida, guardarão consigo momentos que, talvez, não compreendam que possam ocorrer em locais onde ocorrerão, e, muito mais ainda, talvez não entenderão que pessoas com tanta compreensão, com tanto empenho em ajudar, pessoas com tantos conhecimentos, possam agir, como encontrarão dentro destas páginas.

Estranharão, talvez, porém, nada é estranho, nada é impossível, pois que somos imortais, e em nossa caminhada, passamos por muitas experiências, mas nem todas servem como aprendizado a espíritos que trazem ainda em si, marcas muito intensas. Sim, marcas de inferioridades que, mesmo com o transcorrer das encarnações, mesmo com a preparação no mundo espiritual, mesmo com os propósitos realizados, não conseguem desfazê-las.

Elas que, aparentemente haviam desaparecido, no momento do testemunho ressurgem e com tanta força, que sufocam tudo o que haviam feito de bom, não só em favor de muitos, mas em favor de si mesmos, e novamente os impelem a que atitudes de desequilíbrio sejam tomadas, pondo a perder o que haviam aprendido ou praticado.

Mas, perguntarão, por que isso acontece? Trazemos em nós marcas que nos identificam, que nos revelam, e, embora nos esforcemos e progridamos, se não conseguirmos desfazê-las por completo, elas mesmas retornarão, e se não tivermos o necessário equilíbrio para compreender, novamente cairemos em erros.

O título do nosso livro já mostra do que falamos! Se somos obstinados, é que nos falta o equilíbrio desejável. A obstinação, se utilizada para o bem, faria com que a humanidade caminhasse a passos largos, rumo ao progresso, rumo a Jesus. Porém, ela é sempre utilizada para que revides sejam efetuados e, nesses revides, muito perdemos em oportunidades, e nos deixamos envolver por entidades maléficas, também prontas a que o revide seja efetuado, e com isso vamos nos emaranhando e comprometendo cada vez mais.

Que a obstinação seja banida do nosso íntimo, para que a reflexão e o equilíbrio se façam! Só com pensamentos e ações lúcidas e equilibradas, é que estaremos agindo no bem. Todo desequilíbrio nos leva a ações irrefletidas, favorecendo a que sejamos envolvidos de forma intensa por aqueles que também desejam o mal, aqueles que a luz do bem incomoda!

**Eça de Queirós**
Araraquara, 11 de fevereiro de 1993

# PARTE I

## NA ALEMANHA

# 01

ERA O ANO de 1896, numa pequena cidade da Alemanha. Todos trabalhavam apressadamente, aproveitando a luminosidade e o calor do sol de verão, para que as sementes pudessem rebentar do solo, em alimento farto para muitos.

Dentre as famílias que ali residiam, uma era mais abastada. Vivia dos proventos que suas propriedades rurais lhe forneciam, e não só para o próprio sustento, mas o excedente era levado ao mercado pelos criados que o vendiam, trazendo os lucros ao senhor.

A família não era grande, constituía-se dos pais, uma filha mulher e dois rapazes. O pai, ainda jovem e lutador, aplicava-se nas suas propriedades, dispensando dessa tarefa os filhos, que desejava, estudassem. A mãe, dedicada ao lar, empenhava-se para que também a filha estudasse, e não só os rapazes, como era o hábito da época.

A cidade onde residiam, um pouco afastada de Berlim, não tinha os recursos que pudessem lhes propiciar os estudos que pretendiam, e, quando os cursos preliminares fossem encerrados, o único meio de que dispunham era enviá-los à capital, para lá poderem desenvolver as suas aptidões. Meios financeiros para isso, eles possuíam. A jovem, que deveria ficar no lar fazendo companhia à mãe, aplicando-se às obrigações domésticas, a fim de se preparar para gerir o próprio lar quando o tivesse, administrando-o bem, por elas não se interessava. Desejava estudar e nisso insistia com o pai.

– Eu nunca impedi, filha, que o fizesse! Aqui, nesta cidade, já frequentou todos os cursos que desejou, e tem uma cultura muito acima da maioria das jovens do seu tempo.

– Mas eu quero mais, papai! Se meus irmãos vão à capital para estudar, eu também quero ir! Não importa que eu não vá este ano, se achar que devo esperar o Fred para estar lá comigo, mas desejo me aplicar às ciências. O que farei eu aqui nesta casa, se todas essas habilidades domésticas que as jovens aprendem, nenhuma me atrai, e para elas não tenho mesmo jeito? Se concordar comigo, poderei ser útil! Aprenderei muito e ajudarei os outros. As ciências, papai, estão em mim. Não posso explicar o porquê, mas sinto que preciso estudar, estudar muito!...

– E o que fará com esses estudos após, filha? – perguntava-lhe docemente a mãe.

– Poderei trabalhar em algum campo, não sei... As portas se abrirão!

– Mas as jovens não costumam trabalhar fora do lar.

– Eu poderei ser útil, quem sabe num hospital, ajudando enfermos, ou num laboratório pesquisando medicamentos.

– Será muito difícil, filha!

– Isso dependerá de minha capacidade. Se conseguir me sair bem, nenhum homem me suplantará em conhecimento e vontade!

– Veja, querida! Já havia ouvido a nossa pequena Ingrid falar dessa forma? Parece que cresceu repentinamente, e, adulta que se tornou, não a estamos reconhecendo – e voltando-se para a filha, exclamou: – Estou preocupado! Você sabe que não a impedirei de realizar esse seu desejo, temos meios suficientes para isso, mas será o próprio mundo que te barrará, não nós.

– Se permitir que eu vá, o senhor verá que saberei abrir as portas para mim!

– Ela fala com muito mais determinação que os rapazes. Deixemo-la ir, e quando terminar o curso que deseja, veremos se a conversa será a mesma! – considerou a mãe e, dirigindo-se à Ingrid completou: – Você sabe, filha, dos preconceitos contra as mulheres!

– Mas não resistirão nem me impedirão quando conhecerem de que sou capaz!

Isto posto, quando chegou a época, a jovem Ingrid partiu para Berlim, onde deveria matricular-se numa escola de enfermagem, indicada por um professor da cidade onde residiam.

Não esperou os irmãos, pois que tanta determinação não poderia esperar mais tempo.

O pai acompanhou-a e, por recomendação da própria escola, ela foi levada a uma casa de família que recebia jovens, onde passou a residir. Apenas um casal morava na casa, que se tornara grande para somente duas pessoas, quando os filhos casaram e constituíram suas próprias famílias. Eles dispunham de dois quartos para alugar, mas preferiam moças para que não lhes dessem muita preocupação nem trabalho, e Ingrid foi instalada num deles, no andar superior.

As aulas começaram, mas ninguém veio ocupar o outro quarto. A turma era pequena e as outras companheiras viviam em Berlim mesmo. Todos estranhavam a coragem daquela jovem destemida e audaz, que viera de fora para complementar os seus estudos.

# 02

INGRID DISTINGUIA-SE NOS estudos, aplicando-se muito e querendo saber sempre mais, e sobressaía-se no transcurso das aulas, em que todos os alunos apenas ouviam, sem nunca se manifestarem. Ela era participante e, às vezes, considerada inconveniente por alguns professores que ali estavam para transmitir, sem que ninguém se atrevesse a contestar ou indagar, se para isso não fosse solicitado.

Aquele primeiro ano transcorreu, e ela retornou ao lar para desfrutar de algum tempo de férias. O seu irmão que terminara também os seus cursos preliminares, deveria voltar com ela a Berlim, continuar seus estudos, mas não tinha muita certeza do curso que faria. O entusiasmo de Ingrid por tudo o que conhecera e aprendera, estimulava-o a cursar medicina.

– Já pensou, Fred, eu como enfermeira e você como médico? Poderíamos trabalhar num mesmo hospital e ambos realizaríamos muito!

Frederico, não tão entusiasmado como Ingrid, não sabia o que responder e ela continuava:

– Aprendi muito este ano e já visitei alguns hospitais, onde pude ter um primeiro contato com pacientes e com a sistemática do atendimento. É empolgante!

– Não sinto assim, Ingrid, e receio não me sair bem nessa profissão. Não gosto muito de lidar com enfermos e muito menos ter que enfrentar algum ferimento ou cirurgia.

– Você é mesmo muito diferente de mim! O que pensa, então, fazer?

– Ainda não sei! Não me entusiasmo muito por ter que ir a Berlim estudar. Se papai me permitisse, continuaria aqui mesmo e o ajudaria nos negócios.

– Você sabe que isso ele faz muito bem, e nunca permitiu que nem você nem ninguém o ajudasse!

– É verdade! Mas fale-me de outras coisas a respeito de Berlim e não apenas de seus estudos!

– Você já conhece a cidade melhor que eu, que lá permaneci por ano! Eu sou mulher e pouco saí, a não ser para as aulas, alguma visita ao hospital e a algumas bibliotecas para conhecer muito mais do que me ensinam!

Nisso entra a mãe e interrompe essa conversa, chamando-os para tomarem um lanche!

– Acabamos de tirar do forno uns pãezinhos deliciosos, e o chocolate também está pronto! Vamos, queridos!

O assunto foi desviado pela solicitude da mãe em cuidar dos filhos com esmero e carinho, e Fred continuou sem saber o que fazer.

Decorrido o período de férias, um pouco antes de Ingrid retornar a Berlim, o pai chamou-a para uma conversa:

– Filha, sei que é hora de novamente nos deixar e, embora nos ressintamos muito da sua falta, principalmente a sua mãe, da sua companhia, estamos contentes porque realiza o que gosta. O entusiasmo com que comenta o que aprende, é a prova maior de que valeu a pena termos concordado com a sua ida a Berlim. Mas o assunto que desejava falar com você é outro.

– O que o preocupa, papai?

– Não vejo em Fred o mesmo interesse e força de vontade que vejo em você, e preocupo-me que ele vá agora a Berlim sem saber o que irá estudar lá.

– Estimulei-o a fazer o curso de medicina, mas ele não se entusiasmou muito!

– Receio porque a cidade é grande e se ele não tiver determinação, poderá se perder em divertimentos, e lhe será pior do que ficar aqui sem continuar os estudos.

– Eu estarei lá, papai, e ficarei atenta ao que ele fizer!

– Você tem suas obrigações, além disso é mulher! Pode ser que nem o veja e nunca saberá o que ele faz!

– Se o preocupa tanto, por que não o deixa aqui mesmo?

– E o que ele faria aqui, filha?

– Ajudá-lo-ia na administração de suas propriedades!

– Nem para isso imagino que ele tenha jeito, e não preciso de ninguém que me ajude!

– O senhor ainda está forte e é muito capacitado para desempenhar as suas atividades, mas o tempo passa e, quando envelhecer mais, poderá ficar impedido de realizá-las. Se ele for aprendendo, poderá lhe ser muito útil!

– Não penso que tenha jeito para isso!

– O senhor já conversou com ele?

– Por diversas vezes, e a conversa não nos leva a nada. Por isso preocupo-me!

– Se assim é, é preferível que aqui fique!

– Como ele é diferente de você, filha! O nosso caçulinha já sabe bem o que quer, e está se aplicando bastante para, ao chegar a sua vez, ir a Berlim aprimorar-se nos seus estudos de música. Com ele não me preocupo, conquanto gostaria que, a par da música, fizesse algum outro curso. Não é fácil viver apenas de tocar um instrumento!

– Mas ele já toca muito bem o seu piano! Pude verificar, após um ano afastada de casa, o quanto progrediu! – e voltando ao assunto anterior, indagou: – E quanto a Fred, o que faremos?

– Vou novamente conversar com ele! Será a última oportunidade que lhe ofereceremos.

Premido pela situação, premido por si próprio, e tendo que tomar uma resolução, Fred resolve acatar aquela sugestão da irmã feita no início de suas férias. O pai ficou satisfeito e Ingrid também, porque retornaria a Berlim com o irmão, e, no futuro, poderiam desenvolver um trabalho conjunto. Inteligente ele era, e, se se dedicasse, certamente se sairia bem, teria as condições de ser um bom profissional e ajudar muito.

O dia da partida, que estava tão próximo, chegou.

– O nosso lar está ficando cada vez mais vazio! – disse a mãe, no momento em que fazia a mala de Fred. – Ainda temos o nosso Johann conosco, mas logo também será a sua vez.

– Ele alegra a casa com a sua música apesar da nossa ausência. O ar está sempre cheio de seus acordes e das melodias tão belas que ele tira do seu piano. – disse-lhe Ingrid. – A senhora não está só!

– Se a ausência dos meus queridos filhos me faz sofrer, sou compensada por saber que estão se preparando para a vida, na carreira que desejam seguir. Um dia voltarão de vez para ficarem conosco, e a minha alegria será imensa. Mas sei também que, em Berlim, terão muito mais chances. Quem sabe ainda poderemos nos reunir todos lá!

– A senhora gostaria de se mudar para Berlim, mamãe? – pergunta-lhe Fred.

– Para reunir a família e ter meus filhos comigo, qualquer lugar me seria bom!

– Mas papai jamais sairia desta cidade, onde tem todas as suas propriedades. O seu trabalho é aqui!

– Eu sei, filhos, que isso nunca será possível, mas é bom, às vezes, sonhar um pouco!
– O ano passa rápido e estaremos de volta! – considerou Ingrid. – Desta vez papai não precisará me acompanhar, pois terei Fred comigo. Quem sabe o casal que me hospeda lá, possa alugar-lhe o outro quarto, se ainda não o alugaram agora nas férias!
– Gostaria muito que ficassem juntos! Um ajudaria o outro!
– Talvez tenhamos sorte, não obstante eles prefiram só moças!
– Mas vocês são irmãos!
Na manhã imediata ambos partiram. Ingrid ansiosa para retomar seu curso, e Fred apenas para dar cumprimento a uma rotina natural, que era a continuidade dos seus estudos. Ele seria um médico se conseguisse se sair bem no curso, mas que médico seria, não o sabemos.
Em Berlim, Ingrid conversou com a senhora Frida, dona da casa, que confabulou com o marido e resolveram aceitar o jovem, com a condição de que deveria procurar um outro lugar, se não se adaptassem com ele.
A matrícula de Fred foi efetuada na mesma faculdade onde Ingrid já estudava, porém, no curso de medicina.
Os estudos de Ingrid deram continuidade logo após a sua chegada, e os seus afazeres eram muitos.
As aulas de Fred tiveram início alguns dias após, e ele, sem muito entusiasmo, mas estimulado pela irmã, frequentava-as. Todos os dias ela queria saber o que ele havia aprendido, o que havia estudado, como eram os professores, enfim, demonstrava muito interesse, fazendo com que estivesse mais atento, pois já se habituara a contar-lhe tudo o que ocorria.

# 03

O TEMPO PASSAVA, os anos também, poucos embora, e Ingrid obteve o seu diploma que a habilitaria para o desempenho da sua profissão. Ela era uma enfermeira capacitada, altamente responsável e muito bem instruída em tudo o que deveria realizar. Fred tinha o seu curso em caminho, e saía-se relativamente bem. Os pais estavam felizes e, muito orgulhosos e satisfeitos, foram a Berlim, por ocasião da formatura da filha.

Johann ainda não deixara o lar para estudar, mas logo, mais um ano, talvez, seria a sua vez.

– Quando ele vier, se eu conseguir um trabalho, poderemos alugar uma casa e nos reunirmos os três!

– É uma ótima ideia, filha! – aduziu a mãe, querendo ver todos os filhos juntos. – Colocaremos uma criada que morará com vocês, e tudo será mais fácil! Não me esqueci, Ingrid, de que não gosta de serviços domésticos, e se for trabalhar fora, não terá tempo de realizá-los, mesmo que gostasse!

– Já tenho uma oferta no próprio hospital onde fiz o estágio para o aprendizado da parte prática! Gostaram do meu serviço, da minha dedicação e me ofereceram um emprego. Fiquei muito feliz e estou pensando em aceitar, mas ainda demorará um pouco. Pediram-me para voltar em um mês, quando o novo ano se iniciar, e o hospital estiver organizado para receber a nova turma de estagiárias!

– Lembro-me, neste instante, de uma conversa que tivemos há alguns anos atrás, quando você pediu para vir estudar em Berlim, lembra-se? – perguntou-lhe o pai.

– O que eu disse, papai, naquela ocasião?

– Disse que seria tão eficiente, que você mesma abriria as suas portas e homem nenhum a suplantaria em capacidade!

– Não me lembrava mais disso, papai! Mas sempre me apliquei muito mais que as minhas colegas, e sempre me destaquei muito mais que elas, tanto nas aulas, como nos estágios!

– E hoje tem a sua recompensa! Isso só me deixa triste, porque vejo que não voltará mais conosco, se ficar aqui trabalhando.

– Eu estudei para isso, e desejo desempenhar a minha profissão! Estando aqui, farei companhia a Fred que logo também concluirá o seu curso, e quando Johann vier, poderá estar conosco.

– Vejo que podemos confiar em você porque é muito ajuizada e cumpriu o que prometeu, quando saiu de casa para vir estudar.

O mês se completou e Ingrid foi admitida no hospital para desempenhar duas atividades: dirigir o novo grupo de estagiárias que chegava ao hospital, colegas suas que estavam nas séries mais atrasadas e, ao se desincumbir dessa função, deveria auxiliar um médico nas cirurgias que realizava, acompanhando, após, os pacientes, na sua recuperação. Seria um trabalho intenso, mas ela estava feliz da oportunidade que se lhe abria.

Ingrid já se encontrava integrada na sistemática do hospital, desde o tempo em que o frequentava como estagiária, e sabia muito bem como dirigir o grupo sob sua responsabilidade. Pela sua segurança, pela forma como orientava as jovens, conquistou o respeito de todas, apesar de ser também tão jovem.

Com a outra função que deveria desempenhar, ela não estava tão familiarizada, embora, como estagiária, já houvesse participado de cirurgias e de atendimento a pacientes em seus leitos. Conhecia o doutor Gustav, o médico com o qual deveria trabalhar, apenas superficialmente. Ele era jovem ainda, aparentando uns trinta anos, e muito experiente e dedicado ao seu trabalho. Cruzavam-se, às vezes, pelo hospital, e estivera com ele uma vez, com um grupo de estudantes, assistindo a uma cirurgia em que uma colega mais capacitada e já formada, lhe dava assistência mais direta.

A chefe geral desse setor levou-a ao seu consultório, no próprio hospital, para apresentá-la como a sua auxiliar mais direta, a partir daquela data. Ele encontrava-se livre de pacientes, naquele momento,

– Quero apresentar-lhe, doutor, a nova enfermeira que o acompanhará no seu trabalho cirúrgico e, após, estará encarregada dos seus pacientes, nos cuidados de que necessitarem quando da sua ausência, ou mesmo cumprindo a sua determinação. É a nossa recém-contratada, a enfermeira Ingrid, que já estava conosco durante o seu curso. Tendo se destacado bastante entre as estagiárias, fizemos empenho em contratá-la.

O médico levantou os olhos da mesa onde consultava um compêndio, atento a todas as palavras da chefe, e quando ela terminou, sem nada se referir à profissão nem aos dotes ali expostos quanto à sua capacidade de trabalho, disse-lhe, estendendo-lhe a mão:

– É muito bonita!

Ingrid que não esperava por aquela reação, abaixou a cabeça envergonhada, mas não pôde deixar de sentir, intimamente, uma ponta de alegria pela observação.

– Quando ela poderá começar a ajudá-lo, doutor? – perguntou a senhora que a acompanhava.

– Amanhã mesmo terei cirurgia. Depois devo apresentá-la aos

meus pacientes em recuperação, e passar-lhe os casos com as respectivas dietas e medicação.

Ingrid mantinha-se em silêncio, e o médico acrescentou:

– Se a senhora quiser, poderá deixá-la aqui por alguns instantes, que a instruirei sobre a cirurgia de amanhã; após, exporei os casos desses pacientes em recuperação.

– Pois então, Ingrid, fique aqui com ele, e, quando terminar, estará livre por hoje!

Doutor Gustav indicou-lhe uma cadeira para que ela se sentasse, explicou-lhe como seria o trabalho do dia seguinte e os casos dos quais havia falado, mas sempre com o respeito que a própria presença de Ingrid lhe impunha. Terminado esse primeiro contato, ela pediu licença e retirou-se, feliz da função que desempenharia junto dele. Seria uma nova oportunidade de demonstrar o que havia aprendido, e, muito mais que isso, de desempenhar um trabalho do qual gostava muito, e para o qual havia se preparado com muito amor.

No dia seguinte, à hora determinada, estava ela a postos para começar o trabalho. A cirurgia foi realizada, ela mostrou-se eficiente, deixando-o entusiasmado.

– Até que enfim colocaram uma pessoa para trabalhar comigo que, além de bonita, sabe ser eficiente e ajudou-me bastante! – exclamou ele após o término da cirurgia.

– O senhor considera a minha ajuda eficiente?

– Melhor não poderia ter sido!

– Fico feliz que tenha gostado! Esforço-me para desempenhar o meu trabalho sempre da melhor forma, para servir bem e para estar bem comigo mesma.

– Como estar bem consigo mesma?

– Porque se não executo a contento um trabalho para o qual fui designada, culpo-me muito e não me aceito em falhas. Procurarei esmerar-me ainda mais, para que nunca tenha nenhuma queixa contra mim.

– Pelo que vejo tem muita força de vontade!

– Trabalho naquilo que gosto, doutor, e realizo-o com amor! O que devo fazer agora?

– Por hoje, nada mais, Ingrid! É esse seu nome, não?

– Sim, doutor!

– Pois está dispensada! Amanhã passarei as determinações sobre o paciente de hoje, quanto à sua dieta e medicação.

– Até amanhã, doutor! Enquanto aqui estiver, poderá dispor do meu trabalho que para isso fui contratada.

– Até amanhã, Ingrid! Saiba que você me impressionou muito!

# 04

INGRID DEIXOU A companhia do doutor Gustav, bastante satisfeita, porque entendeu que o agradara no desempenho da sua primeira tarefa junto a ele, e também porque sentiu que o impressionara pessoalmente. Nada sabia dele, e não deveria deixar-se envolver por nenhum sentimento que não fosse o estritamente necessário ao desempenho de suas atividades, no hospital. Mas era mulher! Seu coração, embora determinado e de vontade obstinada, era sensível aos apelos sentimentais, e muito se satisfizera com a sua observação, em referência à sua beleza.

Nunca ninguém dissera que era bonita. Sempre se aplicara tanto aos seus estudos, que nem ela mesma observara se o era ou não. Mas após a observação dele, chegou em casa e foi se mirar mais atentamente no espelho, procurando traços harmoniosos, para descobrir um pouco da beleza a que ele se referira. Olhando mais atentamente, ficou satisfeita e passou a concordar com ele – era bonita! Tinha traços delicados e harmoniosos, longos cabelos brilhantes e muito claros, e uma silhueta esbelta e elegante.

Depois dessas observações, ela procurou o irmão e perguntou-lhe:

– Fred, o que você acha da minha aparência?

– Por que me faz essa pergunta?
– Diga, o que acha? Eu sou bonita?
– Sim, você é bonita como toda jovem na sua idade o é!
– Eu quero saber de mim, não das outras jovens! Não somos todas iguais! Você vê em mim algum traço que possa revelar beleza?
– Mas por que isso hoje, Ingrid? Você nunca deu importância à beleza. Acho mesmo que nunca havia prestado atenção em si própria para descobrir se era bonita ou não.
– Tem razão, mas agora quero saber!
– Deve haver um motivo, qual é?
– Fale primeiro e depois eu contarei!
– Sim, Ingrid, você é muito bonita, mas não vá ficar vaidosa disso, que vaidade não vai combinar com você!
– O doutor Gustav, com quem comecei a trabalhar, fez referência à minha beleza, tanto quando lhe fui apresentada, como hoje, após o nosso trabalho.
– Cuidado, Ingrid! Eu sou mais novo que você, mas muito mais experiente. Tenha cuidado!
– Não vejo mal nenhum em dizer que sou bonita! Ele foi respeitoso e admirou muito o meu trabalho.
– Isso é outra coisa! O seu trabalho deve ser muito bom, senão, não a teriam contratado. Mas cuidado com galanteios que possam iludi-la e fazê-la sofrer depois; se deve trabalhar com ele, se gosta do seu trabalho e quer permanecer lá, mantenha distância dos seus galanteios que será melhor para você!
– Ele apenas disse que sou bonita, nada mais! Não deve se preocupar! Eu sempre soube me cuidar e me dar ao respeito com todos que se aproximaram de mim, não irei me iludir agora.
– Mas parece-me que voltou muito entusiasmada!
– Você conhece o doutor Gustav?

– Já o vi no hospital, mas nada sei da sua vida particular. Tenha cuidado e resguarde o seu coração!

– Não se preocupe!... – e mudando o rumo da conversa, indagou: – Como vão indo os seus estudos? Logo também teremos um médico na família, não é mesmo?

– Mais dois anos e estarei pronto para trabalhar com você.

– O tempo passa depressa e logo estará com o seu diploma nas mãos! O que pretende fazer depois?

– Ainda não sei, você sabe que nem o curso me entusiasmou muito quando vim para Berlim! Agora gosto do que faço, estou me acostumando com o que anteriormente me repugnava, e, até o final, estarei bem integrado na minha profissão, assim espero.

– Eu também! Papai está muito esperançoso, e até gostaria que você voltasse à nossa cidade para clinicar lá.

– Não sei o que farei ainda! Se alguma oportunidade surgir, ficarei aqui mesmo, como você!

– No próximo ano, Johann também virá, e agora, com o meu emprego, alugaremos uma casa. Mamãe providenciará alguma pessoa que fique conosco para tomar conta da casa, e ficaremos juntos os três!

– O pior será para mamãe que ficará só com papai. – afirmou Fred.

– Ela também poderá vir passar alguma temporada conosco, quando tivermos a nossa casa!

– Essa possibilidade a deixará feliz, mas talvez ela não queira deixar o papai sozinho.

– Bem, isso eles resolverão depois! Agora vou ao meu quarto, quero verificar algumas questões referentes às minhas funções no hospital, e depois vou descansar. O meu trabalho, hoje, foi um pouco cansativo.

– O primeiro dia é sempre assim! Logo se acostumará e nem perceberá mais.

– Assim espero!

Ingrid retirou-se do quarto de Fred e, embora a conversa tivesse se desviado um pouco daquela que mantiveram quando para lá se dirigiu, ao retornar, voltou a se olhar no espelho e agora mais contente ainda, porque Fred concordara que ela era bonita.

Depois de fazer o que pretendia, entregou-se ao repouso, porque agora deveria ser mais responsável. Não era mais uma estudante e, sim, uma profissional em quem o hospital confiava, e ela precisava corresponder.

Com o passar dos dias, foi se adaptando cada vez mais ao trabalho, e conseguiu impor algumas inovações no grupo de estagiárias, proporcionando-lhes melhores condições de um aprendizado mais amplo. Esteve também à disposição do doutor Gustav na realização de algumas cirurgias, saindo-se cada vez melhor. Ela estava satisfeita, e ele parecia entusiasmado.

Numa tarde, após uma cirurgia, ele pediu que ela comparecesse no seu consultório. O seu coração ficou aos saltos, porque sabia, nenhuma tarefa profissional haveria para ela no dia seguinte, a menos que surgisse alguma emergência e ele fosse designado para atendê-la.

Deixando passar alguns instantes, e não esquecendo de se olhar no espelho para verificar se estava bem, para lá se dirigiu. Deu uma leve batidinha à porta e entrou.

– Fico feliz que tenha vindo, Ingrid!

– O que o senhor deseja de mim? – perguntou, sem demonstrar emoção nem ansiedade, mas o seu coração não estava tranquilo.

– Há dias estamos trabalhando juntos e, fora do estritamente necessário ao nosso desempenho profissional, ainda não tivemos nenhuma oportunidade de conversar. Hoje, porém, gostaria de conversar sobre outros assuntos, que não os relacionados ao nosso trabalho.

– De que se trata doutor?

– Sente-se aqui! – disse ele, indicando uma cadeira que muitos pacientes utilizavam, colocada junto à sua mesa. – Hoje você será a minha paciente! – acrescentou ele.

– Mas eu estou bem, nada tenho!

– Graças a Deus, senão iria perder a minha auxiliar. Mas não é de trabalho que quero lhe falar.

– O senhor me preocupa! Cometi algum erro?

– Já lhe disse que não quero falar a respeito do nosso trabalho! Agora quero saber de você, da Ingrid pessoa, e não da enfermeira Ingrid.

– Como assim?

– Você me entendeu muito bem! Já trabalhamos há alguns dias juntos, e nem sei quem você é!

– O senhor sabe quem sou que lhe fui apresentada pela nossa chefe.

– Quero saber mais! Onde mora, com quem vive, os seus gostos, enfim, quero conhecê-la melhor.

– E posso saber para quê, doutor?

– Pode saber, sim, se não me chamar mais de doutor! Apenas Gustav, que é este o meu nome.

Ingrid, envergonhada e com o coração batendo forte, abaixou a cabeça sem saber o que responder.

– Vamos, Ingrid, fiz-lhe diversas perguntas e gostaria de ter as respostas!

– Por que o senhor deseja saber tudo isso?

– O senhor, não, você! Não quero nem doutor, nem senhor, apenas Gustav!

– É difícil para mim, chamá-lo de Gustav somente, o senhor é o meu chefe.

– Esqueça-se do chefe neste momento e considere-me um amigo! Não deseja ter-me como amigo?

— Sim, senhor!

— Diga apenas, sim Gustav!

— Sim, Gustav!

— Viu como conseguiu! Afinal não sou tão velho assim, e quero ser seu amigo de verdade. Responda-me!

— Não me lembro mais de suas perguntas, tantas fez ao mesmo tempo!

— Pois as faço novamente, uma a uma! Onde mora?

— Moro na *Lindenbergstrasse, 49*, desde que vim a Berlim para estudar, e ainda permaneço lá! Minha família não vive aqui. Tenho junto comigo um irmão que está estudando medicina. Alugamos dois quartos na casa de um casal já idoso, que também nos fornece as refeições.

— E pode-se fazer visitas a vocês nessa casa?

— Até agora, lá recebemos somente nossos pais, assim mesmo muito esporadicamente, e ninguém mais, e não seria conveniente que nos visitasse lá.

— Apenas por uma pergunta, já fiquei satisfeito, porque entendi que não tem noivo, ou mesmo namorado, não é?

— Não, não tenho ninguém! Tenho vivido para os meus estudos e agora pretendo viver para o meu trabalho.

— E não pretende namorar ninguém nem se casar?

— Isso não se determina, Gustav, acontece na nossa vida! Se eu gostar de alguém que queira se casar comigo, e se também for correspondida, por que não o farei? É o caminho de quase todas as mulheres, e eu não sou diferente, apesar de trabalhar fora e ter estudado. Por que me faz todas essas perguntas? O que têm a ver com o meu trabalho aqui?

— Com o seu trabalho, nada, mas comigo tem muito a ver!

— Não entendi!

— Até agora só perguntei, mas vou falar também um pouco de mim! Não quer saber?

Embora muito curiosa, ela procurou não demonstrar.

– Moro aqui em Berlim também, fui nascido e criado nesta cidade. Cursei medicina, e agora estou desempenhando esse trabalho de que gosto muito.

– Eu também gosto muito do trabalho que realizo!

– Disse que não iríamos falar de trabalho! Moro com meus pais e uma irmã que está noiva e logo irá se casar.

– O senhor também é solteiro e não tem namorada nem noiva?

– Já namorei algumas vezes, não muitas, mas nunca deu certo! Quando o tempo passava e o compromisso ia ficando mais sério, via que não era o que eu queria. Como vê, estou solteiro e só!

– Por que o senhor...

– Olhe o senhor, já lhe pedi! – exclamou ele, interrompendo-a.

– Pois bem, Gustav, por que esta conversa hoje?

– Você deve ter percebido que me impressionou muito, desde o dia em que foi trazida pela senhora que nos apresentou. Tenho pensado muito em você e gostaria, se me permitisse, de conhecê-la melhor! Poderemos passear em algum lugar, eu a visitarei em sua casa, conversaremos, quem sabe você também não se interessará um pouco por mim. Que me diz?

– Não sei se devo, estou aqui sem os meus familiares.

– Mas é destemida porque veio a esta cidade para estudar e permaneceu para trabalhar. Por que não passear um pouco também para se distrair do trabalho? Poderei levá-la aonde quiser! Quem sabe conhecer algum lugar que ainda não conhece aqui em Berlim...

– Vou pensar e depois lhe darei uma resposta!

– Mas não demore, que não gosto de esperar muito! A sua companhia me agrada e quero poder desfrutar dela fora daqui, e não apenas no momento em que trabalhamos. Poderemos conversar, nos conhecer melhor.

– Eu lhe darei uma resposta! – repetiu ela.

– Quando a terei?

– Logo que eu me decidir, Gustav.

– Antes de ir e de me responder, tenho mais uma pergunta a lhe fazer!

– O que é?

– Quero saber se eu também a impressionei um pouquinho, para ver se terei chance ou não?

– Nada devo dizer, ainda! Vou pensar, consultar o meu irmão e depois conversaremos.

– Saberei aguardar, mas não muito!

# 05

INGRID, DIANTE DO doutor Gustav, ouvindo o que ele lhe dissera, conseguiu controlar-se o mais que pôde, mas o seu íntimo estava em festa, tão feliz e esperançoso. A sua vontade era concordar com tudo o que ele lhe propusera. Sim, gostaria muito de ter a sua companhia fora dali, de conversar, de ouvir o que ele teria para lhe dizer, – galanteios que fossem, a deixariam feliz. Desde a primeira observação que ele fizera em relação à sua beleza, sentiu que já gostava muito dele. Com o passar dos dias, percebeu que o afeto foi crescendo, mas devia controlar-se e manter-se no lugar que as mulheres recatadas e honestas deveriam ocupar.

Ao chegar em casa com o pensamento ainda ligado nele, e em todas as palavras que ouvira, foi para o seu quarto, pensar, pensar muito. Nada queria dizer a Fred, de imediato. Como homem, talvez ele não compreendesse e a proibisse de vê-lo, e ela desejava muito esse encontro fora do hospital, como também permitir que ele a visitasse, mas não estava em sua própria casa.

Deixando passar uns dois ou três dias, quando a oportunidade se fez, Ingrid consultou o irmão a respeito. Novamente ele lhe pediu que tivesse cuidado, e não se expusesse, para não sofrer depois. Mas ela insistia dizendo que, se não lhe desse esse ensejo, nunca poderia saber quais seriam as suas reais intenções. Tinha que tentar para não se arrepender depois e não se lamentar pelo resto da vida!

– Não serei eu, Ingrid, que irei impedi-la de realizar o seu sonho, mas tenho receio por tudo o que vejo nesta grande cidade. Se assim o deseja, tente, mas cuide-se e imponha sempre muito respeito, para não ter problemas futuros.

– Eu sabia, Fred, que concordaria comigo! Ele convidou-me apenas para passearmos, a fim de nos conhecermos melhor, nada mais que isso. Foi muito respeitoso, em nenhum momento disse que me amava.

– Mas deve lhe dizer que aqui tem um irmão que cuida de você e estará atento, e de forma nenhuma admitirá que ele a faça sofrer ou tome liberdades, porque vive longe da família! Aqui eu sou a sua família, e mesmo sendo mais novo, sou homem e conheço o que se faz aí por afora.

– Não vá tão longe, Fred, é apenas um passeio e nada mais...

– De começo é, mas depois, não sabemos...

– Sei me cuidar, sei impor respeito, não se preocupe!

Quando Ingrid disse a Gustav que aceitava o seu convite, e que poderia marcar para quando lhe fosse conveniente, ele assim se manifestou:

– Eu já sabia que não sou de todo indiferente a você e que conseguiria, só não compreendo por que demorou tantos dias para pensar.

– Conversei com meu irmão para nada fazer escondido.

– O que ele disse?

– Está temeroso e pediu que me cuidasse, pois estará atento.

– Diga-lhe que sou um cavalheiro e sei respeitar uma jovem, quando ela merece o meu respeito, e sei também com quem lido! Onde gostaria de ir?

– Deixarei à sua escolha, confio em você e sei que nunca me levará onde não deve!

– Que tal no domingo à tarde?

– Para mim está bem, não tenho compromissos de trabalho, e poderemos, quem sabe, ir a um jardim ou um parque.

– Ótimo! Como farei para encontrá-la?

– Já lhe dei o meu endereço! Se quiser me apanhar em casa, será melhor

– Quando me falou, não anotei! Depois você o anotará para mim, e eu irei buscá-la às quatro horas, está bem assim?

– Para mim está muito bem!

Os dias que ainda faltavam para o domingo eram muito poucos, mas com todas as horas e todos os minutos contados, parecia que as quatro horas do domingo não chegavam. Mas, após essa caminhada pelo tempo, chegou...

Ingrid esmerou-se no arrumar-se. Penteou seus cabelos com mais cuidado, escolheu o vestido que supunha, lhe ficava melhor e, quando pronta, foi consultar Fred sobre a sua aparência.

– Como estou?

– Muito bonita, e até não devia ser tanto!

– Por que não?

– É muito perigoso!

– Não diga isso, Fred! Eu quis ficar bem bonita hoje, para esse passeio.

– Você não quis ficar bonita para o passeio, mas para ele, não é verdade?

– Sim! O passeio e ele são um só!

– Vou descer com você e conhecê-lo pessoalmente, quando chegar. Quero que veja que tem alguém para cuidar de você, e que ele se sinta mais responsável.

– Não há necessidade, Fred!

– Eu quero!

– Pois então vamos! Só faltam dez minutos, pode ser até que ele tenha se adiantado.

Quando Ingrid abriu a porta, ele já estava na calçada esperando-a. Ao ouvir o barulho, voltou-se rapidamente, e viu que também um jovem a acompanhava.

Ela apresentou-lhe o irmão, trocaram rápidas palavras, e os dois partiram para o passeio, enquanto Fred permaneceu na porta olhando-os até desaparecerem.

Ingrid, muito feliz, seguiu com Gustav. Parecia-lhe impossível estar junto dele, num domingo à tarde, sem a preocupação do trabalho e tendo-o só para si, com todas as atenções voltadas só para ela.

Caminhando sem destino certo, conversavam e, às vezes, um chamava a atenção do outro para algum detalhe – uma flor, um pássaro, uma criança... – que só os corações ternos e sensíveis poderiam ver naquele momento.

Se ela estava feliz, percebia-se que ele também o estava, e andando sem rumo certo, chegaram a uma praça, onde as flores multicoloridas perfumavam e enfeitavam todo o ambiente. Algumas crianças por ali brincavam, acompanhadas dos pais. Quando Gustav viu um banco desocupado à sombra de uma grande árvore florida, convidou Ingrid para que se sentassem. E ela, hesitante, sugeriu que continuassem a caminhar.

– Até quando e onde iríamos, Ingrid? Sentemo-nos um pouco neste recanto tão agradável, e conversemos mais à vontade!

– Está bem!

Depois de alguns instantes de silêncio ele perguntou-lhe:

– Está feliz com este passeio?

– Muito, Gustav!

– Isto significa que a minha companhia lhe agrada!

Ingrid permaneceu calada, procurava as palavras para não se trair, mas levada pela insistência dele, teve que responder.

– Agrada-me, Gustav!

– Até que ponto?

– Como devo saber! Sentimentos não se medem! Se não me agradasse, não teria concordado com este passeio.

– Assim está melhor! Eu estou muito feliz, a sua companhia me faz muito bem, não sei se é pela sua beleza ou por você mesma, não sei!...

– Não entendo! Se sou bonita, como diz, sou eu mesma, não é possível separar-se.

– É possível sim! Às vezes uma pessoa é bonita e não nos sentimos bem em sua companhia, e outras não têm nenhuma beleza, mas sua companhia nos faz bem, entendeu? Mas você, para mim, reúne as duas coisas! Penso que já estou sendo tocado no meu coração. Posso lhe fazer uma pergunta?

– Se puder, responderei!

– Como está o seu coração em relação a mim?

– Terei que consultá-lo! – disse Ingrid disfarçando e querendo ser jocosa.

– Brincadeiras, penso que não ficam muito bem em você! Fiz-lhe uma pergunta e gostaria de ter uma resposta.

– Não sei se devo!

– Por que não? Eu já lhe disse o que estou sentindo e estou sendo sincero. Gostaria que também o fosse!

Se dissesse a verdade, poderia dizer que ele já tomava conta, não só do seu coração mas de todos os seus pensamentos, porém, não podia se declarar assim. Era muito cedo.

– Pois bem, o meu coração está feliz de estar aqui com você! É só isso que ele me diz neste momento.

– Já fico satisfeito com isso! Se ele está feliz, é um bom caminho para que eu nele penetre totalmente, passando a tomar conta dele todo, como desejo que você tome conta do meu.

– Isso é importante para você?

– Se não o fosse não diria!

– A que isso vai nos levar?

– Deixemos que tudo caminhe por si mesmo, sem que nos imponhamos nada, e logo veremos!

– Está bem, Gustav! Já não é hora de voltarmos?

– E deixarmos este lugar tão aprazível? Olhe as crianças brincando, admire as flores, mas não se esqueça de que aqui estou também; depois voltaremos! Por que perdermos estes momentos que nos estão sendo tão agradáveis, para voltarmos para casa? Esperemos um pouco mais!

Quando Gustav levou Ingrid de volta para casa, encontrou novamente Fred à porta, esperando-os.

– Já são mais de oito horas, Ingrid, fiquei preocupado!

– Ficamos sentados numa praça, conversando, e não vimos o tempo passar. Ingrid já queria ter voltado, mas eu a segurei comigo um pouco mais – explicou Gustav.

– Não vou convidá-lo para entrar, Gustav, você sabe, não estamos em nossa casa! – disse-lhe Ingrid.

– Eu compreendo e já devo ir!

Despedindo-se de ambos ele retirou-se, enquanto Ingrid e Fred também se recolheram. Fred acompanhou a irmã ao seu quarto, pois queria saber os detalhes sobre o passeio.

– Ele é um cavalheiro, Fred!

– Ainda bem, e espero que assim continue! Combinaram algum outro encontro?

– Não falamos nada sobre isso! Se ele gostou da minha companhia, poderá convidar-me outra vez, mas hoje não combinamos nada. Bem, Fred, devemos descansar! Amanhã começaremos uma nova semana: você nos seus estudos, eu no meu trabalho!

– Aproveitei esse tempo para estudar! Eu não sairia tranquilo sabendo que você não estava aqui.

– Se quiser sair, ainda não é tarde!

– Não, hoje não sairei mais! Devo descansar!

# 06

O DIA SEGUINTE para Ingrid seria decisivo. Ansiava por ver Gustav e saber como se portaria em relação a ela.

Chegou ao hospital e não o viu de pronto, pois tinha que desenvolver o seu trabalho com as estagiárias, mas seu pensamento estava só com ele. Quando se desobrigou dos seus afazeres, dirigiu-se ao seu consultório para colocar-se à sua disposição, caso ele necessitasse do seu trabalho, porém, a intenção era outra, mas não o encontrou. Esperou um pouco e quando ele retornou, cumprimentou-a com um sorriso, fizeram algum comentário ligeiro sobre o passeio do dia anterior, porque ele tinha um compromisso, a seguir, com alguns pacientes, e ele convidou-a para acompanhá-lo na visita que lhes faria.

Os dois fizeram as visitas, e, em diversos casos, Gustav incumbiu-a de ministrar os medicamentos prescritos a alguns dos pacientes. Quando retornaram ao consultório, ele nada mais falou sobre o dia anterior, dizendo-lhe apenas:

– Hoje não tenho mais nada de importante, nenhuma cirurgia, e, se quiser, por mim está dispensada!

– E se surgir algum caso mais grave?

– Espero que nada mais chegue por hoje, mas se surgir, eu mesmo darei conta. Pode ir, se quiser.

Ingrid sentiu um pouco de frieza nas suas palavras e, por ela, se nada houvesse de mais importante, por que não ficarem ali conversando? Rememorariam o dia anterior, e, quem sabe, ele lhe fizesse um novo convite. Mas ele mostrava-se um tanto indiferente, e ela procurou desculpá-lo, intimamente, compreendendo que ali não era o melhor lugar para conversas particulares. Querendo, antes de se despedir, dar-lhe uma oportunidade para que falasse do dia anterior, fez-lhe uma pergunta:

– Você já conhecia meu irmão, pelo menos por tê-lo visto, aqui no hospital?

– Não, nunca o tinha visto! Ele parece muito cuidadoso com você.

– Sim, acha-se responsável por mim, porque estamos longe de nossos pais.

Nada mais, além disso, foi comentado, e como o assunto morreu, Ingrid achou melhor retirar-se, compreendendo que não era o momento oportuno para tais conversas. Despediu-se e saiu triste, pensando que sua companhia não o agradara, embora não fora o que ele dissera na tarde anterior. Procurou não pensar mais nisso e, após cumprir pequenos compromissos de suas funções, retirou-se para casa.

Ao chegar, foi procurada por dona Frida, dizendo-lhe que seu marido não estava se sentindo bem.

– O que ele tem, dona Frida?

– Queixou-se de um mal-estar e alguma dor no peito!

– A senhora não consultou nenhum médico?

– Não, esperava que você chegasse e me aconselhasse o que fazer.

– Se está preocupada, seria melhor que ele fosse visto por um médico, que sempre sabe o que fazer nessa situação!

– Estou muito preocupada, Ingrid! Você não poderia providenciar um médico para mim?

– Sim, mas antes quero vê-lo, se me permitir! Onde ele está?

– Coloquei-o deitado em nossa cama, mas vejo que não melhorou!

Ingrid chegou até o seu leito e pôde verificar que ele não estava bem, o suor porejava de sua testa. Desceu o mais rápido possível e retornou ao hospital à procura de um médico. Encontrou ainda o doutor Gustav, e pediu-lhe que a acompanhasse para consultar o senhor da casa onde morava.

Quando chegaram, encontraram-no muito pior ainda, e Gustav viu que nada mais poderia fazer. Levá-lo ao hospital de nada adiantaria. Se o removessem dali seria fatal e se o deixassem em casa também o seria. Como nada mais resolveria, deixaram-no tranquilo. Ele segurava firme as mãos da esposa, mas logo ela percebeu que as soltou e tombou a cabeça.

Doutor Gustav e Ingrid, ainda presentes, nada puderam fazer, além de confortarem dona Frida. Eles avisaram os filhos e, nesse tempo, também Fred retornou, encontrando aquela surpresa tão desagradável para todos.

– Tenho pena de dona Frida! – disse Ingrid. – Os dois eram muito apegados, viviam um para o outro numa harmonia e numa paz muito grandes.

– Vai ser muito difícil, agora, para ela! – concordou Fred.

– São os desígnios de Deus, contra os quais nada podemos fazer! – exclamou Ingrid.

Gustav ainda permaneceu algum tempo junto deles, ajudou nas primeiras providências, mas em seguida retirou-se. Ingrid acompanhou-o até à porta.

– Quem diria que eu iria entrar nesta casa tão rápido! Lembra-se de que ontem me disse que não poderia convidar-me, que a casa não era sua?

– Hoje as circunstâncias foram outras e você teve que vir profissionalmente! Infelizmente nada pôde fazer, e ele já não vive mais.

A casa começou a movimentar-se com as pessoas que chegavam, os filhos, os parentes, os conhecidos, até a hora dos funerais. Ingrid permaneceu o tempo todo junto de dona Frida e os filhos, desculpando-se, no hospital, por não poder comparecer.

Quando tudo foi terminado, a filha de dona Frida quis levá-la para sua casa.

– Não gostaria de deixá-la aqui, mamãe! Este lugar lhe será muito penoso. As recordações são muitas e a senhora sofrerá mais!

– Não quero deixar a minha casa, filha! Como farei com Ingrid e Fred?

– Eles já são grandes e saberão se cuidar, e até olharão a casa para a senhora! Vamos comigo hoje, e amanhã resolveremos o que fazer.

Ingrid estava desolada e muito preocupada. Era um momento decisivo. Estava acostumada ali, e, embora pensasse em ter a sua própria casa, reunindo os irmãos, não seria aquele o momento adequado para fazê-lo. O que aconteceria com eles, se tivessem que procurar um outro lugar para morar? Um local onde pudesse ficar junto do irmão, não seria fácil.

No dia seguinte dona Frida não voltou. Ingrid preocupava-se e não sabia onde os filhos dela moravam, e nem tivera tempo de procurá-los.

Passados cinco dias, dona Frida, acompanhada do filho, voltou. Ingrid não se encontrava em casa e, ao chegar, encontrou-a. Abraçada a ela, dona Frida chorou muito, pela falta do marido e pela emoção de retornar à sua casa. Quando se acalmou, disse-lhe:

– Meus filhos não querem que eu continue aqui! Minha filha insiste para que eu fique morando com ela e eu não consigo convencê-la do contrário. Por isso, terei de me desfazer da casa.

– Sinto muito, dona Frida, pela senhora e por nós também!

O filho que a acompanhava, interveio, esclarecendo:

– A senhora, dona Ingrid, deve convir que não é bom para mamãe ficar aqui! A senhora passa parte do seu dia fora e seu irmão também. Mamãe teria que ficar nesta casa, sozinha, e não queremos mais que ela tenha compromisso com hóspedes, como tem tido até aqui. Ficaria muito pesado para ela. Papai a ajudava bastante e os dois se distraíam com isso!

– E o que está pensando fazer com a casa?

– Ainda não resolvemos! Talvez seja melhor vendê-la e nos livrarmos de tudo o que tem aqui! Mamãe ficará melhor vivendo em outro ambiente, em companhia de minha irmã ou comigo, conforme ela preferir, e não terá responsabilidades.

– Não é o que eu gostaria! – disse dona Frida. – Mas vejo que eles têm razão e devo concordar. Vim hoje buscar algumas roupas até que tudo se resolva, mas, enquanto isso, você poderá permanecer.

– Ocorreu-me uma ideia agora, que, se permitirem, poderei expor! – disse entusiasmada, Ingrid.

– Fale, o que foi? – perguntou dona Frida.

– Se realmente pretendem vender a casa, poderei comunicar-me com papai e, talvez, ele se interesse em comprá-la! Assim não precisaremos sair daqui, e ficaremos também com os móveis e utensílios que a senhora não puder levar!

– É uma ótima ideia! – considerou o filho de dona Frida. – Amanhã lhe darei uma resposta! Conversaremos os três – mamãe, minha irmã e eu, e o que ficar resolvido lhe comunicarei.

– Aguardarei a resposta! Se ficarmos, aqui, dona Frida, se essa transação der certo, a senhora poderá retornar quantas vezes quiser, para visitar a sua casa.

– Se tiver que vendê-la mesmo, será a melhor solução!

– Tudo se arranja, dona Frida! Com o tempo a senhora se acostumará com essa sua nova vida, e o seu marido, embora não estando em sua companhia, estará sempre no seu pensamento e em todas as suas recordações.

# 07

QUANDO FRED CHEGOU, Ingrid contou-lhe todo o ocorrido. Estava entristecida por dona Frida que aprendera a respeitar e querer bem, mas estava esperançosa. Aquela situação inesperada seria, talvez, o apressar do que ela imaginava, pudesse um dia realizar.

– O que devemos esperar para nos comunicarmos com papai?

– A resposta do filho de dona Frida, mas tenho a certeza de que será positiva! Eles já vieram com o desejo de vendê-la e, quando falei da possibilidade de nós a comprarmos, senti que se entusiasmaram. Dona Frida ficou feliz por saber que a casa se conservará tal qual está, e à sua disposição. O problema maior será com papai, que não espera, neste momento, fazer essa compra.

– Se você supõe que o problema maior seja papai, eu penso que está resolvido! Ele não recusará porque nos será benéfico! Lembra-se de que mamãe prometeu enviar alguém para tomar conta da casa, quando tivéssemos uma só nossa? Será muito melhor, teremos liberdade total e não apenas no nosso quarto.

– Esse desejo vem crescendo em mim, Fred, e se não der certo, ficarei triste!

– Não tenho dúvidas, dará certo! Por que não avisa papai desde já, para que ele fique preparado?

– Não acho conveniente! É melhor esperarmos e, quando nos comunicarmos com ele, teremos até o preço, talvez... Se me coloquei à disposição para falar com papai, os filhos de dona Frida não irão oferecer a outra pessoa.

Dois dias após, o filho de dona Frida voltou trazendo todas as informações e uma proposta. Venderiam a casa conforme se encontrava. Dona Frida apenas retiraria alguns objetos para seu uso pessoal, pois os filhos, já com suas casas montadas, não se interessavam por nada do que ali havia. Colocando-se à disposição para conversar com o pai de Ingrid, caso ele tivesse alguma contraproposta, deixou o endereço, inclusive onde deveria procurá-lo para os acertos, caso realmente se interessasse.

Quando ele se retirou, Ingrid leu novamente todas as suas anotações, fez uma cópia e, juntando-a com uma cartinha sua, explicando toda a situação, remeteu-a naquela tarde mesma, em forma de urgência, a seu pai.

A partir daí passaram a aguardar a resposta do pai, ou a sua presença que seria o seu assentimento para que o negócio fosse realizado. A ansiedade fazia com que o tempo demorasse mais. Ingrid continuou o seu trabalho normalmente. Nas horas vagas providenciava alguma refeição ligeira para ela e Fred, limpava o que era mais urgente, e nada do pai chegar. Havia até falado a Gustav da possibilidade de permanecerem sempre na casa, se o pai concordasse em comprá-la.

Durante esses dias de expectativa, Ingrid, que esperava novo convite de Gustav, para um passeio, não o teve. Ansiava por ele mas, ocupada e aguardando a resposta do pai, não deu ao fato tanta importância. Quando completou uma semana do envio da carta, eis que numa manhã em que Fred ainda estava em casa, batem à porta fortemente e, ao abri-la, ele recebe o abraço muito amoroso e feliz do pai que chegara.

– Filho, estou feliz! Não pela morte do senhor da casa, mas pela situação que se formou. Sua mãe, então, não via a hora que eu viesse, com medo de perdermos o negócio!

– O senhor irá comprar a casa?

– Não poderia perder esta oportunidade! Para mim não é conveniente ter propriedade aqui em Berlim, mas será muito útil a vocês, já que Ingrid não pretende voltar. Esta será a nossa segunda casa, e a família poderá se reunir mais frequentemente, porque teremos liberdade de vir quando quisermos.

– Ingrid está ansiosa, e ficará feliz quando souber que o senhor veio para isso!

– Onde está ela?

– Já saiu para o trabalho!

– Então façamos-lhe uma surpresa! Vou procurar a pessoa encarregada de fazer o negócio, pela carta que Ingrid me escreveu, e quando ela retornar, a transação já estará efetuada. Não diga que aqui estou, se a vir antes de mim! Faça de conta que nada sabe... Esconderemos a minha bagagem, e quando eu a encontrar, quero lhe dizer que a compra já foi efetuada.

– Está bem! Será difícil, mas irei me controlar!

Sem nenhuma dificuldade a transação foi realizada conforme esperavam, e, no fim da tarde, quando Ingrid abriu a porta para entrar em casa, encontrou o pai numa poltrona da sala, descansando de toda a azáfama do dia, necessária para a concretização da compra.

– Papai, que surpresa agradável! Já o esperava há dias, e estava até pensando em lhe escrever novamente ou enviar um telegrama!

Depois de abraçar a filha fortemente, ele tirou do bolso uns papéis e entregou-lhos, dizendo:

– Leia, minha filha!

– O que é isso?

– Leia e verá!

Quando Ingrid tomou conhecimento do conteúdo dos papéis, verificou que se tratava da escritura de compra da casa, efetuada em nome dela e dos seus irmãos.

– A casa é nossa, papai?

– Sim, filha, é dos meus três filhos, pois foi para eles que a comprei!

Voltando a abraçá-lo, ela assim se manifestou:

– Hoje, papai, é um dia muito feliz para mim! Vamos ver a casa agora! Quero que veja todas as suas dependências, tudo o que ela possui e que agora é nosso. Estou muito feliz! E mamãe, como está?

– Tão ansiosa quanto você, para que eu viesse logo realizar o negócio. Recebi sua carta há três dias, mas não pude vir antes, tinha providências a tomar lá, e só hoje me foi possível.

– Fred também ficará feliz!

– Ele já sabe! Você não o encontrou hoje?

– Não, não o vi!

– Eu o havia proibido de lhe contar que estava aqui. Queria fazer-lhe uma surpresa!

– O senhor é o melhor pai do mundo! Sempre faz os meus gostos e tudo para me agradar.

– Isto é verdade, porque sei a filha que tenho e o quanto ela merece o que faço.

Ingrid puxou-o pela mão e fê-lo ver toda a casa.

– Ainda restam objetos de uso pessoal de dona Frida e todos os objetos e roupas do seu marido, que certamente virão buscar!

– O filho dela disse-me que amanhã ela virá com a filha e levarão o que ainda restar.

– Se me permitir, papai, gostaria de deixar uma chave com dona Frida. Ela sempre foi muito boa para mim, e esta casa representa muito para ela. Assim, mesmo quando não estivermos, ela poderá retornar quantas vezes quiser, pois sentirá muita saudade do lugar onde viveu tantos anos e foi tão feliz com o marido.

– Quanto à chave, filha, você sabe o que faz, pois que a conhece bem, mas para ela própria, não sei se será bom retornar aqui. As lembranças ficarão sempre muito vivas dentro de seu coração, e, com as lembranças, a ausência do marido a fará sofrer mais!

– Talvez o senhor tenha razão, mas quero deixá-la à vontade para fazer o que achar melhor.

Logo Fred retornou e se juntou aos dois, e, numa alegria muito grande, perguntou ao pai:

– O senhor ficará esta noite conosco, não é mesmo?

– Sim, trouxe bagagem para isso e poderei ajudá-los amanhã em alguma mudança, algum acerto, se desejarem.

– O que mamãe falou a respeito de enviar alguém para nos ajudar a tomar conta da casa? – indagou Fred.

– Disse que se o negócio fosse realmente efetuado, providenciaria o mais rápido que pudesse, e ela mesma viria com a pessoa, para orientá-la na condução das tarefas e nos cuidados com vocês.

– A mamãe pensa em tudo! – afirmou feliz, Ingrid. – É muito bom tê-los conosco aqui, e não estarmos juntos só nas férias, não é mesmo, papai?

– Não nos espere muitas vezes, filha, temos as nossas obrigações!

– Mas farão um sacrifício, que também merecemos a sua companhia. Poderão vir e ficar mais à vontade, sem ter que voltar logo em seguida.

– Isto tudo se arranja depois! O importante é que esta casa é toda de vocês.

# 08

A ALEGRIA ENTRE todos, na casa que agora lhes pertencia, era muito grande, semelhante à de uma criança que recebe um brinquedo novo e deve manejá-lo, compô-lo, utilizá-lo. O pai estava também feliz de ter podido proporcionar aos filhos aquela felicidade, e um meio de melhor acomodá-los.

Assim, em arrumações e alegrias, os dias foram passando. A mãe dos jovens também se reuniu a eles, trazendo uma senhora que lhe indicaram, e que, por ser só, ficou feliz em ter um lar e ainda receber alguma coisa para uma velhice mais tranquila, quando não mais pudesse trabalhar.

Depois de lhe ensinar como proceder quanto aos cuidados com a casa, determinar os horários que melhor atendesse aos filhos nas refeições, e ter-se alegrado muito na companhia deles por uns poucos dias, ela também partiu de volta. Permaneceram na casa Fred, Ingrid e Frau, como chamavam Frau Eva, a senhora que viera para ajudá-los.

Ingrid recebeu-a muito bem e tratava-a com respeito, educação e carinho. Precisavam do seu trabalho, e, se ela não se adaptasse, poderia retornar, e seria muito difícil para qualquer um dos dois tomar para si o encargo da casa.

O tempo decorria agora mais tranquilo para todos. A esperança de um dia terem a própria casa, reunindo os irmãos, já estava concretizada muito antes do que esperavam, e só faltava Johann para completar a união dos três. Ingrid continuava a desenvolver o seu trabalho, e o doutor Gustav nunca mais a convidara para nenhum passeio. Tantas tribulações haviam ocorrido que, embora sentindo a sua falta e desejando estar com ele fora do ambiente de trabalho, nada fez para que isso acontecesse.

Quando a casa estava em ordem, e alguns meses haviam decorrido, período em que Gustav só se dirigia à Ingrid para tratar de assuntos profissionais, um dia ela atreveu-se a dizer-lhe:

– Gustav, você precisa conhecer a nossa casa!

– Mas eu já a conheço! Lembra-se de que lá estive quando o senhor da casa estava moribundo? Você mesma veio me buscar!

– Sim, mas agora é diferente! A casa é nossa e poderá nos visitar, se assim o desejar!

– Qualquer dia eu irei!

– Recebê-lo-emos com prazer, e temos até um licor que mamãe nos trouxe, se gostar...

– Como estão vivendo lá?

– Mamãe trouxe uma senhora para nos ajudar! Não estamos sós! Frau Eva fica conosco, mora em nossa casa.

– Qualquer dia irei!

– E sua irmã, como está? Lembra-se de que me disse que logo ela se casaria e você ficaria só também?

– Minha irmã já se casou no mês passado e estou só com meus pais!

– Pois então, vá nos visitar! Eu e Fred gostaríamos muito! Lembra-se daquele domingo em que me levou passear? Já faz tanto tempo...

– Nem sei quanto! Você disse que andava muito ocupada com a casa, as preocupações do trabalho daqui...

– Talvez você não tenha gostado da minha companhia!
– Não foi isso, não! Já lhe disse que gostei muito! Você conhece a vida de médico como é. Nem sempre fazemos o que desejamos. Pois bem, domingo à tarde vou conseguir um tempo, e lhe farei uma visita. Quem sabe, depois possamos sair!
– Ficaria muito contente! Você sabe que sua companhia me agrada muito e me faz feliz.
– Aguarde-me, então, no próximo domingo!

Os dias que antecederam o domingo foram poucos para que Ingrid observasse cada detalhe da casa, cada arrumação, principalmente da sala onde o receberia. Comprou até flores! Recomendou a Frau Eva que servisse um lanche ao visitante, e ela sugeriu bolo, acompanhado de chocolate.

– Eu disse que tinha um licor muito bom que mamãe havia trazido! O que poderei servir com licor?
– Dê-lhe o bolo com chocolate e, mais tarde, ofereça-lhe o licor.
– Está bem, Frau!

No domingo à tarde, Ingrid arrumou-se muito bem, pois queria ficar bonita para ele. A Fred foi recomendado que estivesse presente, que conversassem e também tomasse o lanche que Frau lhes ofereceria, mas após, pretextando obrigações, os deixassem a sós.

– Você gosta muito dele, não é, Ingrid?
– Não adianta esconder, se é verdade!
– Nunca pensou que se ele gostasse de você, já teria tido tempo suficiente para se declarar?
– Temos apenas amizade, nunca ninguém falou em amor! Quando ele me levou para passear, disse apenas que estava feliz na minha companhia.
– Isso foi há meses! Não acha estranho que não a tenha convidado mais?
– São os afazeres de médico!...

– Não acredito nisso, mas faça como achar melhor. Se quer sofrer, eu nada posso fazer, já a avisei bastante! E agora ele aqui em nossa casa, não sei se será bom para você...

– É amizade apenas!

À hora combinada, Ingrid foi à porta, ansiosa. Esperou, esperou muito... Passou muito do horário combinado, e ele não chegava. Tinha preparado a casa, ela própria, o lanche, mas ele não apareceu. Quando percebeu, pelo horário, que já não mais viria, subiu a seu quarto, atirou-se na cama e chorou muito. Não compreendia a atitude dele. O que fizera para que ele a desprezasse? O que estaria acontecendo? Não encontrava respostas a nenhuma de suas perguntas, mas sentia que não o agradara, e essa conclusão lhe era muito penosa.

# 09

MAIS UMA ILUSÃO frustrada para Ingrid. Estava desolada. Pensou que aquele domingo seria o reavivar de anseios, o aumentar de esperanças, mas, ao invés, foi a desesperança que lhe chegou em lugar da visita tão aguardada.

A partir daquele momento tomou uma decisão – não mais esperaria nada de Gustav, mesmo porque nada tivera dele, senão alguns galanteios e um passeio inocente, num domingo à tarde. O seu coração de criança pura e feliz, sentia a primeira desilusão. No dia seguinte executaria o trabalho profissional junto dele, não tocaria no assunto, e se esforçaria para tirá-lo completamente do seu coração.

Tomada essa decisão, ela estava procurando se recompor, quando Frau Eva bateu à porta do seu quarto, dizendo-lhe que um cavalheiro procurava por ela. Ingrid perguntou se ele lhe dissera o nome.

– Não, senhorita, mas penso que seja a visita que esperava!
– Mas já passaram quase duas horas do que combinamos!
– É melhor descer e verificar!
– Irei logo em seguida!

Estava com os olhos vermelhos, havia chorado, e não queria aparecer assim diante dele. Ajeitou-se novamente, depois de passar uma água pelo rosto, e desceu meio entristecida, meio decepcionada, mas intimamente feliz. Só poderia ser ele. Não conhecia outro com quem tivesse amizade para visitá-la. Desceu as escadas e encontrou Gustav na sala onde Frau o havia introduzido.

Ao vê-la ele foi ao seu encontro, explicando:

– Desculpe-me, Ingrid, não pude vir no horário combinado! Minha mãe teve uma indisposição e precisei ficar com ela. Não tive meios de avisá-la! Fiquei com receio de vir tanto tempo depois, mas não queria deixar de dar-lhe esta satisfação.

– Não o esperava mais, Gustav!

– Tem razão, mas vim trazer-lhe as minhas desculpas e a minha explicação.

– Sente-se!

– Hoje ficarei apenas um pouco! Quero voltar para ver mamãe, conquanto a tivesse deixado bem e papai está com ela, mas preocupo-me.

Gustav sentou-se numa poltrona e Ingrid fez o mesmo, mas o seu coração já perdera aquela leveza e alegria anteriores. Frente a frente, não sabiam o que dizer.

– Fred não está em casa?

– Está em seu quarto! Esperamo-lo hoje, agora deve estar estudando, não sei, talvez se preparando para também sair um pouco.

– Você parece entristecida!

– Eu estou bem!

– Não, eu vejo que não está, que a conheço! Foi por eu não ter vindo no horário marcado?

– Pode ser, eu o esperei muito e, imaginando que você não viria mais, havia me recolhido...

– Então eu estou atrapalhando!?

– Jamais você me atrapalharia! Será sempre bem-vindo nesta casa.

– Esta sala parece mais bonita!

– Mamãe mudou alguns móveis de lugar, colocou alguns enfeites diferentes, mas do resto, tudo está como antes.
– A senhora que me atendeu é a que a ajuda na direção da casa?
– Sim, veio da nossa cidade, trazida por mamãe!
Depois de um certo tempo em que procuravam frases para preencher o silêncio que se fazia entre ambos, Frau Eva entrou na sala e, pedindo licença, perguntou a Ingrid se podia servir o lanche que preparara.
– Você aceita, Gustav, um bolo com chocolate?
– Eu agradeço muito, mas a esta hora não devo! Antes de sair, comi alguma coisa em casa.
– Aceita então o licor de que lhe falei?
– Esse eu o aceito sim!
O licor foi servido, e ambos novamente ficaram a sós, sem terem muito o que conversar. Mas Ingrid, procurando manter o diálogo, começou a se referir aos pacientes, às cirurgias e outros detalhes mais do hospital. Assim puderam passar um tempo, até que Gustav levantou-se, dizendo que iria se retirar, mas ficaria lhe devendo uma outra visita, em outro dia, ocasião em que a convidaria para um passeio.
Ingrid acompanhou-o até à porta e, quando se recolheu, não sabia se estava feliz ou ainda decepcionada. Mas, de qualquer forma, ele viera lhe dar uma satisfação, mas ficou a dúvida sobre a veracidade da indisposição de sua mãe.

# 10

OS DIAS FORAM decorrendo, o tempo foi passando e aquele ano findou-se. Tudo continuou na mesma entre ela e Gustav. Apesar de tê-la visitado algumas vezes, nada foi além do que já conhecemos.

No ano seguinte Johann veio para residir com os irmãos. O pai providenciou para que ele tivesse ali também o seu piano, e a casa ficou mais alegre, sempre tendo música no ar, e o tempo continuou seu curso.

O trabalho de Ingrid se desenvolvia cada vez melhor, pelo interesse e esforço de aprimoramento que ela demonstrava, e sentia que o seu desempenho estava agradando a direção do hospital.

A situação entre Ingrid e Gustav em nada havia mudado, continuava na mesma frieza hostil. Ele tratava-a com educação, mas nada mais que um amigo e nada além do desempenho profissional.

Um dia, porém, ele achegou-se a ela, perguntando-lhe se poderia fazer-lhe uma visita naquela noite, que tinha um assunto para tratar com ela.

– O que é, Gustav?
– Aguarde até a noite, se puder me receber!

– Você sabe que a minha casa está sempre aberta para você, e o quanto gosto da sua companhia.

– É por isso mesmo que quero lhe falar!

– Estarei ansiosa aguardando-o! Cometi algum erro?

– Você tem cumprido muito bem a sua função e nunca houve erros, você sabe disso! Não é nada profissional.

– Não pode me adiantar nada? Eu não suportarei a espera!

– Tem esperado tanto até agora, por que não esperar mais um pouco?

– Deixou-me mais ansiosa ainda! O que eu tenho esperado tanto até agora?

– À noite saberá!

Ingrid deixou o hospital e foi para casa ansiosa. O que teria Gustav, para ter tomado uma atitude daquelas, estranha para o seu comportamento. Pensou em muitas coisas, mas não conseguiu atinar com o que seria.

Embora algum tempo houvesse passado, embora houvesse tentado e se esforçado, não conseguira esquecê-lo. Ela, que fora sempre obstinada e destemida, corajosa e afoita em todas as suas ações, em todo o seu querer, sucumbiu ao amor e deixou-se levar por esse sentimento, mesmo com a razão avisando-a e advertindo-a de que não valia a pena.

Ele mostrava-se frio, mas tinha percebido o quanto ela o amava. O coração nem sempre responde aos apelos da razão e trai-se de muitas formas, mesmo através de um olhar, fortuito que seja...

Ela preparou-se bem e, ansiosa, aguardava a hora em que ele chegaria.

Quando bateram à porta, ela mesma abriu-a sabendo quem era. Gustav entrou, Ingrid colocou-o à vontade, e ambos ficaram na sala, onde havia o piano de Johann.

– Então há mais um membro da família com vocês aqui?

– Sim, o caçulinha, Johann, que veio aperfeiçoar-se em seus estudos de música, pois deseja se dedicar completamente ao piano, e aqui há bons professores.

– Qualquer dia quero ouvi-lo tocar! Ele toca com espectadores? – perguntou gracejando.

– Sente-se até lisonjeado que tenha alguém interessado na sua música!

– Fred também deve estar terminando o seu curso, não?

– Sim, neste ano terá o seu diploma em mãos! Após, ele poderá também conseguir um trabalho aqui ou voltar à nossa cidade para clinicar, o que é o desejo de papai.

– Não acredito que deixe Berlim para voltar à sua cidade!

– Também não acredito, mas ele não decidiu ainda! Espera que alguma oportunidade lhe seja oferecida, para poder resolver o que fazer.

Vendo que o assunto se prolongava desviando-se do que aguardava, Ingrid lembrou-lhe:

– Gustav, você disse que tinha um assunto para conversar comigo!

– E o tenho!

– De que se trata? Não consegui descobrir o que seja, por mais pensasse.

– Ingrid, vou lhe fazer um pergunta e gostaria que me respondesse com toda a sinceridade!

– Eu nunca lhe menti em nada! Faça a sua pergunta.

– O que eu represento para você?

– Uma pessoa muito amiga com quem gosto de estar, e com quem desenvolvo um trabalho que me traz muita satisfação.

– Não é essa a resposta que quero ouvir!

– Não foi o que me perguntou?

– Eu quero saber o que represento para você no seu coração?

– A amizade também está no coração!

– Eu queria que me confirmasse o que leio muitas vezes nos seus olhos...

– E o que conseguiu ler neles?

– Gostaria que você mesma me dissesse, para que eu possa revelar, depois, o real motivo desta visita.

– Não sei se devo!

– Não tenha receio e abra o seu coração para mim!

– Para quê, Gustav? Apenas para desempenhar o meu trabalho junto a você, não há necessidade de dizer nada mais além do que já lhe disse.

– Eu compreendo! Se não quer dizer *nada mais do que já me disse*, é porque existe realmente alguma coisa a mais, do contrário, falaria de outra forma.

– Você é muito perspicaz!

– Eu leio muito os seus olhos, Ingrid!

– De que adianta ler os meus olhos, se até aqui nada tenho representado para você além do meu trabalho profissional e da minha amizade?

– Eu a tenho observado muito mais do que imagina! Tenho sabido que só sai de casa para o trabalho, e não passeia em lugar nenhum com ninguém! E, na certeza do que tenho lido nos seus olhos, eu quero fazer-lhe uma pergunta!

– Outra ainda, Gustav? O que mais quer saber?

– Quer se casar comigo?

Aquela pergunta inesperada soou muito estranha a Ingrid. Como a pedia em casamento se havia se mostrado tão indiferente até então? Ainda sob o impacto da surpresa, ela fez, em rápidos segundos, muitos pensamentos, demorando para responder, o que o levou a repetir a pergunta:

– Quer se casar comigo, Ingrid?

– Nunca imaginei que você viesse aqui para fazer brincadeiras comigo e ferir ainda mais o meu coração!

– Eu não quero ferir o seu coração! Quero tê-lo para mim e cuidar dele muito bem. O que me responde?

– Não posso levar a sério a sua pergunta! Nem mesmo para um simples passeio a um jardim me convidou mais. Como vem agora com uma pergunta dessa natureza?

– Não pense que sou impulsivo, não! Eu a tenho observado muito, e cheguei à conclusão de que você é a mulher que quero para minha esposa. Eu sei que você me ama, embora nunca o tenha confessado!

– E quanto a você? Como poderei me casar, sem saber dos seus sentimentos em relação a mim?

– Eu sou homem, Ingrid, e não consigo ter no coração a ternura que as mulheres têm, mas sabe que gosto de você, sinto-me bem na sua companhia, trabalhamos juntos, temos afinidades de trabalho. Você será para mim a esposa ideal!

– Isso não é tudo! Apesar de ser muito ativa e corajosa, até um pouco mais arrojada que as mulheres da minha época, também tenho um coração, tenho anseios, tenho esperanças...

– Pois é disso tudo o de que necessito tanto, por que completa o que falta em mim! Acredito que seremos o casal ideal! O que me diz?

– Preciso pensar muito! O casamento é um passo decisivo na vida de uma mulher e não se resolve assim com uma simples pergunta. O amor é muito importante para mim!

– Então, se deverá se casar por amor, eu já sei da sua resposta.

– Talvez eu não tenha conseguido esconder muito bem os meus sentimentos, mas vou consultar a minha razão também. Ela precisa interferir e me ajudar a decidir. Devo consultar a minha família. Dê-

-me um tempo para pensar! Mas, se é o que deseja, não se afaste de mim! Temos que conviver mais, precisamos nos conhecer!

– Não é necessário! Não vê que estamos juntos diariamente e você já me conhece muito bem. Mostro-me a você tal qual sou, sem as ilusões de um casamento sentimental.

– O que eu gostaria de ouvi-lo dizer, é que me ama! Se isso fosse verdade, lhe daria a minha resposta agora mesmo. Mas da forma como fala, tenho de pensar bastante e levar a sua proposta ao conhecimento dos meus pais.

– Está bem! Quero que saiba que estou sendo sincero e, se me aceitar, gostaria de levá-la para conhecer os meus pais, a minha irmã, enfim, quero integrá-la na minha família, e pretendo que faça o mesmo em relação à sua.

– Não tenha pressa! Espere a minha decisão, que foi uma proposta jamais esperada por mim, diante das circunstâncias em que temos vivido!

# 11

QUANDO GUSTAV SE retirou, e Ingrid o acompanhou até a porta sem conseguir ainda compreender bem a sua atitude, ele tomou-lhe as mãos e segurou-as muito ternamente. Era a primeira vez que isso ocorria e, depois de olhar profundamente nos seus olhos, tendo as mãos dela entre as suas, curvou-se e as beijou com carinho. Ingrid, tão enlevada ficou, que não conseguiu reagir; deixou-se embalar por aquele momento de ternura, e quando ele se retirou, ela procurou retê-lo em seu coração, muito mais que as palavras que ele lhe dissera antes, propondo-lhe casamento.

Subiu vagarosamente as escadas para não desfazer aquele encanto. Sentia-se como que tocada por uma varinha mágica, e, ao entrar no seu quarto, foi olhar-se no espelho. Queria ver como era a sua fisionomia, sentindo-se tão feliz, tão transportada aos céus.

Fred, atento, esperando Gustav retirar-se para saber o motivo da sua visita, entrou no quarto da irmã sem bater, pois ela nem fechara a porta, tão alheia ao ambiente se encontrava. Precisou chamá-la duas vezes para que ela percebesse a sua presença.

– O que foi, Fred?
– Quero saber o que Gustav desejava com você!
– Não posso dizer ainda! Quero ficar só, amanhã lhe contarei.

– Ele a ofendeu?

– Jamais Gustav me ofenderia, pelo contrário, ele levou-me ao céu! Agora vá para o seu quarto, amanhã conversaremos!

– Está bem, mas vou preocupado, você parece muito estranha.

– Amanhã, Fred, amanhã... – disse-lhe, terna e suavemente, não desejando desmanchar o encanto. – Deixe-me guardar só para mim, por esta noite; amanhã contarei tudo, não só a você, mas a Johann e Frau Eva.

– O que terá ele falado de tão importante que precisa contar a todos?

– Boa noite, Fred!

Dizendo isso, foi conduzindo-o até a porta de seu quarto, fechando-a em seguida, desejando reter por muito mais tempo e só para si, a pessoa de Gustav em seu pensamento, em seu coração, acalentando ainda a própria mão que fora tocada e beijada por ele. Como o amava!

O coração feminino é muito receptivo ao amor. Mesmo quando não tão bem correspondido, sabe acalentar só para si sentimento tão belo e, quando um olhar apenas ou um toque de mão é trocado, a ternura e a sensibilidade se expande por todo o seu ser.

Ingrid esforçara-se durante muito tempo para retirar Gustav do seu coração, e agora via-o todo tomado novamente por ele, mas sabia, precisava pensar muito. Receava que sua atitude tivesse sido o resultado de algum impulso passageiro, por isso deveria ser cuidadosa. Naquela hora, porém, não queria pensar em nada disso, mas apenas prolongar o terno momento da sua companhia, sem se preocupar com o dia seguinte. Embalada por esses sentimentos, adormeceu, e teve belos sonhos na companhia dele. Mas a realidade do dia seguinte chegou, e a vida deveria continuar.

Quando desceu para o café, ocasião em que aproveitaria para

contar a todos o motivo da visita de Gustav, Frau Eva havia já aprontado a mesa e Fred a esperava. Johann ainda não havia descido, mas mesmo assim os dois foram se sentando, e Ingrid, dirigindo-se a Frau Eva, disse-lhe:

– Querida Frau Eva, tenho uma comunicação a fazer a meus irmãos, mas desejo que a senhora também a ouça. Quando Johann vier, eu contarei a todos.

– Hoje percebo que a senhorita está mais alegre e mais falante que nos outros dias! Terá isso a ver com a visita que recebeu ontem à noite?

– É muito esperta, Frau!

Enquanto mantinham essa conversa, Johann também se reuniu a eles e, antes que começassem a se servir, Ingrid, abruptamente, sem nenhuma evasiva, fez a revelação.

– Ontem à noite fui pedida em casamento!

– O quê?! – perguntou Fred muito surpreso.

– Você vai se casar, Ingrid? – indagou Johann inocentemente.

Frau Eva apenas ouviu e nada disse.

– E você, Frau, não me diz nada?

– Não tenho esse direito, senhorita!

– Se quis que também ouvisse, deve me dizer alguma coisa!

– Congratulo-me com a senhorita, pois vejo que está muito feliz, mas atrevo-me a dizer que não sabia que o rapaz que a visita, às vezes, fosse seu noivo.

– Não o é! – respondeu Fred, antes mesmo da irmã. – Não o é! Como pôde pedi-la em casamento, Ingrid?

– Eu mesma não sei! Gustav tem atitudes inesperadas, você o sabe!...

– Pela felicidade que vem demonstrando, eu lhe pergunto: Você pretende se unir a alguém que tem essa espécie de atitude? Como será após o casamento?

– Gustav é muito bom! Eu convivo com ele no hospital e sei o quanto é dedicado aos pacientes.

– E com você, como ele é? Nesse particular, sei que o conhece bem e tem sofrido por ele.

– Não se preocupe! Estou apenas contando que ele me pediu, mas não disse ainda se aceitei....

– E precisa dizer? A sua alegria, a sua satisfação, já estão respondendo por você.

– Não antecipe a minha resposta!

– Você já a deu a si própria, se não a deu ainda a ele! O que lhe respondeu?

– Que queria um tempo para pensar, que deveria consultar meus familiares. A propósito, ele quer me levar para conhecer seus pais e quer conhecer os nossos.

– Então o pedido é sério mesmo?

– Se não o fosse, não lhes teria contado!

– Ingrid, não serei eu a impedir que realize o seu desejo, apenas lhe peço que pense bastante. Eu não quero vê-la sofrer! Se souber que alguém a faz sofrer, não sei dizer se conseguirei me controlar.

– É muito cedo, Fred, para tais atitudes! Ainda não dei a minha resposta. Preciso consultar papai e mamãe.

Johann, até então calado, não compreendia muito bem, pois não conhecia Gustav, e perguntou ao irmão:

– Por que fala assim, Fred? Doutor Gustav não é uma boa pessoa?

– Ingrid sabe muito bem o que receio, e nós, depois conversaremos.

Já era hora dos dois rapazes se retirarem, e o fizeram sem tocar em quase nada do que estava sobre a mesa. Ingrid ainda permaneceu sentada, pensativa, e depois perguntou a Frau Eva:

– A senhora também acha que Fred tem razão?

– O senhor Fred deve conhecê-lo muito melhor que eu, senhorita! Eu o vi apenas algumas vezes quando aqui esteve em visita, não posso dar a minha opinião. Não sabia que gostava tanto dele, como está demonstrando agora. É melhor consultar seus pais! Sua mãe é boa, e seu pai muito compreensivo, saberão aconselhá-la adequadamente, se é que conselhos, nesta hora, adiantam alguma coisa.

– Você tem razão, Frau! Gosto muito dele e fiquei muito feliz quando me propôs casamento, ontem, mas procurei não demonstrar, tão surpresa fiquei. Eu gostaria muito de me casar com ele, mas ao mesmo tempo tenho um pouco de medo. Ele tem se mostrado um tanto estranho e, talvez, depois do casamento eu vá sofrer muito.

# 12

O CORAÇÃO DE Ingrid estava feliz, mas o seu lado racional obrigava-a a pensar muito e, apesar da felicidade que vislumbrava nos seus momentos de sonhos, trazendo para junto de si a pessoa de Gustav, também receava. Por outro lado, se ela aceitasse a sua proposta, quem sabe não poderia transformá-lo numa pessoa diferente? Se recusasse, talvez não sofresse de uma forma, mas também nunca se perdoaria não o ter tentado. Ela o amava, isso era fora de dúvidas e, se o amava tanto, por que perder essa oportunidade de conviver com ele?

Nesses pensamentos e temores, e, à falta da mãe, ela apegou-se à Frau Eva, a quem contava tudo o que lhe ia no coração, por entender, também, que não poderia fazê-lo a Fred. Não tinha nenhuma amiga a quem pudesse colocar esses problemas, e assim, depois da proposta de Gustav, Ingrid aprendeu a confiar nela, que passou a ser a sua dócil e compreensiva confessora.

Frau Eva era cuidadosa. Apesar de entender muito bem toda a situação, todas as dúvidas de Ingrid, procurava aconselhá-la, orientá-la com sua experiência, mas nunca interferiu nas suas decisões, não lhe cabia essa liberdade. Sentia que Ingrid se acalmava quando podia expor todos os seus receios, e ela ficava feliz de ajudá-la em alguma coisa a mais, que não só as obrigações de gerir a casa.

Ingrid resolveu, depois de alguns dias, comunicar aos pais a proposta de Gustav, pedindo-lhes que, se possível, viessem passar uns dias com ela e os irmãos. Precisava muito aconselhar-se com eles, e queria apresentá-los a Gustav. Se o conhecessem, ajudá-la--iam a melhor decidir.

Enquanto isso Gustav, esperando a resposta de Ingrid, pouco se referia ao assunto. Explicou-lhe que queria deixá-la à vontade, não obstante esperasse que a decisão fosse tomada a seu favor. Convidou-a até para conhecer seus pais, mas ela recusou-se. Preferia primeiro ouvir a opinião e orientação dos seus pais, e só então iria conhecê-los, se o pedido de casamento fosse aceito.

Gustav sabia que a decisão de Ingrid estava tomada há tempos, desde que lhe fizera a proposta, por isso estava tranquilo, mas deixava-a pensar que os pais a ajudariam. Determinada como era, não precisava do aconselhamento de ninguém.

Quando os pais de Ingrid, atendendo ao seu chamado, chegaram, ela expôs-lhes tudo o que julgava, eles deveriam saber, falou--lhes do seu amor por Gustav e convidou-o para que fosse à sua casa, que seus pais queriam conhecê-lo.

Ele não se fez esperar e, durante a visita, pôde sentir a compreensão do pai e a bondade da mãe de Ingrid. Ele mostrou-se muito educado, e, depois de conversarem bastante a respeito do enlace, os pais não viram nenhum empecilho que os impedisse de se unir, ao contrário, entenderam que a filha faria um ótimo casamento. Já trabalhavam juntos, já se conheciam bastante, e não haveria necessidade de esperarem muito para o casamento. Apenas o tempo suficiente para que todas as providências requeridas nestas ocasiões fossem tomadas, e o enxoval de Ingrid completado.

Eles manifestaram também o desejo de conhecerem os pais do

futuro genro, o que foi providenciado para a noite seguinte, quando também Ingrid ser-lhes-ia apresentada.

Os pais de Gustav viram-na como alguém que poderia fazer seu filho feliz, e nada mais restava, senão marcarem a data do enlace e tomarem as medidas requeridas nestas oportunidades. Resolveu-se, também, que Ingrid não deveria se afastar da casa onde já morava com os irmãos, e Gustav concordou em residir com eles. Contavam com Frau Eva que tomava conta da casa, com muita eficiência, e continuaria a servi-los após.

Realizados todos esses acertos, as visitas de Gustav à noiva passaram a ser mais constantes e, nesse período que antecedia o enlace, ambos viviam uma vida de sonhos, de enlevos e de preparativos. Ingrid mostrava-se muito feliz, e solicitava a ajuda constante de Frau. A casa foi remodelada, todas as cortinas bem como alguns tapetes foram substituídos, e tudo era alegria.

Fred, meio calado, apenas observava. Não confiava muito em Gustav, mas a irmã estava feliz e ele não queria intervir.

Passado esse *intermezzo* de sonhos, o grande dia chegou. Os pais de Ingrid novamente vieram. A mãe chegou com alguns dias de antecedência para ajudá-la nos últimos preparativos, e a cerimônia foi realizada. Poucos convidados, como Gustav desejava. Dizia que o casamento era importante para o casal, e que os pais não poderia evitar que comparecessem, mas aos outros não interessava nem era essencial.

Os pais de Gustav ofereceram pequena recepção em sua casa, que era muito mais espaçosa, e os noivos, após, voltaram para a casa onde passariam a morar.

Os recém-casados estavam muito felizes e demonstravam alegria. A partir desse dia, começaria para ambos uma nova vida, um novo descortinar de esperanças, de sonhos e de realidade.

A VIDA DO casal transcorria dentro da normalidade, nesse período em que tudo é alegria e felicidade. Até Gustav sentia-se feliz, e percebia-se não ser mais aquela pessoa indiferente. Mostrava-se delicado e terno com Ingrid, e, às vezes, até alguma paixão.

Todos estavam tranquilos nesses primeiros tempos, mesmo Fred, que se propusera ficar atento, temendo que a irmã pudesse sofrer. Frau Eva esmerava-se em servi-los. Entrara em contato com a mãe de Gustav para saber de suas preferências, e as combinava com o que sabia, os outros habitantes da casa apreciavam. Procurava sempre preparar-lhes uma surpresa com algum *kuchen* diferente, estimulando-lhes o paladar e fazendo seus olhos gulosos arregalarem-se de satisfação.

Gustav mostrava-se sensível, às vezes, e pedia a Johann que os brindasse com algumas músicas suaves ao piano. Nesses momentos, Ingrid punha-se ao seu lado, recostava a cabeça no seu ombro, e, fechando os olhos, tendo as suas mãos entre as dele, sonhava, sonhava..., mas a realidade não estava, naqueles instantes, muito distante dos sonhos. Eram felizes, cada um à sua maneira.

O Gustav que eles conheceram à distância, era diferente daquele com o qual conviviam e, assim, todos sentiam-se tranquilos, amigos e felizes da companhia um do outro.

A formatura de Fred aproximava-se cada dia mais, e Gustav até consultou-o para saber se também não gostaria de trabalhar no hospital. Não se sentindo mais disposto a retornar à sua cidade, aceitou a sugestão e, quando obteve o seu diploma, o cunhado intercedeu a seu favor e ele foi admitido.

Fred intencionava, também, além do hospital, abrir o seu próprio consultório para clinicar.

Os anos foram assim decorrendo, e chegou o momento de

Johann deixá-los. Aperfeiçoara-se bastante na sua música, e queria mais, muito mais!...

Viajava muito, dava concertos, estudava e tinha a própria vida, muito diferente da dos irmãos e do cunhado. Seus concertos eram um sucesso, e sempre era requerido para outros locais. Quando tinha oportunidade, fazia cursos e mais cursos com grandes mestres, para o aprendizado ou aperfeiçoamento de alguma técnica.

Mais alguns anos passaram, e chegamos a 1910. Ingrid cada vez mais progredia no seu trabalho e, a pedido de Gustav, deixara o grupo de estagiárias da escola de enfermagem, dedicando-se aos pacientes e ajudando-o. Era a sua companhia fiel de todos os momentos no hospital. Não tiveram filhos até então, e Ingrid perdera mesmo a esperança de tê-los. Às vezes pensava que, se se dedicava tanto ao seu trabalho, como cuidaria de filhos?

Frau Eva ainda permanecia com eles. Estava mais cansada e envelhecida, porém, ainda muito ativa. Tendo se integrado tanto nos afazeres, nos gostos e na dedicação a todos, era considerada um membro da família. Não conseguiam conceber aquela casa sem a sua presença, e Ingrid até lhe dissera que estava disposta a colocar-lhe uma auxiliar, mas não queria perdê-la por nada.

Fred também, nesse período, contraíra matrimônio e tinha a sua própria casa, onde vivia com a esposa e uma filhinha que lhes nascera. Ingrid preocupava-se com os pais, já mais envelhecidos, e desejava que eles se mudassem para Berlim, que não fosse na mesma casa, mas numa próxima, onde pudesse vê-los constantemente.

# 13

O TEMPO QUE não para, foi passando, os movimentos na Europa se desenvolvendo, e o progresso, que também nada tem a reprimi-lo, caminhava. E, com o progresso, o desejo cada vez maior de expansão, e, dessa forma, a corrida das nações se fazia, impelidas pela ambição desmedida de expandir o seu poderio.

Todos estavam preocupados com as notícias que ouviam, com a atitude dos governos, e pressentiam que algo de muito terrível logo aconteceria, se cada governante não usasse de bom-senso e equilíbrio, e se o desejo cada vez maior de manterem a supremacia no mercado de exportação, sobretudo a da Alemanha, não fosse refreado.

Quando esses propósitos fazem parte da mente de cada dirigente, é muito difícil fazê-los raciocinar com clareza, pois não enxergam as consequências dos atos que pretendem praticar, e apenas veem o objetivo a atingir. Assim, fatos se juntavam, descontentamentos eram visíveis, e tudo parecia preparado para explodir numa grande batalha de poderes.

A chegada do ano de 1914 trouxe muitas surpresas, que serviram para incendiar ainda mais o coração e os ânimos dos jovens. Influenciados pelos dirigentes, eram conclamados a servir sua nação, expandindo seus territórios, através das invasões e conquistas.

Muitas nações foram aderindo ao movimento, em auxílio às que iam sendo oprimidas, e muitas vidas foram sacrificadas. A cada passo que avançavam, deixavam muitos mortos e feridos, que iam sendo substituídos por novos contingentes enviados aos campos de lutas.

Os hospitais eram pequenos para conter tantos feridos, e os cemitérios insuficientes para se enterrar tantos mortos, que ficavam pelos caminhos, em valas. Os ânimos das populações estavam acirrados e temerosos.

Na grande Berlim, onde viviam os nossos protagonistas, o trabalho redobrara bastante. Enfermos e feridos eram trazidos para o atendimento, e chegavam aos hospitais quando não sucumbiam pelos caminhos. O trabalho aumentara muito, e Gustav estava sempre ocupado, muito mais ainda Ingrid, que cuidava do acompanhamento dos pacientes.

Dias terríveis envolviam a todos, não só de trabalho, de temor, de expectativas, mas também de miséria.

Os países que guerreiam deixam de cultivar os campos. Onde antes era verde pelo alimento ali plantado, agora era vermelho pelo sangue derramado. A fome começava a se achegar, e os outros países que ainda podiam ter os seus campos cobertos de alimentos, não podiam exportar para os que necessitavam. A situação começava a ficar cada vez mais difícil.

Os feridos que conseguiam ser levados a Berlim e a outros locais de atendimento, eram muitos, e os hospitais não estavam mais suportando. Os ferimentos eram profundos, o tratamento demorado, e as vagas eram proporcionadas mais rapidamente só por aqueles que deixavam esta vida, sucumbindo ao mal que os atingira.

Vidas jovens eram ceifadas, não só nos campos de batalha, mas em algumas cidades onde as lutas também eram travadas entre os invasores e a resistência. Os que prestavam serviços nos hospitais estavam cansados, e começaram a aceitar voluntários para agilizar os atendimentos, mas eles nem sempre tinham a eficiência necessária para que uma ajuda efetiva pudesse ser realizada.

Essa situação perdurava já por dois anos, e não viam nenhuma possibilidade de término, pelo contrário, mais países se envolviam e o movimento crescia. Enfermeiros e médicos eram solicitados para o atendimento em postos retirados da cidade, evitando-se, muitas vezes, que as vidas se perdessem, na impossibilidade dos feridos serem transportados. Poderiam morrer pelos caminhos ou novamente serem atingidos, tombando não só os que já se encontravam feridos, como aqueles que os levavam.

Essa notícia chegou ao hospital onde Ingrid e Gustav estavam trabalhando. O serviço ali era importante, porém, entendiam que muito mais seria o atendimento nos locais, evitando-se que compatriotas sofressem pela falta de socorro. Depois de muito pensar, eles resolveram partir. Não tinham filhos que os prendessem em Berlim, e colocaram-se à disposição do governo para mandá-los onde fosse conveniente, e onde pudessem ser mais úteis.

Frau Eva permanecia em casa, sempre temerosa, e quando Ingrid lhe deu a notícia, chorou muito. O que faria ali sozinha, sem os patrões de quem tanto aprendera a gostar, e por quem, também, tanto temia?

– Tenho medo, senhora, de que nunca mais voltem, que possam também ser atingidos. Que faria eu, sem os senhores?

– Não nos acontecerá nada, Frau, não se preocupe! Se tem receio de ficar aqui, vá à casa de Fred e conviva com eles até regressarmos. Se Johann precisar regressar a Berlim, a senhora voltará para casa para ficar com ele.

– Receio, não por mim, mas pela senhora e pelo doutor Gustav!

Vocês são agora a minha família. Sirvo-os, não como a patrões, mas como a pessoas de minha família, se as tivesse, a senhora sabe disso.

– Sim, Frau, sabemos disso! É assim também que a consideramos, mas não tenha receio, voltaremos ambos e ainda vamos viver por muito tempo juntos. Quando estiver mais velha, queremos cuidar da senhora como o faremos com nossa própria mãe!

O dia da partida foi muito triste para todos, muito mais para Frau que ficava, que as despedidas são sempre mais sentidas para os que ficam.

Um carro do governo levou-os – não só eles, mas outros voluntários também – e os distribuiu em diversos postos.

Gustav e Ingrid foram levados a um acampamento na fronteira entre a Alemanha e a França, onde batalhas sangrentas eram realizadas, pelo desejo do governo alemão de invadir o país vizinho. Quando chegaram, viram que tudo lá era improvisado, o atendimento, os medicamentos... Entre os feridos, não apenas soldados, havia muitos outros que também eram atingidos.

O trabalho era árduo e a luta imensa. Trabalhavam quase vinte e quatro horas por dia, e ficavam alojados naquele mesmo local. Era um esforço abnegado, não só de atendimento profissional, mas de muito desprendimento e de muita dedicação.

Numa manhã em que Ingrid chegou para o atendimento, após ter tido algumas horas para o repouso, mais feridos haviam sido trazidos de um ataque realizado durante a noite, a um trem que conduzia passageiros. Os feridos, que eram muitos, foram distribuídos em alguns locais semelhantes de atendimento, porque a cidade próxima estava distante, e não haveria tempo nem condições de conduzi-los até lá. Ingrid visitou os recém-chegados. Havia-os de diversas nacionalidades, não só franceses, não só alemães, pois muitas se misturavam. Alguns viajavam em trabalho, outros querendo fugir das batalhas, à procura de outras cidades para continuarem a viver. Muitos ainda viviam, muitos haviam ficado entre os escombros, e os que ainda tinham vida, para ali foram trazidos.

Visitando leito a leito, num dado momento, Ingrid dá um grito de muita dor. Reconhecera, entre os feridos, o seu querido irmão Johann que vivia em constantes viagens, em busca dos lugares onde exibia os seus dons musicais, levando a muitos a sua arte, através dos concertos que realizava. Fora convidado para se apresentar em Paris, na tentativa de desviar um pouco a atenção de muitos, dos campos de batalha, e enternecer um pouco seus corações das dificuldades que o país atravessava.

Gustav, que também estava no acampamento, ouvindo os seus gritos, acorreu, e encontrou-a debruçada sobre o corpo quase inerte do irmão, que não reagira a nenhum tratamento que lhe fora ministrado. Ainda vivia e Gustav, apressadamente, o examinou e, em seguida, conversou com o médico que o havia atendido, tomando ciência do seu estado, e entendendo que a sua sobrevivência seria impossível.

Depois do atendimento que lhe proporcionaram, requerido para a situação, ainda lhe deram um entorpecente para suavizar as dores que deveria estar sentindo.

Ingrid estava desolada, porém, muito mais que isso, inconformada e revoltada.

– Ele não, meu Deus, ele não! – clamava em voz alta. – Se atendes a tantos, meu Deus, por que não nos concedes a graça de o vermos restabelecido?

Quanto mais ela gritava, em desespero, mais Gustav tentava consolá-la, querendo afastá-la daquele local, mas não conseguiu. Ficou junto dele ali, durante horas, sem atender mais nenhum ferido, até que, em determinado momento, percebeu que ele não mais vivia.

Quantos sonhos, quantas esperanças ceifadas, juntamente com a sua vida!

# 14

INGRID, NO DESEMPENHO de sua profissão, se deparara com muitas situações como aquela, em que tantos perderam a vida diante de seus olhos, no momento supremo da dor. Mas o que presenciava, naquele instante, era a maior dor já sentida em toda a sua vida. Aquele irmão tão terno, tão amoroso e sensível pela suas tendências, pela sua arte, perecer de forma tão brutal, quando levava aos outros apenas o entretenimento, o enlevo de sua música. Sem nunca ter se importado em empunhar nenhuma arma assassina, fora atingido por uma delas.

A dor que sentia, misturava-se com a revolta contra o governo que iniciara todo aquele movimento de ganância e de conquistas. Que as lutas se efetuassem nos campos de batalha, mas não deveriam atingir pobres inocentes. Um trem com muitos passageiros procurando melhores formas de vida, procurando locais mais tranquilos, e muitos, talvez, levando o alento e o conforto a tantos outros que sofriam...

Gustav insistia em retirá-la dali, mas ela não se submetia à sua insistência, ainda mais quando percebeu que Johann estava sem vida, sem ter, em nenhum instante, readquirido a consciência, pelo menos para ver que não estava sozinho, que a irmã estava a seu lado.

– Vamos, Ingrid, precisam levá-lo agora!

– Levá-lo para onde?

– Eu não sei ainda!

– Não quero que o levem a lugar nenhum! Quero devolvê-lo à mamãe e papai, para que eles tenham um local para chorar por ele – Ingrid ainda não havia pensado nos pais, tão envolvida estava pelo sofrimento do irmão. – Como faremos, Gustav, para lhes dar notícia tão aterradora? Mamãe talvez não resista! Papai ficará desolado!

– Como nós próprios o estamos, mas temos que reagir! Muitos necessitam do nosso trabalho. Continuemos, quem sabe possamos salvar outros!

– Para que salvar outros, se não conseguimos salvar o meu próprio irmão?

– Não deve pensar assim!

– Eu não desejo ficar mais aqui! Quero voltar, quero levar o corpo de Johann para meus pais. Voltemos para a nossa casa, não me interessa cuidar de mais ninguém! Não quero, Gustav, não quero mais ficar neste lugar!

– Você está transtornada agora e tem razão, mas tudo voltará ao normal. Continuaremos o nosso trabalho em favor de outros, para que não passem por momentos tão tristes como estamos vivendo agora!

– Eu não ficarei mais aqui! Se quiser, você fica, eu não! Eu vou com Johann e nunca mais voltarei. Quero estar com mamãe e papai quando o receberem! Quero ajudá-los, se tiver condições, mas aqui não ficarei mais.

Diante de tais afirmativas que demonstravam claramente o estado emocional de Ingrid, e passadas mais algumas horas, o corpo foi retirado da enfermaria e arrumado para ser transportado, conforme o desejo da irmã. Gustav voltou a falar-lhe sobre a decisão que ela havia tomado em momento tão difícil, para ver se alguma mudança teria havido, mas percebeu que suas convicções estavam ainda mais fortes. Não permaneceria mais naquele local!

Gustav fez uma comunicação explicando a razão da partida dele e da sua esposa, arrumaram a bagagem e, quando o corpo de Johann fosse levado, iriam com ele.

Os transportes estavam sendo difíceis. O ataque ao trem, na noite anterior, impedia que outros por ali transitassem, e a retirada dos destroços ainda demoraria. Ingrid pediu que lhes fornecessem uma condução até a cidade mais próxima, e lá providenciariam para que o corpo fosse levado de alguma forma, mesmo que precisassem pagar muito.

O pedido foi atendido e, ao chegarem a essa cidade, Gustav comunicou-se com Fred, através de um rádio instalado no hospital, pedindo-lhe que se encarregasse de avisar a família. Eles levariam o corpo direto para a cidade onde seus pais moravam e, se ele quisesse vê-lo, que para lá se dirigisse.

Frau Eva foi também avisada e, desolada e muito triste, chorava a morte de Johann, ainda mais quando olhava para o seu piano que permanecera na casa. Fred avisou-a também de que Gustav e Ingrid, após os funerais, não mais retornariam ao acampamento e voltariam para casa. Ela manifestou desejo de acompanhar Fred até a casa dos seus pais, porque também era a sua cidade, e gostaria de estar junto da senhora Ingrid, para poder ajudá-la. Ele concordou, agradecendo o seu interesse, e combinaram que partiriam logo em seguida.

Levaria a notícia aos pais, pessoalmente. Seria melhor, caso a mãe precisasse de algum atendimento.

O corpo de Johann chegou, acompanhado por Gustav e Ingrid, encontrando os pais já avisados, em desespero.

Em tempo de guerra tudo fica mais difícil, e as exéquias foram realizadas rapidamente, sem que os pais tivessem tido a oportunidade de rever o corpo do filho. O caixão viera lacrado, muitas horas já haviam transcorrido e não pôde ser aberto.

Fred e Gustav concordaram que assim deveria ser, para que a mãe conservasse a figura doce e terna do filho, de quando conviveram, e não guardasse dele lembranças tão tristes.

Quando tudo ficou terminado, Ingrid, Gustav, Fred e Frau Eva retornaram a Berlim. A mãe de Ingrid não quis acompanhá-los, ficaria lá mesmo com a sua dor e na companhia do marido.

Depois de alguns dias, Ingrid tomou conhecimento de como fora realizado o ataque ao trem, e quem o havia realizado. Eram os seus compatriotas, os mesmos cujos ferimentos ela ajudara a curar, os mesmos com quem passara horas à cabeceira procurando salvar-lhes a vida, os mesmos por quem deixara o seu lar e fora ao campo de lutas para melhor atendê-los, os mesmos que mataram o seu irmão! A sua revolta era muito grande. Como puderam cometer tal delito contra um seu irmão de nacionalidade? Não se conformava.

Gustav, em vão, procurava explicar-lhe que eles não sabiam quem estava no trem, e talvez pensassem que, atingindo o trem, estariam ajudando o seu país. Mas Ingrid sentia seus ímpetos de revolta crescerem cada vez mais, e, para si mesma, só para si, sem nem ouvir as justificativas do marido, prometia vingança. Sim, vingar-se-ia e seria implacável! Não sabia como ainda, mas tinha a certeza de que os mesmos que atingiram o seu irmão, também pereceriam.

## 15

SE ALGUÉM TIVESSE a oportunidade de ver o íntimo de Ingrid, naquele momento em que o seu coração, cheio de dor, era tomado por tanto ódio e sentimentos tão vis de vingança, jamais poderia reconhecer nela a mesma Ingrid de tempos anteriores. Determinada, sim! Obstinada, sim! Mas para o bem, para conseguir o que desejava em aprimoramento para o bom desempenho da sua profissão.

Muito mais avançada para o seu tempo que as mulheres da época, que se acomodavam no lar, nos afazeres domésticos, e quando tinham a felicidade de se instruírem, o mais que faziam era a leitura de algum livro nas horas vazias de dentro do lar. Ela, todavia, fora diferente! Já há vinte anos atrás, quase que exigindo do pai a oportunidade de ir a Berlim aperfeiçoar os seus estudos e desempenhar um trabalho, nunca ninguém notara, nem ela própria se surpreendera em nenhum de seus gestos, nenhuma intenção ou pensamento de vingança. Agora era outra Ingrid que se manifestava. Talvez uma que estivesse estado adormecida e desconhecida de si própria, porque nada havia acontecido para que ela pudesse despertar

A verdade é que no seu íntimo, mesmo sem que Gustav percebesse, estava renascendo a Ingrid vingativa, revoltada, e toda a sua obstinação aplicada, até então, em obras meritórias, extravasava-se em planos sinistros... Queria vingança, mas nada dissera a ninguém! A revolta sim, demonstrava contra os seus compatriotas, a quem sempre se esforçara para ajudar dentro da profissão que abraçara, e ficava feliz e cada vez mais estimulada no bem, quando via um paciente recuperar-se e deixar o hospital, passando bem de saúde. Ela mudara e, no seu íntimo, buscava a vingança, e deveria arquitetar planos. Não era homem que pudesse se colocar num campo de batalha, enfrentando-os! Não os inimigos de nacionalidade, mas os inimigos da sua própria pátria, como os considerava então.

Após alguns poucos dias de todos esses acontecimentos, Gustav foi ao hospital querendo retomar o seu antigo posto, dizendo que Ingrid também estava disposta a fazê-lo. Explicou o motivo por que haviam deixado o acampamento, dizendo que estavam dispostos a trabalhar, o país necessitava deles, e eles próprios sentir-se-iam melhores desenvolvendo uma atividade.

Foi informado de que os hospitais não estavam mais suportando tantos feridos que chegavam dos campos de lutas, e pensavam até, em contar com algumas casas particulares que encontrassem desocupadas, para alojá-los, mas o difícil seria levarem a esses locais o tratamento e pessoal capacitado. Estavam estudando essa possibilidade, talvez num revezamento de médicos e atendentes voluntários.

No dia seguinte eles retornaram. Muito trabalho os aguardava e a direção do hospital ficou feliz em poder contar com mais duas pessoas categorizadas, não obstante reconhecendo que deveriam estar fazendo muita falta no local onde estiveram.

Ingrid pôde verificar que o número de leitos em cada quarto fora aumentado e estavam todos tomados, tanto pelos feridos de guerra, que eram muitos, quanto pelos outros pacientes de rotina para um hospital. O trabalho naquele dia foi intenso, e até o número de horas em que lá permaneceram foi aumentado, tanta necessidade havia. Ingrid atendeu a cada um, não mais com o amor com que o fazia anteriormente, porém, aparentemente, era a mesma enfermeira dedicada. O seu íntimo ninguém podia visualizar... Ela trabalhava-o cada vez mais, arquitetando planos e mais planos, rejeitando alguns, acalentando e aperfeiçoando outros.

Tomando conhecimento de que estavam procurando locais onde pudessem colocar mais feridos de guerra, Ingrid consultou Gustav e Frau Eva, e expôs o seu propósito de pôr à disposição, a sua casa, onde alguns quartos estavam vagos.

Levado esse plano ao hospital, ele foi acatado com muita alegria, mesmo porque os pacientes teriam, junto deles, nos momentos de maior necessidade, um médico e uma enfermeira capacitados. Poderiam revezar-se no atendimento durante o tempo em que permaneceriam em casa, e, com o consentimento deles mesmos, indicariam algum voluntário para ficar com os pacientes, durante as horas em que eram necessários no hospital.

A casa foi transformada em um posto de atendimento a feridos que não apresentassem complicações muito grandes, mas que ainda não poderiam ser dispensados do atendimento médico.

Quando os leitos foram armados, verificaram que poderiam atender dez enfermos – uma quantia bastante razoável para o momento tão difícil.

A diretoria louvou a iniciativa de ambos, e desejou que outros também tivessem a mesma disposição e amor em servir.

Quando o hospital foi comunicado que tudo já se encontrava em ordem, os pacientes começaram a ser selecionados para serem transportados, justamente os que não apresentavam gravidade, mas não podiam ser dispensados porque necessitavam de um período mais longo de recuperação, sem preocupações maiores.

As instruções de tratamento foram dadas, e uma atendente voluntária foi levada para fazer-lhes companhia, num certo número de horas do dia, e até Frau Eva aprendeu a aplicar injeções, para algum caso de emergência em que estivesse só em casa. Disposta a ajudar, ela sentia piedade pelo sofrimento por que passavam, compreendia a situação difícil que todos estavam vivendo e procurava ver, em cada jovem, como se o próprio Johann ali estivesse, necessitando de ajuda. Pensava nos pais de cada um, cuidava deles como se fosse a sua mãe, e ficava alegre quando algum, depois de passar novamente pelo hospital, era liberado.

Mas, infelizmente, nem tudo transcorria dessa forma que ela desejava, conquanto se dedicasse com muito amor e carinho. Tinha também os afazeres da casa, a alimentação da família e dos enfermos, providenciada por ela mesma, e por isso passava assim também muito tempo na cozinha.

Gustav e Ingrid continuavam o atendimento no hospital. Pela manhã, antes de se retirar, ele passava em consulta todos, acompanhado de Ingrid, e levava a notícia do estado de saúde de cada um. Prescrevia medicamentos que eram trazidos do próprio hospital, e Ingrid sempre era dispensada um pouco mais cedo, para que desse também o seu atendimento aos seus enfermos, como diziam.

Entretanto, embora o esforço de cada um, um fato estranho estava ocorrendo ali, na *Lindenbergstrasse, 49*, transformada agora num pequeno posto de emergência. Pacientes em bom estado de saúde, apenas em recuperação, sem maiores complicações, estavam aparecendo mortos. Vez por outra, quando doutor Gustav e Ingrid passavam em visita de rotina, pela manhã, um soldado jazia no leito, sem vida. Por mais que Gustav os examinasse, nada encontrava que pudesse atestar tal fato.

Isso começou a crescer e a tornar-se rotina naquela casa. Todos estranhavam... Parecia que haviam sido vítimas de uma síncope, tão repentina e inesperada ocorria. Não entendiam. A própria Ingrid dizia que nunca havia se deparado com acontecimento igual, e estava preocupada que isso ocorresse em maior escala, na sua própria casa. Frau Eva também se preocupava, e ninguém podia atinar com o que fosse.

Às vezes, Ingrid, tão dedicada, levantava à noite para verificar como estavam os pacientes, e se encontrasse algum mais agitado, aplicava-lhe uma injeção de calmante, para que pudesse se tranquilizar e também repousar.

Gustav não podia entender. Quando um era retirado, por ter morrido, outro era trazido para ocupar-lhe o lugar. Algum tempo havia decorrido, desde que aquela casa fora transformada num posto de atendimento, e estavam tendo muitas perdas. Os dirigentes do hospital não sabiam o que fazer, e não compreendiam. Confiavam plenamente no trabalho e na dedicação de doutor Gustav e Ingrid, que tinham um passado de trabalho impoluto, no próprio hospital. Frau Eva estava também fora de qualquer suspeita, pois era da casa há muito tempo, dedicada, e demonstrava aos enfermos muito amor.

Certo dia, um dos diretores do hospital, querendo ver como aqueles enfermos estavam, como eram tratados, quis lhes fazer uma visita. A própria Ingrid o acompanhou, encontrando ainda, em sua casa, a atendente que haviam determinado. Tudo estava em ordem, nada havia com que se preocupar. O tratamento era muito bom, e ele percebeu, também, o amor com que Ingrid se dirigia a cada um.

Conversando com um dos enfermos, ouviu dele que dona Ingrid era muito dedicada e, mesmo durante a noite, ia vê-los. Dava-lhes algum medicamento de que necessitassem, aplicava injeção quando algum deles estava mais agitado, e não sabia o que ocorria mas, infelizmente, pela manhã, às vezes, um deles amanhecia sem vida, e acrescentou ainda:

– Não sabemos o que está acontecendo, quem sabe algum problema interno que não foi detectado pelos médicos, mas o tratamento aqui é muito bom! Sentimo-nos melhor que no próprio hospital, pois o número de pacientes é menor e somos bem tratados.

Desse depoimento, o diretor em visita nada concluiu e saiu satisfeito, mas logo também o mesmo fato começou a ocorrer no próprio hospital e a preocupação aumentou. Os pacientes apareciam mortos, sem que nada fosse detectado nem esperado.

O próprio Gustav estava preocupado mas sem ação.

A atendente que ali chegava pela manhã, certa vez encontrou, junto a um leito, um medicamento diferente, estranho para ela, e mostrou ao doutor Gustav, quando da sua visita pela manhã, perguntando-lhe:

– Quando devo ministrar esse medicamento aos pacientes? Esse eu não conheço, foi o senhor mesmo que o trouxe do hospital?

Doutor Gustav, tomando-o em suas mãos, sem saber do que se tratava, colocou-o no bolso dizendo apenas:

– Esse não, eu não sei como veio parar aqui! Preciso verificar de que se trata.

– Quem sabe foi a senhora Ingrid que o deixou aí!

– Falarei com ela, depois! Mas continue, por ora, com os mesmos medicamentos que vinha ministrando, dentro dos mesmos horários. Está tudo normal, e nada há com que se preocupar!

– Está bem, doutor!

Gustav retirou-se, encontrando a esposa que vinha entrando.

– Está tudo bem, Ingrid! Podemos ir, já vi um a um, não há maiores preocupações.

– Está bem, Gustav!

Com o vidrinho de medicamento no bolso, ele tinha pensamentos aterradores, mas nada comentou.

# 16

INGRID NADA PERCEBEU, e Gustav, com a mão colocada no bolso, sentia aquele pequeno frasco contendo um líquido levemente amarelado, sem nenhum rótulo. Alguma poção preparada em laboratório ou, ocultamente, por alguém! Mas quem? Por mais se esforçasse para retirar da mente ideias tão tétricas, não conseguia. Ele não via a hora de chegar ao hospital e fazer um teste, ele mesmo, do seu conteúdo. Como fora parar em sua casa? Era diferente dos outros medicamentos, todos rotulados e em vidros maiores. Estava aterrado! Apenas uma pessoa poderia tê-lo colocado lá, e, se o fizera, era com uma intenção.

Quando chegou ao hospital, nada disse a ninguém. Fechou-se um instante no seu consultório para examinar o conteúdo do vidrinho. Ingrid já se encontrava no seu trabalho e não apareceria de pronto, ocupada nas muitas obrigações a cumprir nos leitos, e ele teria as consultas, mas antes de iniciá-las, queria fazer o que se propusera. Abriu-o com cuidado, e quis sentir-lhe o cheiro. Logo reconheceu ser de uma substância mortífera muito forte. Não satisfeito, fez outro teste, despejando-o em um recipiente mais aberto, e até colocou a ponta de um dedo, sentindo-o no seu tato. Era um líquido de temperatura normal, mas, ao contato com a pele sentiu que a queimava. Lavou logo em seguida as mãos, jogou o conteúdo na pia, lavou o vidrinho e colocou-o no cesto de lixo.

Ninguém saberia do que se tratava, nem mesmo Ingrid, mas teria que mudar de atitude. Lembrou-se da sua revolta quando Johann fora morto, mas nada sabia da promessa que ela fizera a si própria – que o vingaria, e seria implacável. Contudo, começou a ligar os fatos e, embora quisesse afastar essa possibilidade de sua mente, não conseguia encontrar explicação para o que estava ocorrendo na sua casa. Como aquele vidrinho fora parar lá, se não levado por ela mesma? Por que ela o esquecera na mesinha junto a um leito? Todas as suas indagações levavam-no somente a ela. Não queria acreditar que a sua doce Ingrid fosse capaz de atos tão desumanos e criminosos... Não era possível que ela os realizasse.

Teria que estar atento a todas as suas atitudes, mas o cansaço, à noite, era tanto, o sono envolvia-o tão profundamente, que talvez não conseguisse vigiá-la, na sua visita noturna aos pacientes. Não sabia como fazer, e não podia revelar isso a ninguém, antes de ter uma certeza. E, se a tivesse, o que faria depois? Acusaria a própria esposa de criminosa? Levá-la-ia a julgamento? E ele, até que ponto não seria também implicado? Tudo estava acontecendo na sua própria casa. Acreditariam nele, ou julgá-lo-iam um cúmplice que queria se safar de responsabilidades e estava acusando a esposa? E ela, como se portaria?

Naquela manhã não conseguiu atender tranquilamente os pacientes e, em cada quarto que entrava, após as consultas no seu consultório, pensava: – Quem será o próximo?

Quando encontrou Ingrid, olhou-a de modo diferente e muito perscrutador, querendo encontrar nela alguma atitude, algum gesto que a denunciasse, mas nada conseguiu perceber! Via a mesma enfermeira dedicada e atenciosa a todos os pacientes que visitava e atendia. A atendente dera-lhe o pequeno frasco de forma ingênua, perguntando como deveria ministrar aquele medicamento! Não seria ela, de forma alguma, e muito menos Frau Eva, que pouco saía de casa, apenas o necessário às compras para o abastecimento do lar, e realizava o seu serviço com muito amor. Só restava Ingrid.

Se lhe falasse em casa, reservadamente em seu quarto, teria dela a confissão? Ela lhe abriria o coração? Não acreditava que o fizesse, não a ele! Não contava mais com a prova do conteúdo do vidrinho, que o jogara fora, mas ela certamente deveria ter outros, todos escondidos em casa mesmo. Resolveu então que, antes de lhe falar, procuraria atentamente em todos os locais onde pudessem ter sido escondidos. Sim, o faria, mas, se fosse Ingrid, ela não se arriscaria a tanto. Frau Eva ali estava, e fazia as arrumações, poderia encontrá-los.

Pensou, em seguida, que talvez ela pudesse tê-los em sua própria bolsa. Era um vidro pequeno, e não precisaria muito para que um soldado perdesse a vida através de injeção aplicada – um centímetro apenas da substância venenosa. E como o esquecera lá, sem ter usado naquela noite? Talvez algum paciente mais astuto tivesse percebido alguma coisa, e ela se retirara apressadamente.

A sua mente era um revezar de pensamentos, cada um mais aterrador que o outro, mas todos tinham um mesmo alvo – Ingrid, a sua doce Ingrid, aquela que o amava tanto, aquela que sempre fora tão dedicada aos enfermos, a que dividia sua vida entre ele, o seu marido, o amor de sua vida, e a sua profissão.

Tantos pensamentos, tantas conjecturas, as horas passaram e eles se encontravam novamente em casa, onde Gustav se dispusera a observar Ingrid muito atentamente.

Antes de mais nada, ao entrar, ele foi visitar os leitos a fim de ver o estado de cada enfermo. Pediu o resumo do dia à atendente, e dispensou-a logo após. Tudo havia transcorrido em paz e normalmente, durante aquelas horas.

Gustav verificou até que dois dos pacientes estavam prontos para passarem pelo hospital e serem dispensados após. Qualquer necessidade posterior poderia ser suprida no próprio lar, junto dos familiares, onde a possibilidade de um refazimento mais rápido, era maior. O aconchego dos familiares ajudaria muito. Chegou mesmo a comunicar-lhes que, no dia seguinte, providenciaria para que fossem levados ao hospital e de lá, encaminhados de volta para suas casas. Não eram de Berlim e teriam que viajar, mas já tinham condições satisfatórias para isso. As famílias seriam comunicadas e os esperariam. Felizes, eles passaram a aguardar o momento que lhes chegaria.

A noite decorria tranquila. Gustav, esforçando-se para estar atento a Ingrid, foi envolvido completamente pelo sono, pois o cansaço era grande. Em dado momento, Ingrid levantou-se e foi em visita aos quartos, sem que Gustav percebesse. Passou pelos leitos, todos dormiam serenamente, e retornou ao seu quarto. Quando se colocava novamente na cama, Gustav acordou, querendo saber onde ela havia ido.

– Fui dar uma olhada nos pacientes, como é meu hábito! Você sabe que não consigo passar a noite toda sem verificar, pelo menos uma vez, como se encontram.

– Já que acordei, também quero vê-los!

– Pode continuar deitado, não há necessidade! Todos dormem tranquilamente.

– Mas quero ver assim mesmo!

– Então vá, mas não faça barulho para não acordá-los! É tão difícil que fiquem tranquilos à noite!

– Vou apenas olhar, terei cuidado!

Nada foi diferente do que Ingrid afirmara e, julgando estar sendo injusto com ela, voltou ao seu leito e novamente adormeceu.

Pela manhã, quando a atendente chegou e passou pelos leitos, um havia em que o paciente se encontrava morto. Alarmada, ela começou a gritar:

– Doutor Gustav, por favor, venha ver! Senhora Ingrid, novamente um paciente morto!

Os dois acorreram, ouvindo o seu chamado.

– Não é possível, vim vê-los esta noite, estava tudo em ordem! – exclamava Gustav. – Antes de mim Ingrid também já os havia visto e nada havia ocorrido, todos dormiam em paz!

Mais desilusões, novos pensamentos aterradores, novas tristezas. Justamente um daqueles que deveriam ser liberados, um dos que estavam melhor de saúde, um dos que deveriam regressar para o seu lar. Ingrid lamentava-se também e não podia compreender.

– Lembra-se, Gustav, de que o vimos, eu vim antes e você veio após, lembra-se?

Quando assim falavam, um dos enfermos disse que se lembrava de ter visto, pela madrugada, dona Ingrid passar pelo quarto, e que o companheiro, justamente um daqueles que deveriam ser liberados, estava acordado, um tanto excitado, talvez pelos pensamentos de alegria em poder retornar ao lar. Não sabia o que houve, pois estava meio sonolento, mas ouviu que trocaram rápidas palavras e dona Ingrid retirou-se.

Ela negou, dizendo que havia estado no quarto apenas uma vez; que Gustav fora após ela, e todos dormiam profundamente.

– Não posso afirmar, mas deu-me essa impressão! À noite dormimos e acordamos muitas vezes, podemos nos enganar, mas tive essa impressão... – justificou o enfermo.

No íntimo de Gustav não se tratava de uma impressão, mas de uma terrível realidade. Novamente dormira, e mais tarde Ingrid retornou aos leitos. Encontrando o enfermo acordado, talvez um pouco excitado pela perspectiva de voltar para casa, e dizendo que ia tranquilizá-lo para que ele pudesse ser levado ao hospital bem descansado, aplicou-lhe alguma injeção. Só podia ter sido isso! Outra explicação não havia!

Como chegar ao hospital e dizer que mais um enfermo havia morrido? Como, se era justamente o que se encontrava em melhores condições de saúde, pronto para ser devolvido ao lar, aos familiares? Não havia explicação, ela negava que houvesse visitado os leitos, mas Gustav sabia que não podia ter sido de outra forma. Tinha o depoimento, embora vago e impreciso de um enfermo, mas não precisava mais que isso. A evidência era insofismável, e teria que tomar uma providência. O quê, ainda não sabia...

Após as instruções dadas à atendente, quanto aos outros pacientes, eles deixaram a casa rumo ao hospital, e lá Gustav comunicou a morte de outro jovem soldado, pedindo que providenciassem a remoção do corpo e o devolvessem à família. Sim, voltaria ao lar, não como ele e a família o desejavam, mas apenas um corpo inerte, sem vida, para ser sepultado.

Gustav estava revoltado e não sabia o que fazer. Teria que dar um basta. Não poderia acusar a esposa publicamente, mas também não podia permitir que esse fato continuasse a ocorrer em sua casa.

Quando voltaram, à noite, após o trabalho, Gustav pretendia chamar Ingrid para uma conversa muito séria em seu quarto. Antes, porém, procurou conversar com Frau Eva. Foi à cozinha onde ela se encontrava, e, enquanto Ingrid tomava o seu banho, fez-lhe um apelo muito veemente:

– Frau Eva, pelo amor de Deus, ajude-me! Eu não sei o que vai acontecer ainda nesta casa, pela morte de tantos pacientes, mas esse desta noite, era impossível. Estava pronto para ter alta! O que a senhora pode me dizer do que vem acontecendo? É pessoa mais experiente e talvez veja coisas que eu não consigo ver. O que tem pensado de tudo isso? Ajude-me, mas não diga a Ingrid que vim lhe falar!

– Eu não gostaria, doutor, de falar a esse respeito, não me compete! Eu quase não vejo os enfermos, e nada devo dizer.
– Mas tem também as suas suspeitas! Se assim não fosse, me falaria de outro modo. Não me esconda nada, Frau, ajude-me!
– Tudo o que o senhor tem pensado, eu também o tenho, doutor! Todavia, não posso acusar ninguém sem provas, e nem encontro nenhuma razão para tal, uma vez que a senhora Ingrid tem sido como uma filha para mim, e considera-me aqui como a sua segunda mãe.
– Então é nela que pensa?
– Não posso dizer mais nada, que esse pensamento doeu-me muito tê-lo comigo.
– E supõe que não me dói também, mas não posso permitir que isso continue! Terá que me ajudar!
– Eu nada poderei fazer, não tenho provas!
– Procure conversar com ela, induzi-la, e talvez ela lhe confesse...
– Isso eu não saberei fazer, doutor!
– Então não me resta outra alternativa. Não posso deixar que continue, Frau. Vou conversar com ela duramente! No início poderíamos pensar até em alguma morte súbita, mas agora me é impossível acreditar nisso.

# 17

GUSTAV DEIXOU A companhia de Frau Eva, convencido de que estava certo. Se ela não quisera ajudar em palavras, pelo menos, através delas, pôde perceber que as suas suspeitas eram semelhantes. Era grata a Ingrid e a todos, pois tinha um lar para morar, trabalhava, era respeitada e muito querida. Também aprendera a respeitar os patrões e a amar a senhora Ingrid, com quem convivia já há anos, e sempre fora tratada com muita consideração.

Quando chegou ao seu quarto Ingrid já havia retornado do banho e penteava os cabelos. Usava-o de forma diferente de quando ele a conhecera. Alguns anos haviam passado e ela mantinha o mesmo corpo esbelto. Nunca tinham tido filhos, e ele a observava atentamente, vendo-a ali, correndo o pente pelos cabelos. Lembrou-se da primeira vez que ela entrou no seu consultório para lhe ser apresentada; lembrou-se, em rápidos segundos, de tantos momentos ternos de amor que tiveram; lembrou-se da sua dedicação aos enfermos, ao seu trabalho, sempre muito melhor que o de qualquer outra. Ainda estava muito bonita. Poderia mesmo dizer que estava mais bonita. Aquela beleza que já se definira pelos anos, que se afirmara nos traços bem delineados, aquela beleza segura da mulher feita e não mais aquele aspecto terno, mas mutável das jovens.

Não era possível que a sua doce Ingrid tivesse se transformado numa assassina. Tantos pacientes já atendera, e sempre se esforçara para reanimá-los, revivê-los! Como agora, tão friamente, tirava a vida de outros?

Terminando de se arrumar, ela convidou-o para descer, mas ele, com outra intenção, respondeu-lhe:

– Não vamos ainda, Ingrid! Preciso conversar com você!
– Conversaremos enquanto jantamos, Gustav!
– Não! Preciso conversar com você aqui, a sós!
– Está me assustando! O que quer de mim? Tem algum problema que não quer que Frau Eva saiba?
– Não se trata de mim, e sim de você. Sente-se nesta cadeira!

Ele estava recostado na cabeceira da cama, observando-a enquanto se arrumava mas, quando se dirigiu a ela, sentou-se, e, puxando uma cadeira que havia por perto, convidou-a a sentar-se também.

– Parece que o assunto é mesmo importante! Nunca o vi fazer assim antes.
– É que antes não houve necessidade!
– De que se trata?
– Estou muito preocupado com você, Ingrid!
– Então é isso? Mas eu estou bem, preocupar-se comigo, por quê?
– Pelo que tem feito!
– E o que eu tenho feito que o desagrada? Tenho me dedicado tanto nesse período tão difícil ao nosso país, posso ter me descuidado de alguma coisa. Não estou trabalhando a contento seu?
– Não se trata disso! Talvez eu nunca lhe tenha dito que a amo, não é mesmo, Ingrid? Eu sei que não disse, mas sabe que gosto muito de você! Estamos casados há muitos anos, e se nunca revelei o meu amor por você, faço-o, agora: – Eu a amo muito, aprendi a amá-la! De início eu deixei-me levar pelo seu amor por mim,

que sabia, era muito grande. Mas aprendi também a amá-la, e a amo muito!

– E por que só hoje está me dizendo isso?

– Você já sabia também, é muito inteligente!

– Mas é muito bom ouvir!

– Pois então, se só hoje estou lhe dizendo é porque quero que você confie em mim. Eu nunca faria nada que pudesse acusá-la, e gostaria que você mesma me dissesse, não o que vem fazendo, que já o sei, mas o porquê de tudo o que vem fazendo.

Ingrid perturbou-se um pouco, mas procurou disfarçar, exclamando:

– Não entendo o que quer dizer!... Não sei do que está falando! Apenas tenho me esforçado muito para ajudar o nosso país, neste momento difícil, já lhe disse.

– Ingrid, sejamos claros! Eu não vou mais admitir que realize o que vem realizando em nossa casa, comprometendo-nos a ambos, na nossa profissão, e muito mais quando se refere a tirar vidas humanas. Preparamo-nos, Ingrid, para salvar vidas e não tirá-las!

– Não entendo, ainda, o que diz!

– Se acha que não entendeu, falemos diretamente, pelo menos eu vou falar! Por que vem tirando a vida dos soldados confiados a nossos cuidados?

Ingrid abaixou a cabeça e nada respondeu, mas logo em seguida a sua obstinação falou mais forte:

– Como pode me acusar de semelhante ato, se vê a minha dedicação! Estou muito ofendida com você, Gustav! Nunca supus que me acusasse dessa forma, e diz que me ama?

– Justamente porque a amo, não quero que isso continue a ocorrer! Você está comprometendo o nosso trabalho e a nossa liberdade. Se for descoberto, perderemos o direito ao nosso trabalho, seremos julgados e, com certeza, condenados. Poderemos, inclusive, perder a vida! Você, certamente, não pensou em nada disso.

– Você não pode ter responsabilidades num trabalho que eu realizo! Eu tenho feito, sim, pelo ódio aos soldados que tiraram a vida de Johann!

– Então é por isso!? Você está louca, Ingrid! Se estivesse no seu juízo perfeito jamais cometeria tal delito! Somente quem já perdeu a razão, realiza atos tão hediondos, sem pensar nas consequências! Já imaginou que se você sofreu por Johann, o que não estão sofrendo tantas famílias que perderam os seus entes queridos? Estamos em guerra, mas o que vem fazendo é crime! Todos já estão muito desconfiados, e não sei até quando essas mortes passarão por natural! Haverá investigações, e você não terá como se sair!

– Assumo a responsabilidade dos meus atos, mas Johann já está vingado!

– Você está mesmo demente! Se for descoberta, eu também serei implicado. Tudo vem ocorrendo em nossa casa, e o médico sou eu! Quem irá acreditar que não tenho participação? Você exagerou, perdeu o limite!

– Eu nada receio! Se tiver que pagar, pagarei! Você irá me acusar?

– Não, Ingrid, se isso ocorrer, se descobrirem, procurarei defendê-la o mais que puder, não quero perdê-la, mas vou dizer no hospital que não temos mais condições de abrigar enfermos aqui. Estamos todos muito cansados e pedirei que os retirem o mais rápido possível.

# 18

A CONVERSA FOI encerrada, e Ingrid não pronunciou mais nenhuma palavra. Gustav ficou receoso. A noite já era plena e o descanso logo teria que ser realizado. Desceram, jantaram normalmente, mais calados que nos outros dias, e Frau Eva, também presente, percebeu que algo deveria ter havido – a demora maior de ambos para descerem, e o silêncio que mantinham durante a refeição.

Nenhum comentário a respeito de algum paciente do hospital, ou mesmo da casa, foi feito, como era hábito, nem mesmo nenhum outro assunto fora da profissão, para suavizar um pouco a tensão em que viviam, foi mencionado. Frau Eva tentou, por algumas vezes, introduzir algum assunto, mas percebeu que não tinha continuidade e também resolveu calar-se.

Na oportunidade primeira que se fizesse, se tivesse coragem, perguntaria ao doutor Gustav se havia falado com dona Ingrid, e se ela havia admitido o que vinha fazendo. Era um assunto que não lhe dizia muito respeito, mas, mesmo assim, estava temerosa das consequências que dele pudessem advir.

Gustav proibiu Ingrid de visitar os doentes aquela noite, com medo de uma represália, pois, para quem já perdera a medida da própria atuação, não seria difícil que, descoberta e enraivecida, tentasse eliminar a todos. Mesmo advertida, ele tinha receios, e sabia que não seria atendido. Tentaria ele próprio ficar acordado e, quando Ingrid estava já acomodada, foi falar com Frau Eva para que também fizesse o favor de ajudá-lo, colocando-se em um dos quartos. Estaria atento a tudo o que pudesse ocorrer de anormal. Tentou ministrar um tranquilizante a Ingrid, dizendo-lhe que era necessário, estava cansada, muito tensa e desequilibrada, e se dormisse a noite toda, estaria melhor na manhã seguinte. Ela não opôs resistência e tomou o que ele lhe levara, deixando-o menos temeroso. Sabia que ela não poderia levantar, mas assim mesmo esforçou-se muito para estar vigilante.

Por algumas vezes passou pelos quartos, querendo estar, não só atento, mas para evitar que o sono o envolvesse, e aquela noite passou.

Frau Eva muito ajudou, embora ele a tivesse surpreendido meio cochilante, por diversas vezes. Compreendia a sua idade, as obrigações da casa durante o dia todo, e, pela manhã, recomendou-lhe que fizesse apenas o mais urgente – as refeições dos enfermos – e que descansasse o mais possível. A única que havia repousado bem durante a noite, fora Ingrid.

Passando em consulta os enfermos, e determinando a conduta à atendente, à qual já se habituara, pois que era quase sempre a mesma a não ser que algo estranho houvesse, dirigiram-se ao hospital. A primeira medida, antes de iniciar o seu trabalho, foi procurar um dos diretores, pedindo-lhe que retirassem os enfermos de sua casa, justificando-se pelo cansaço, o acúmulo de atividades e tensões, razão pela qual não tinham mais condições de cuidar deles.

O pedido foi um tanto surpreendente, não tinham vagas para alojá-los, mas fariam o possível para acomodá-los ali, no hospital, pois também estavam muito preocupados com o que vinha ocorrendo lá. Prosseguindo, disse que, naquela mesma tarde, se possível fosse, providenciariam a remoção de todos, mas preveniu-o de que uma pesquisa minuciosa estava sendo efetuada. Já havia conversado com outros membros da diretoria, e talvez ele fosse chamado para dar maiores explicações do fato perante todos os diretores, que estavam muito preocupados e desconfiados de tantas mortes em sua casa, justamente com pacientes que já não apresentavam mais nenhum perigo de vida.

Gustav tremeu intimamente, e não sabia até que ponto poderia defender Ingrid, ou até que ponto ele próprio se safaria. O assunto foi encerrado, ele dirigiu-se ao trabalho, sem tempo nem oportunidade de falar a respeito com Ingrid, já ocupada com suas atividades.

Quando a tarde chegou, um movimento desusado começou a ser percebido, no hospital, e eles verificaram que os enfermos de sua casa estavam sendo trazidos de volta. Por falta de enfermaria, foram acomodados com outros, onde conseguiram acrescentar mais leitos.

A atendente que ficava com eles durante o dia, acompanhou-os, e colocou-se à disposição da chefia para novas ordens.

Em resposta, a chefe disse-lhe que um dos diretores queria conversar com ela e que após, teria as determinações de serviço.

Conduzida à sua presença, ele fez-lhe algumas perguntas relativas à sua permanência na casa da *Lindenbergstrasse*:

– A senhora nunca notou nada diferente, nada estranho, sobretudo em relação aos enfermos que faleceram? Nada que pudesse ter demonstrado a causa de tantas mortes lhe chamou a atenção?

– Nunca, doutor! Tudo transcorreu de modo normal. Antes de vir ao hospital, o doutor Gustav passava em consulta a todos, fazendo-o também quando chegava à tarde. Pela manhã, dava-me a determinação do dia, quase sempre acompanhado de dona Ingrid, e, à tarde, dispensava-me...

De repente ela se calou, ficou um tanto pensativa, como quem estivesse se lembrando de alguma coisa, e, em seguida, disse-lhe:
– Ah, doutor, o único fato que houve, numa manhã...
Ele, ansioso, interrompeu-a, perguntando:
– O que foi, fale?!
– Sim, doutor! Pela manhã, há alguns dias atrás, encontrei sobre uma mesinha junto a um leito, um pequeno frasco de um medicamento, diferente dos que habitualmente lhes ministrava. Estava tampado com rolha comum, contendo um líquido meio amarelado, mas não tinha rótulo nem nenhuma indicação. Quando o doutor Gustav foi ver os enfermos, eu perguntei-lhe como ministrar aquele medicamento, e ele, também estranhando o vidrinho, disse-me que aquele não era para os pacientes. Olhou-o atentamente e colocou-o no bolso, sem dizer mais nada. Eu não sei o que era, nem se esse fato tem alguma importância para o senhor, pelas perguntas que está me fazendo. Foi a única coisa diferente que notei! De resto, tudo esteve sempre bem. Eu gostava do meu trabalho lá, era mais tranquilo, e sempre fui muito bem tratada!
– Está bem, pode se retirar, era só isso!
A atendente ficou satisfeita da entrevista, e feliz de ter podido, num esforço, recordar-se de algum detalhe estranho à rotina diária, para contar ao diretor. Não sabia ela que, com apenas esse relato, aparentemente simples e sem importância aos seus olhos, estaria ditando uma sentença muito cruel aos nossos protagonistas.
Terminado o seu depoimento, o diretor levou ao conhecimento dos outros membros da diretoria o que ouvira, e resolveram que Gustav seria chamado para novamente dar algumas explicações. Todavia, naquele resto de tarde um tanto conturbada, nada disseram.
Quando ambos chegaram a casa, no fim da tarde, parecia que

algo muito importante lhes faltava, como se ela tivesse sido devassada e apenas o vazio se instalara.

Frau Eva, que não havia sido comunicada dessa decisão de Gustav, estava surpresa, mas reconhecia ter sido alguma atitude dele, preventiva, para que acontecimentos semelhantes não ocorressem mais.

A casa precisava ser novamente arrumada, e Gustav se dispôs a ajudar Frau Eva, para que tudo voltasse a ser como antigamente, retirando, o mais rápido possível, aquela impressão que lhes estava gravada na alma.

– Quando o senhor quiser! – dispôs-se ela.

– O mais rápido que pudermos, Frau, mas não hoje! Estamos estafados por tanto trabalho, e esta noite todos nós precisamos descansar bastante. Amanhã pela manhã, talvez, antes de ir ao hospital, recomporemos a casa, e a senhora, depois, irá fazendo, com vagar, a limpeza necessária.

– Está bem, doutor!

Ingrid ouvia sem nada dizer. Frau procurou conversar com ela de modo carinhoso, mas não obteve resposta. Estava um tanto alheia, absorta, distante e indiferente ao que pudessem fazer na casa. Gustav nada contara da entrevista com um dos diretores, nem que investigações estavam sendo realizadas.

O descanso tranquilo se fez para todos naquela noite, embora Gustav estivesse muito preocupado.

Na manhã seguinte, antes de começar o seu trabalho no hospital, ele foi chamado para comparecer no gabinete do mesmo diretor que o atendera na véspera. Ao ser notificado através de uma atendente, que um diretor o esperava, conquanto nada soubesse do que havia sido revelado no dia anterior, apenas pensou: – Chegou o momento!

Quando entrou, foi convidado a se assentar, e o diretor foi direto ao assunto:

– Tenho uma pergunta importante a lhe fazer, e espero que a sua resposta nos seja muito esclarecedora.

– Sim, doutor!

– Fui notificado de que há dias atrás, o senhor encontrou, junto de um leito, um vidrinho sem rótulo, contendo um líquido estranho aos medicamentos ministrados aos pacientes. Gostaria de tê-lo comigo, porque, talvez, esse simples vidrinho seja a chave que nos abrirá as portas a tantos enigmas.

– Não sei do que está falando, doutor!

– Não adianta mentir! Falo do vidrinho que lhe foi dado pela atendente, e o senhor colocou-o em seu bolso. Não queira se fazer de desentendido!

– É natural não me lembrar desse fato, pois não dei a ele a importância que o senhor está dando! Não sei do que se tratava, e como era diferente dos outros medicamentos que utilizávamos, joguei-o fora sem me interessar pelo seu conteúdo. O senhor sabe, a atendente ficava só em casa, durante o dia, e nada estranho devia ficar ao seu alcance.

– E quem o colocou lá, sem o senhor saber?

– Não sei, doutor! Quem sabe tivesse ido junto com alguns remédios que sempre levava do hospital aos pacientes. Nada de tanta importância, como o senhor está atribuindo!

– Realmente, podia não ser importante se consequências terríveis não tivessem ocorrido em sua casa. Preciso de explicações, o senhor deve entender! Compete a nós fazer as investigações necessárias, uma vez que enviamos à sua casa somente pacientes que não corriam risco de vida, por reconhecermos o seu trabalho e o de dona Ingrid aqui!... – ele calou-se por um instante, como se estivesse tendo alguma ideia muito esclarecedora, e, em seguida, continuou: – Por falar em dona Ingrid, ela também atendia os pacientes, não? E não se esqueça de que casos semelhantes ocorreram aqui também!

Sem esperar a resposta de Gustav, levantou-se, foi até a porta, abriu-a, e pediu a alguém que se encontrava por perto, que fosse chamar dona Ingrid.

Gustav ficou lívido, seu coração acelerou. Quando Ingrid chegasse, o que aconteceria, o que iria dizer? Esforçara-se para não implicá-la, mas o próprio diretor lembrou-se dela. Talvez Ingrid pudesse pensar que ele tivesse contado seus crimes, e temia pela sua reação, ali, perante o diretor e perante ele próprio. Nesses receios, lembrou-se de quando ela disse que nada temia e que assumiria as suas responsabilidades.

Passados uns poucos momentos, Ingrid entrou, surpreendendo-se de também encontrar o marido. Convidada a sentar-se, em rápidas palavras o diretor colocou-a a par do que estava havendo, referindo-se também à conversa que já havia mantido com Gustav. Quando terminou, fez-lhe uma pergunta muito direta:

– Quero saber da senhora, como esse tal vidrinho sem rótulo foi parar junto ao leito de um enfermo?

– Vidrinho, doutor, que vidrinho?

Não se lembrava de tê-lo deixado lá, nem mesmo nunca o procurara. Tinha outros em sua bolsa, e aquele não lhe fizera falta.

– Sim, senhora, um pequeno frasco que pode ter sido deixado pela senhora, porque ninguém mais, naquela casa, o teria feito, por não terem acesso aos medicamentos.

– Não sei do que o senhor está falando!

– Muito bem! Se a senhora não quer revelar, teremos que fazer outras investigações que, fatalmente, chegarão ao que desejamos.

# 19

GUSTAV OLHAVA PARA Ingrid e via nela a serenidade que jamais pudera imaginar. Onde estava a responsabilidade que dissera, assumiria? Por que se fazia de desentendida?

Tanto temia pelas consequências do que fora praticado em sua casa que, intimamente, ficara mais tranquilo. Mas sabia que não escapariam à justiça. A diretoria do hospital não descansaria enquanto não apurasse todos aqueles fatos.

Vendo que nada conseguiria, o diretor dispensou-os, mas, como tinha em mente outras providências, disse-lhes:

– Por ora estão dispensados, mas não julguem que não continuaremos a investigar! Levaremos este caso até que tudo seja esclarecido, pois que temos agora um elemento muito importante que confirma a nossa suspeita.

– O senhor nada encontrará, doutor, que nos comprometa, porque trabalhamos com amor e dedicação, cedendo até a nossa casa para ajudar o nosso país em guerra! Nada encontrará! – assegurou-lhe Ingrid.

Dizendo estas palavras com a determinação que lhe era habitual, em certas circunstâncias, quando desejava impor a sua vontade, ela levantou-se e, juntamente com Gustav, retirou-se. Ambos seguiram o corredor sem trocar nenhuma palavra, e, ao pretender dar continuidade ao seu trabalho, Gustav convidou-a para acompanhá-lo ao seu consultório. Fechando a porta e antes de se sentarem, ele perguntou-lhe:

– Viu no que deu? Como conseguirá convencê-lo de que não tem culpa de nada?

– Levarei até quando puder!

– Mas não sabemos as providências que tomarão e poderemos ser julgados e condenados. Eu também estarei envolvido, já lhe expliquei isso!

– Não tenha receio! Quando não mais puder me safar, assumirei as responsabilidades e você estará livre.

– E a você, Ingrid, o que acontecerá?

– O que me acontecerá, não importa! Para mim, o importante foi o que já fiz. Eu prometi a mim mesma que vingaria Johann e seria implacável. Já o fiz! Estou satisfeita!

– Você perdeu o juízo! Não a reconheço mais!

– Talvez você nunca tivesse me conhecido!... Posso continuar o meu trabalho agora?

– Como consegue realizar o seu trabalho, sabendo tudo o que já fez e o que a espera?

– Com a mesma serenidade com que sempre o realizei!

– Em casa continuaremos esta conversa! Agora também tenho muito trabalho, e não sei como terei condições de desempenhá-lo.

Ingrid retirou-se, aparentemente tranquila, e Gustav começou as suas atividades, sem imaginar o que poderia estar ocorrendo, naquele momento, em relação a esse caso tão triste.

Assim que os dois deixaram o gabinete da diretoria, o diretor chamou um auxiliar, conhecido seu, esperto e destemido e ordenou-lhe:

– Tenho um serviço a realizar fora do hospital e preciso que me acompanhe, porém, ao regressarmos, nada deverá ser comentado do que vamos fazer. É em favor do nosso país, da justiça, e do amor ao ser humano!
– Pode confiar em mim, doutor!
– Então vamos!
Ambos dirigiram-se à casa da *Lindenbergstrasse*, bateram à porta e Frau Eva atendeu-os. Nada ainda havia voltado ao seu lugar. O diretor pediu licença para entrar, explicando a Frau Eva:
– Sou diretor do hospital onde doutor Gustav e dona Ingrid trabalham, e preciso fazer algumas verificações nesta casa. Preciso de alguns medicamentos que aqui ficaram e serão úteis aos nossos enfermos. Desejaria que a senhora nos desse licença para procurá-los. Estamos sem muita reserva, e os que aqui devem ter ficado, poderão ajudar os nossos pacientes.
– O doutor Gustav sabe que o senhor veio aqui para isso?
– Não, senhora, não tive oportunidade de lhe falar! Embora os enfermos tenham sido retirados, e como esta casa era um prolongamento do nosso próprio hospital, pensei que não houvesse problemas. Queria enviar apenas este auxiliar, mas pensei vir também, a senhora poderia não compreender... Os enfermos ficavam na parte de cima, não? Eu os vi, quando estive em visita!
– Sim, doutor! Desculpe-me ter perguntado se doutor Gustav sabia, o senhor compreende...
– Sim, compreendo, minha senhora, é de sua obrigação!
– Pode subir e verificar o que precisa! Ainda não realizamos a arrumação necessária.
– Isto é bom, para nós fica muito mais fácil!
Enquanto os dois subiram, Frau Eva permaneceu no seu trabalho, embaixo. Preocupada, mas sem querer ser indiscreta, deixou-os à vontade.

Passado um tempo que já a preocupava, eles novamente desceram, sem nada nas mãos.

– Nada encontraram, doutor?

– Não, nada, senhora! Talvez o estoque de medicamentos já fosse pequeno, e tenha ido com os próprios pacientes. Muito obrigado pela sua gentileza!

Após terem se retirado, Frau Eva subiu para verificar o que haviam feito, e notou que muitos armários haviam sido remexidos, inclusive no quarto do casal, onde tudo estava mais ainda fora do lugar. Era o único local da casa que se encontrava mais arrumado, mas foi onde mais mexeram. Ela ficou muito apreensiva e arrependeu-se de não tê-los acompanhado. Talvez ele tivesse mentido, e a intenção fosse outra, concluindo que alguma investigação fora ali realizada. Mas já estava feito.

Quando os dois se retiraram, o doutor levava, em seu bolso, alguns vidrinhos encontrados muito bem escondidos, num armário do quarto do casal. Reforçou o pedido feito a seu acompanhante, prometendo-lhe até um corretivo, caso contasse o que haviam feito.

O rapaz, sem entender muito bem o serviço que realizava, ao encontrar os vidrinhos, entregou-os ao doutor, perguntando-lhe:

– É isto o que deseja, doutor? Pelas características que me deu, são estes mesmos!

– Sim, penso que são! Agora podemos nos retirar!

Chegando ao hospital, convocou uma reunião com os outros membros da diretoria, marcada para a tarde daquele mesmo dia, na qual mostraria os pequenos frascos e, em conjunto, providenciariam o exame de seu conteúdo.

Quando Ingrid e Gustav chegaram, no fim da tarde, Frau Eva contou-lhes o que havia ocorrido, mas não sabia o que haviam encontrado, porque não levavam nada nas mãos. Gustav tranquilizou-se, mas Ingrid subiu apressada e foi direto ao armário onde os

havia colocado. Vendo essa sua reação, Gustav subiu atrás, percebendo que ela ficou decepcionada e assustada por nada encontrar. Depois, voltando-se, ela falou:
– Eles encontraram os vidrinhos que eu guardava aqui!...

# 20

PELA PRIMEIRA VEZ, Gustav sentiu que Ingrid se assustara.

Ao começarmos uma empreitada, quando enceguecidos pelo desejo de vingança, com disposições funestas, achamos que nunca seremos descobertos em nossos planos. A realidade, porém, quase sempre é outra, e Ingrid começava a enfrentá-la. A realidade dos seus próprios atos, tão comprometedores diante da justiça dos homens, pois que se tratava de um plano frio, para retirar a vida de seres humanos, irmãos seus de nacionalidade. E se assim era diante dos homens, o que pensarmos sobre os seus compromissos diante da justiça divina, quando retirava a vida de irmãos perante Deus?

Mas em nada disso ela pensara! Arquitetara um plano e o seguira, apenas procurando se esquivar da justiça humana, mas via-se agora a descoberto, e dela nunca escaparia.

Tendo se agachado para melhor examinar o armário, ela levantou-se e correu para os braços de Gustav, terrificada.

– Será o meu fim, Gustav, o meu fim! Não terei como me defender! A prova está com eles e me levarão a julgamento!

Gustav, abraçado a ela, não tinha palavras para consolá-la, e deixou-a falar, falar muito, extravasando todos os seus receios. Onde estava aquela Ingrid obstinada, determinada, capaz de arquitetar planos tão sinistros e colocá-los em execução? Quantas vidas truncadas, ceifadas no ideal, na liberdade? Não sabia! Tantas esperanças e anseios aguardando cada momento de serem concretizados, ceifados da vida, dos sonhos, das esperanças e das realizações... Quantos deixaram os seus lares, os seus entes queridos, para defenderem a Pátria, ajudando o governo nos seus planos.

Ingrid continuava junto de Gustav, que, a passos lentos, foi conduzindo-a ao leito onde a colocou sentada, e ficou a seu lado, tentando consolá-la, dar-lhe algumas esperanças, quando ele próprio não tinha nenhuma, pois sabia que também estaria envolvido.

– Amanhã não vou trabalhar, Gustav! Ficarei com Frau Eva, e você dirá que estou doente, invente o que quiser, mas eu não irei! Não enfrentarei nenhuma entrevista com o diretor do hospital, que certamente me chamará e me acusará.

– Até quando durará essa sua *doença*, Ingrid? Você não se furtará de enfrentá-lo, amanhã ou depois...

– Eu sei disso, mas amanhã, não! Quem sabe conseguirei encontrar alguma forma, mas amanhã, não!

– E como vou deixá-la só, tão nervosa? Não lhe fará bem ficar sozinha!

– Tenho Frau Eva que me fará companhia!

– Se assim se sentir melhor, eu direi, se me chamarem, que acordou muito indisposta e preferiu ficar em casa.

– Diga o que quiser!

O resto da noite, tomada pelas preocupações, ela quase não conseguiu dormir, acontecendo o mesmo com Gustav. Mas a manhã chegou, e ele procurou levantar muito silencioso, cuidando para que ela pudesse continuar repousando, e se retirou do quarto sem que ela percebesse.

Gustav disse a Frau Eva que Ingrid estava nervosa e não iria trabalhar; e sem fazer nenhum comentário acerca dos vidrinhos, recomendou-lhe que cuidasse dela, retirando-se para o hospital.

Logo que entrou, foi notificado de que a diretoria reunida o aguardava, assim como também a dona Ingrid. Ele dirigiu-se para lá, e, ao entrar sozinho, foi encarado pelos diretores, que logo perguntaram por ela. Ele justificou a sua ausência, e um deles, o que mais tinha conversado com Gustav, disse-lhe:

– Reunimo-nos para falar aos dois, mas como dona Ingrid não veio, devemos dar ciência ao senhor do que falaríamos a ambos. Posteriormente, ela será notificada do que temos a dizer, e das conclusões a que chegamos, bem como das providências que já tomamos.

Gustav ouvia-o, aterrado. Nenhuma palavra pronunciou em defesa, nem de Ingrid nem de si mesmo. Foi convidado a sentar-se e, quando começaram a expor, concluiu que nada mais restaria a fazer. Haviam examinado o líquido contido nos vidrinhos, chegando à conclusão de que se tratava de substância mortífera de tal intensidade e tal atuação, que não deixava nenhum vestígio. Não fossem tantas mortes efetuadas, nunca ninguém suspeitaria de nada. Quando terminou sua exposição, um deles perguntou-lhe:

– O senhor, doutor, estava a par de tudo isso, não é verdade?

A surpresa da pergunta e de tudo o que ouvira, deixaram-no calado. Não sabia o que responder.

– Fizemos-lhe uma pergunta, doutor! O senhor sabia de tudo, não?

– Não, senhor, eu não sabia de nada!

– Como se explica, então, ter-se calado sobre o pequeno frasco que lhe foi dado pela atendente? O senhor escondeu-o e nada disse.

– Joguei o seu conteúdo, sem saber o que era.

– E quer que acreditemos nisso?

– Se não acreditam no que digo, não deveriam me perguntar.

– Além de tudo é atrevido!

– Desculpem-me, senhores, não foi a minha intenção ser indelicado, mas eu estou falando a verdade.

– Mas não devia ter jogado um líquido estranho, quando mortes estavam ocorrendo em sua casa, sem procurar saber o que era. Isso mostra que o senhor estava conivente com o que lá era realizado, e, se não foi o senhor, só pode ter sido uma outra pessoa, dona Ingrid, que não acreditamos, esteja doente!

– Está muito cansada de tanto trabalho e de tudo o que vem acontecendo, não tinha condições de vir hoje.

– O senhor está dispensado por agora! Pode continuar o seu trabalho, mas não se afaste do hospital. Queremo-lo aqui, durante todo o dia!

– Está bem, senhores!

Gustav retirou-se, e eles, em coesão, deixaram a sala, partindo para a residência da *Lindenbergstrasse*. Eram cinco ao todo.

Bateram à porta, e, quando Frau Eva abriu, sem pedir licença, foram entrando e perguntaram por dona Ingrid.

– Ela está deitada ainda! Não amanheceu bem, por isso não foi trabalhar.

– Vá chamá-la! – pediu um deles.

Frau Eva conhecia apenas um, entre eles, aquele mesmo senhor que estivera ali na véspera, e compreendeu que algo muito importante e grave deveria estar acontecendo. Gostaria tanto que doutor Gustav também estivesse em casa, mas estava só, e teve que obedecê-los, subindo e chamando por Ingrid.

Ela foi acordada, e, quando soube, ficou muito preocupada.

– Diga-lhes, Frau, que descerei logo em seguida! Apenas o tempo para me arrumar!

Frau Eva desceu, deu o recado, e convidou-os a que se sentassem. Eles aguardaram o tempo que julgaram necessário para que se arrumasse e descesse, mas ela não aparecia. Esperaram ainda mais e mais, e muito tempo passou. Frau Eva, que havia permanecido por perto, temerosa do que pudesse acontecer quando ela descesse, foi novamente chamada. Pediram-lhe que a chamasse outra vez, pois não poderia demorar tanto... Perguntaram-lhe até se havia alguma forma de ela fugir por alguma outra saída, e foram informados de que o único meio era aquela escada que dava ali na sala. Outro jeito não havia.

Frau Eva subiu e, ao entrar no quarto de Ingrid, encontrou-a ainda deitada. Chegou mais perto, pensando que ela novamente dormira, mas, ao tocá-la, sentiu-a rígida e muito fria. Apavorada, começou a gritar.

Todos subiram e encontraram-na do mesmo jeito como eram encontrados aqueles que haviam sido mortos por ela.

# 21

A SURPRESA DO inesperado foi tão grande, que eles todos, vendo Frau Eva desesperada, e Ingrid, imóvel e lívida, não pronunciaram nenhuma palavra. Apenas um olhou para o outro, mas um deles, de olhos mais atentos e perscrutadores, visualizou, junto do corpo, jogada ao acaso, uma seringa contendo um resto do líquido amarelado. Ao lado da cama, sobre uma pequena mesinha, um outro vidrinho daqueles, guardando ainda uma boa parte do líquido.

Tudo estava claro, não precisavam investigar mais nada. A revelação se fizera por si própria. Querendo furtar-se à confissão, fizera-a de modo o mais convincente possível, e, infelizmente para ela, perdendo também a sua vida.

Juntaram a seringa, taparam o vidrinho e levaram-nos consigo, partindo apressadamente para o hospital, sem nada terem falado, além de:

— Voltaremos ao hospital e mandaremos o doutor Gustav imediatamente.

No hospital, um deles foi à procura de Gustav, encontrando-o no seu consultório. Pediu delicadamente que o paciente que ele examinava se retirasse por alguns instantes e, fechando a porta, mostrou-lhe a seringa e o vidrinho dizendo:

– Sentimos muito o que aconteceu, mas, quando se retirou do nosso gabinete, fomos pessoalmente à sua casa falar com dona Ingrid. A criada foi avisá-la, e ela mandou-nos dizer que desceria em seguida, apenas o tempo para arrumar-se, pois ainda estava deitada. Esperamos muito tempo, não sei precisar quanto, e ela não veio. Cansados de tanto esperar, pedimos à criada que fosse chamá-la novamente. Quando entrou no seu quarto, dona Ingrid ainda estava deitada, mas não respondia e, ao tocá-la, percebeu que estava morta.

– O quê?! Ingrid morta?! O que vocês fizeram com ela?

– Acalme-se, doutor, nós não fizemos nada! Queríamos só conversar, contar o que já havíamos falado ao senhor, mas ela, assustada, talvez, e querendo fugir às suas responsabilidades, fez o mesmo que havia feito a tantos – e mostrando novamente a seringa e o frasquinho, acrescentou: – Veja, encontramos a seu lado! Lamentamos muito porque não era isso o que desejávamos!...

Estas últimas palavras Gustav não ouviu. Deixando-o no consultório, dirigiu-se apressadamente para o seu lar. Ingrid ainda estava do mesmo jeito, e Frau Eva, a seu lado, chorando desesperadamente.

Gustav tocou-a, esperando, quem sabe, que ela se mexesse, que não estivesse morta, mas nada mais pôde ser feito. Desolado, triste e abandonado por ela, avisou Fred, pedindo que comunicasse aos seus pais, e tomou as providências requeridas nessas ocasiões.

Os pais de Ingrid não se conformavam com a perda da filha, mas nada lhes foi revelado sobre o que acontecera. Gustav proibiu Frau de falar a esse respeito – nem ela o faria por não ter certeza de nada, apenas desconfianças. Quanto à *causa mortis*, pediu que lhes dissesse que fora um mal súbito, ao qual ela não resistira. Fred ficou sabendo da verdade, só não compreendia a razão. Gustav, porém, assegurou-lhe que oportunamente lhe contaria, adiantando-lhe que entre eles tudo estava bem, e o motivo fora outro.

Quando os funerais se realizaram, os pais de Ingrid não quiseram permanecer na casa. Foram passar aquela noite com Fred, e partiriam logo no dia seguinte. A tristeza que os envolvia era muito grande. A dor chegara aos seus corações, arrebatando, em tão pouco tempo, dois de seus queridos filhos. A mãe, mais amorosa e terna dizia a Fred, o único filho que lhe restara, que não sabia se resistiria a tanta dor.

Fred consolava-a, e o pai, mais calado, também sofria muito. Adorava seus três filhos, mas sempre tivera um carinho muito especial por Ingrid.

Após tudo terminado, Gustav ficou só com Frau Eva. Ela chorava muito, não se conformando com aquela atitude de Ingrid. Mesmo assim ela levou-o à cozinha e preparou-lhe um chá. Quando o tomavam juntos, ela atreveu-se a perguntar:

– Desculpe-me, doutor, se sou cruel com o senhor! A dor que sente não é menor que a minha, que tinha aprendido a amar a senhora Ingrid, tantos anos estivemos juntas, mas gostaria de saber: todas aquelas nossas suspeitas foram verdades, não é mesmo?

– Sim, Frau, infelizmente foram verdades!

– Eu não consigo imaginar que ela tivesse um coração capaz de realizar tais atos.

– Ingrid tinha as suas razões, Frau, e confessou-me que fazia para vingar Johann!

– Meu Deus!!! – exclamou Frau Eva, estupefata. – Mas por que isso, doutor?

– Ela não conseguiu se conformar com a morte dele da forma como o foi, e pensou que, eliminando outros soldados, o estaria vingando.

– Que tristeza, doutor! Então aqueles homens que vieram aqui já tinham descoberto tudo?

– Sim, Frau! O que veio antes, encontrou pequenos frascos com a substância que ela aplicava neles.

– É muito difícil acreditar em tudo isso! Mas tome seu chá, doutor, far-lhe-á bem, e amanhã poderemos conversar novamente. Estou preocupada com o senhor, que ficou só, e comigo mesma que estava tão acostumada aqui, e velha já para começar em outro lugar.

– Não se preocupe, Frau! Amanhã conversaremos, mas não me sinto disposto a dormir agora.

– É bom que o faça! Esse chá lhe fará bem! Deite-se, descanse, o senhor precisa!

– Você também, Frau, tente fazer o mesmo!

# 22

GUSTAV, DEIXANDO A cozinha, dirigiu-se à sala e colocou-se numa poltrona, onde permaneceu durante muitas horas, relembrando tantos fatos, tantos momentos agradáveis e felizes que haviam vivido naquela casa.

Frau Eva, procurando descansar, foi para o seu quarto, também muito abalada e preocupada. Gustav não conseguiria dormir. A sala seria para ele, naquele momento, o melhor lugar. Olhou para o piano que ainda ali permanecia, fechado há tanto tempo, e recompôs, em sua mente, o mesmo ambiente de quando Johann estava entre eles e os deleitava com melodias tão suaves. Recordou-se de Ingrid junto dele, e, às vezes, contavam também com Fred. Agora ficara só, com o coração tão amargurado, tão solitário e derrotado.

Não compreendia aquela Ingrid dos últimos tempos. Não compreendia como um espírito dócil, terno e amoroso, pudesse ter sido capaz de tantas realizações funestas, culminando com o seu próprio abandono da vida. Onde estava aquela obstinação, aquela decisão forte que sempre a compelia ao trabalho, a realizações de amor e de tanta dedicação a tantos enfermos? Não compreendia a sua transformação, não compreendia tantas coisas que lhe vinham à mente então, e nas quais nunca havia pensado, porque nunca com elas se vira defrontado.

    O que fazer de sua vida, agora? Como continuar a desempenhar o seu trabalho no hospital, quando todos sabiam do que Ingrid tinha sido capaz? Como confiariam nele, se também seria considerado conivente com aquela situação? Como explicar que não sabia de nada, e que para ele fora também a surpresa mais decepcionante que tivera em toda a sua vida? O que fazer de si mesmo? Não podia continuar no hospital e não desejava sequer, continuar naquela casa. O que faria num ambiente que só lhe traria recordações desagradáveis? Mas tinha Frau Eva, teria que lhe dar um amparo, não poderia deixá-la naquela altura de sua vida. Não era ainda tão velha, era disposta, ativa, mas um recomeço não lhe seria fácil. Pensara até em retornar aos acampamentos, ajudar os feridos... Sim!... Talvez fosse uma boa solução!

    Muitas horas ali passou, entre muitos pensamentos, sem conseguir dormir. Na manhã seguinte não iria ao hospital, nem na outra, nem nunca mais... Não suportaria ser olhado nem apontado como alguém que tivesse realizado, junto com a esposa, atos indignos de um ser humano e, muito mais ainda, de um médico. Não suportaria! Notificaria o hospital que não teria mais condições de continuar, e pediria licença para retornar a algum posto bem longe de Berlim, onde pudesse ser útil aos feridos de guerra. Quem sabe não se sentiria melhor, dedicando-se a esse trabalho? Ninguém o conhecia e ninguém o acusaria de nada. Sentiu que essa seria a melhor solução.

    Na manhã seguinte consultou Frau Eva da possibilidade dela ficar com Fred, desejando saber se se sentiria bem junto da sua família, caso eles pudessem acolhê-la.

    – E a casa, doutor?

    – A casa, Frau, eles poderão, se desejarem, mudar para cá! Ela pertence somente a Fred, agora. Se a senhora quiser, poderá ficar com eles, e, quando a guerra terminar, tem a casa de meus pais, que ficarão felizes em tê-la com eles!

– Eu sinto tanto, tudo isso, doutor! Por que não continuamos como estávamos? Se dona Ingrid tivesse se conformado com a morte de Johann, nada disso teria acontecido. Tantos perderam seus filhos, seus irmãos, e até pais muito jovens, sem se revoltarem.

– Mas Ingrid não entendeu e imaginou que, fazendo o que fez, estava vingando o irmão! De que adiantou essa vingança? Penso até Frau, que a ideia de receber aqui os feridos excedentes no hospital, já fazia parte do seu plano.

– Pode ser, doutor! Quando falará com Fred?

– Hoje mesmo talvez o procure, para que ele possa pensar e resolver o que fará!

– Não irá, então, voltar ao hospital?

– Hoje não terei condições, mas mesmo depois, não voltarei mais! Ainda hoje vou tentar comunicar-me com a direção, para que providencie o meu retorno a um posto de atendimento nos campos de luta, a fim de poder redimir um pouco, do muito que Ingrid fez.

Todas essas providências foram sendo tomadas, e Fred ficou muito contente em poder contar com Frau Eva. Concordou também em se mudar para aquela casa, que lhe pertencia agora totalmente, mas combinou com Gustav que o faria oportunamente. Queria deixar um tempo passar. Pretendia remodelá-la, para eliminar recordações tão intensas que pudessem prejudicar a sua alegria e o bem-estar familiar.

Pediu a Frau Eva que se mudasse para junto dele, assim que Gustav partisse, dizendo-lhe que a levaria à casa da *Linderbergstrasse*, juntamente com mais alguma pessoa, para que, aos poucos, fossem fazendo as mudanças necessárias. Até uma remodelação interior, quanto à pintura das paredes, cortinas, e tudo o mais, queria que fosse realizada.

Apesar dos apelos da mãe para que não partisse para o campo de lutas, Gustav não a ouviu. Explicou-lhe que precisava completar o trabalho que havia começado há algum tempo, e queria mudar de ambiente para esquecer um pouco a presença marcante de Ingrid em sua vida. Ela não sabia os detalhes do que havia ocorrido, e ele não podia lhe dizer, mas prometeu-lhe que, assim que voltasse, passaria a residir com ela novamente. Dar-lhe-ia muito amparo, muito carinho e toda a atenção médica de que ela necessitasse, pela idade com que já contava, mas que, naquele momento, teria que ir.

Ela compreendeu o filho e, passados alguns poucos dias, ele recebeu a permissão de partir. Não sabia se regressaria, mas, caso isso ocorresse, decidira nunca mais voltar ao hospital. Talvez abrisse um consultório particular em algum ponto mais afastado de Berlim, onde ninguém o conhecesse, nem o reconhecesse como um possível cúmplice de crimes tão bárbaros.

O futuro a Deus pertenceria. No momento só lhe interessava o presente, e esse chegava-lhe em forma da autorização para a viagem, através da qual ficou sabendo que iria para outro acampamento e não mais para aquele onde já estivera, alegrando-o um pouco mais.

No dia combinado, ele próprio levou Frau Eva à casa de Fred, e as despedidas foram muito sentidas. Parecia-lhe que, separando-se dela, estava rompendo com um passado recente, durante o qual vivera tantas alegrias e também um período muito triste. Prometeu que escreveria a Fred, e que, ao retornar, iria vê-la e contar tudo o que tinha feito e visto. Passou pela casa dos pais, para onde já havia levado muitos dos seus pertences particulares, depois de manter consigo apenas o necessário para a viagem, despediu-se e partiu.

Tomou um trem que o levaria ao ponto mais próximo de onde deveria ficar, e lá, uma condução do governo, ligada ao acampamento, o esperaria. Não ia alegre como da outra vez, e não tinha mais a companhia forte e decidida de Ingrid. Pelo contrário, ia abatido como um fugitivo, não de ninguém, mas das suas próprias lembranças, do seu próprio ambiente, sem, contudo, conseguir separar-se delas, que, na solidão e no embalo monótono do barulho do trem, faziam-se mais intensas e fortes.

As lutas estavam mais acirradas naquela época. Muitos outros países haviam aderido aos aliados para reprimirem o avanço da Alemanha, e o perigo era maior. Mas o trem deslizava, deslizava sobre os trilhos... Muitas horas já haviam passado desde que deixara Berlim, até que desembarcou no ponto determinado.

O ambiente da pequena estação estava tenso. Notícias haviam chegado de que um ataque poderia ser efetuado a qualquer momento. Estavam próximos à fronteira com a Bélgica. Soldados armados transitavam entre pessoas assustadas e temerosas, que andavam apressadas, querendo se refugiar o mais rápido possível em algum local seguro.

Gustav foi logo reconhecido pela pessoa que fora recebê-lo, e levado apressadamente para um pequeno carro, juntamente com caixas de medicamentos que haviam chegado no mesmo trem. Rodando vagarosamente por entre as estreitas estradas que os conduziriam ao acampamento, o veículo havia avançado muito pouco, quando soldados inimigos se colocaram diante do carro, interrompendo o percurso. Ao mesmo tempo, outros saíam dos lados da estrada, cercando-o e atirando contra eles. O primeiro a tombar foi o motorista, e Gustav foi atingido logo em seguida. Estava feito o trabalho! Foi a forma encontrada por eles, para impedir que medicamentos chegassem ao posto, como também um novo médico para salvar as vidas dos que eles queriam impedir de sobreviver.

Tudo terminado! Gustav ficou ali mesmo, sem nunca ter chegado ao posto para desempenhar o seu trabalho. Tudo terminado: todas as recordações, todas as esperanças, todas as promessas, todos os receios... Nada mais restava que pudesse envergonhá-lo, nem nunca mais ninguém o apontaria como tendo sido cúmplice de uma esposa desvairada e assassina. Nada mais restava...

# PARTE II

## NO MUNDO ESPIRITUAL

# PARTE II

## NO MUNDO E NA RUA

# 01

O QUE AOS olhos dos encarnados estava terminado, tinha continuidade no plano invisível aos olhos humanos.

O corpo que tomba, abriga um espírito, e esse espírito, quando dele se retira pelo imperativo maior da impossibilidade de continuar num corpo que já não tem mais as condições de abrigá-lo, é levado, e passa a viver de forma diferente. Liberto, sem o peso que o oprimia, mas também sem o abençoado instrumento que lhe serviu para tantas realizações, tantos resgates, a princípio sente-se confuso, enfermo e perdido... Mas o amparo espiritual está presente, mesmo que não o percebam de pronto, e lhes chega através daqueles que se fazem enfermeiros do Plano Maior, recolhendo enfermos, patrulhando o espaço, arrebanhando os que se perderam, que sofrem e que necessitam.

Nos períodos de guerra, o atendimento espiritual é muito maior, e Gustav pôde ser recebido no momento adequado, e também levado a um local onde estava amparado, embora inconsciente da sua situação. Eram postos de emergência, criados no espaço próximo à crosta terrestre, e, entre tantos, ele repousava agora, numa grande enfermaria repleta de soldados que também tinham perecido em lutas. Mas como não só soldados perecem num período de guerra, outros também eram recebidos, com igual atendimento.

Gustav estava amparado! E o que dizer de Ingrid que, desde que partira por sua própria vontade e receio de enfrentar as consequências dos atos praticados, tinha que se defrontar com a própria intemperança, acumulada com o ato que culminou com a sua retirada do mundo dos encarnados? Como estaria ela?

Precisamos investigar, procurar pelo espaço, para sabermos onde encontrá-la. Estará ela também recolhida a um posto espiritual, recebendo o amparo e a proteção de Deus, como aconteceu a Gustav? Se devemos procurar, comecemos por perguntar a muitos. Poderemos visitar algum posto, ou teremos que procurar nos vales de sofrimento, onde tantos espíritos comprometidos diante de Deus, se encontram perdidos de muitos e até de si mesmos, porque são inconscientes do mal que praticaram?

Percorrendo tantos ambientes, sei que a encontraremos. Teremos notícias de que uma alma sofredora teria sido levada por inimigos espirituais, para um vale muito profundo, onde a torturavam, fazendo-a recordar tristes episódios que havia praticado em suas diversas peregrinações pela Terra.

Sim, somos espíritos imortais e vivemos até milhares de vezes aqui neste plano, trazendo, em cada uma, a oportunidade de crescermos um pouco espiritualmente; e quantas vezes o amparo nos é concedido para que possamos voltar ao Plano Maior, ressarcidos de alguns dos compromissos que assumimos em passados mais distantes ou mais próximos, através das nossas ações no bem?

Entretanto, como é difícil para a maioria dos que voltam, passar pela existência sem deixar retornar momentos de passado terrível, sem deixar reavivar instintos maléficos que ainda trazem! Apesar de serem bastante trabalhados para aqui aplicarem toda a sua obstinação, força e coragem, em atos que os elevem, provando que já são merecedores da oportunidade que Deus lhes concede, novamente caem, praticando atos indignos, comprometendo-se ainda mais.

Se atentarmos para a nossa personagem Ingrid, que aqui na Terra teve a oportunidade concedida por Deus de cuidar de tantas pessoas enfermas, de dar-lhes carinho e dedicação a fim de ressarcir alguns delitos anteriormente cometidos, verificamos que, no momento crucial do testemunho, ela não conseguiu passar ilesa pelo teste, caindo novamente pela obstinação que sempre trouxe em seu espírito, e praticou tantos crimes com o coração sereno e aparentemente calma.

O que já havia feito de bom, ser-lhe-ia contado a seu próprio favor, mas se tivesse continuado sua encarnação da forma como o vinha fazendo, teria avançado um grande passo na senda do seu progresso espiritual, já em caminho há tantos séculos. Nos momentos do seu testemunho, porém, sempre tinha alguma atitude para demonstrar que ainda faltava muito para a sua libertação.

Com base nestas afirmativas, o que dizer desses espíritos atingidos pelas nossas inconsequências, no transcorrer de muitas encarnações? Se erramos, estamos atingindo alguém, prejudicando e até tirando vidas, cujos espíritos partem sedentos de ódio e desejo de vingança. Se não nos modificamos, espíritos revoltados e prejudicados irão se acumulando e acrescentando cada vez mais, por nossas próprias invigilâncias, e esses mesmos, quando têm a oportunidade de um reencontro com aqueles que reconhecem, foram o seu verdugo, aplicam nele, com toda a sua força, o ódio da sua vingança.

A nossa Ingrid, ao deixar o seu corpo, de forma tão brusca e covarde, pelo receio de enfrentar as consequências de tantos crimes, partiu para o mundo espiritual, sendo logo encontrada por muitos daqueles que a odiavam. Podemos mesmo dizer que já a esperavam pois haviam-na induzido mentalmente à prática do suicídio, arrebanhando-a, instantaneamente, para o seu deleite de maldades.

Como aqueles que trazem o ódio no coração e o desejo de vingança, não podem habitar regiões celestes, nem locais onde o amparo e a proteção os cercariam de cuidados, mas vales profundos onde a escuridão e o sofrimento é regra geral, para lá foi levada aquela irmã infeliz. Eles provocavam nela tanto sofrimento, e a tinham como sua presa há tanto tempo que nem ela seria capaz de avaliar quanto. Todavia, nem mesmo essas regiões ficam totalmente ao desamparo, pois que legiões de espíritos que se dedicam ao bem, visitam-nas constantemente em caravanas de ajuda, e arrebanham aqueles que lá se encontram arrependidos do mal que praticaram, desejosos de receber um alívio para tantos sofrimentos.

Apesar de tão aguilhoada por todos os que a faziam sofrer, ela tinha consciência do quanto sofria, desejando sair de lá, receber ajuda e diminuir tanto sofrimento. Tinha consciência do que havia praticado na sua última romagem pela Terra, e não podemos afirmar que se arrependera, mas pensava também em tantos que havia ajudado a curar, em tantos a quem dispensara cuidados e carinhos especiais, ficando à sua cabeceira, procurando diminuir-lhes os sofrimentos.

Num momento em que não sabia nem podia precisar se era noite ou dia, pois que a atmosfera e a penumbra sombria, naquele local, era uma constante, ouviu umas vozes ternas que por ali passavam. Cansada de tanto sofrimento, desejando recuperar sua liberdade, ao perceber que se tratava, não dos habitantes daquelas furnas, mas de alguém que ali estava conforme ela própria estivera enquanto encarnada, como enfermeira, querendo levar a sua dedicação aos enfermos, começou a pedir que a ajudassem. Percebendo que uns se destacavam dos outros e se aproximavam mais, sem reconhecê-los ouviu que um deles disse ao outro:

– Eu a conheço, eu a conheço, e devo a ela o amparo que tive nos meus últimos momentos, embora eu tivesse que partir, mas ela ajudou também a minha Frida, que ainda lá permaneceu!

Quando ela ouviu pronunciar o nome de Frida, voltou a um passado não tão distante, e teve em seu coração os doces momentos de esperanças da sua juventude.

– É Ingrid, irmão, é Ingrid! Levemo-la conosco! Como veio parar aqui neste lugar tão infeliz?

Ingrid estendeu as mãos e foi ajudada a levantar-se, tão encolhidinha estava a um canto, e foi levada juntamente com alguns outros que tinham aceitado a ajuda que lhes era propiciada.

Não sabia para onde a levariam, mas estava feliz e liberta de tantos assédios terríveis. Confiava neles, e assim pôde chegar a um posto não muito distante da crosta terrestre, onde estagiavam espíritos resgatados dessas regiões. Ali permaneceria por um período, até que, mais limpa em si mesma, tivesse condições de ser levada a uma Colônia para que o refazimento se realizasse de forma mais plena.

O atendimento que recebia era grande. Deram-lhe medicamentos espirituais, que lhe proporcionariam um período de sono profundo, durante o qual as suas energias psíquicas seriam melhor reequilibradas, a fim de que, ao lhe retornar a consciência plena e equilibrada, pudesse partir para o amparo maior que a aguardava.

## 02

INGRID PASSAVA POR um período de inconsciência provocada, necessário para a recomposição de todas as suas energias psíquicas, a fim de que um refazimento mais completo pudesse ser levado a efeito, num outro local. Métodos adequados conjugados com ensinamentos evangélicos, lhe seriam dispensados para auxiliar o seu reequilíbrio, dando-lhe a certeza de que, quando novamente chegasse o instante de retornar, não caísse nas teias obscuras do passado longínquo, que, às vezes, a impelia, dificultando o seu processo evolutivo.

Nesse posto para onde fora levada e submetida ao recurso da inconsciência provocada, ela passou muito tempo. Quando entenderam que já se fazia merecedora de ser transferida, não mais lhe ministraram o medicamento sonífero, dando continuidade apenas ao tratamento de passes, aplicados diariamente, para ajudar na recomposição do seu inconsciente, mesmo em estado letárgico como se encontrava.

Aos poucos ela foi despertando, permanecendo acordada por pequenos períodos que foram aumentando gradativamente, até que pôde deixar o leito completamente lúcida. Tinha consciência de que não mais habitava a Terra, e também do que realizara na sua última existência. O tempo que havia passado nos vales infelizes, proporcionara-lhe a lucidez provocada pelos irmãos desafortunados que constantemente a lembravam, não só do período anterior, como de muitos atos praticados por ela em encarnações pregressas. Sua mente era um emaranhado de acusações, remorsos e sofrimentos, por isso o adormecimento fora necessário, para que ela readquirisse um pouco de equilíbrio e tivesse condições de ser transportada para a Colônia, a fim de se refazer por completo.

Quando despertou totalmente, reconheceu, pela primeira vez, o marido de dona Frida que a havia recolhido. Ficou surpresa, mas ele a tranquilizou, dizendo-lhe que a havia encontrado, reconhecido e transportado, para que ela tivesse o seu tratamento. Não queria falar com ela sobre o local onde a encontrara, mas ela própria fez questão de se referir a ele.

– Isto não é relevante, agora, Ingrid! O que importa é que solicitou ajuda e a recebeu, e agora já tem condições de ser levada a outro local, para dar continuidade a essa primeira parte realizada aqui.

– Quando partirei?

– Talvez hoje mesmo à noite! Temos outros que estão preparados para partir, e os levaremos juntos.

– Posso, pelo menos, agradecer-lhe pelo grande bem que me fez, retirando-me daquele lugar onde sofria tanto?

– Aqui não costumamos agradecer, mas elevamos a Deus, o nosso Pai, esse agradecimento, com o firme propósito de não mais cairmos em erros.

– Eu saberei agradecer! Sabia orar, que mamãe havia me ensinado, embora não mais o fizesse.

– O que importa, filha, são os seus propósitos para o futuro, a fim de que nunca mais se veja em condição tão difícil, pelas suas próprias ações!

Naquela noite, reunindo mais alguns que completaram a fase inicial da sua recuperação e, acompanhados por irmãos que faziam parte daquele posto, eles partiram. Foram distribuídos por três Colônias, de acordo com a necessidade mais urgente de cada um, e de acordo com a disponibilidade de vagas.

Era noite profunda. Ingrid e mais dois companheiros foram introduzidos em silêncio, na Colônia onde deveriam permanecer. Ingrid foi levada a um grande compartimento, com muitos leitos, e indicado lhe foi o que ela passaria a usar. Prevenida de que, na manhã seguinte, a irmã encarregada daquele salão, levar-lhe-ia as instruções necessárias para dar continuidade ao seu tratamento, ela deitou-se para o repouso, mas não conseguiu dormir. Ficou naquele silêncio profundo, iluminada por uma tênue luz azulada que se espalhava por todo o salão, transmitindo serenidade a todos, cujo ponto de partida, por mais ela procurasse, não conseguiu descobrir. Naquele ambiente de paz, ela pensou, pensou muito, lembrou-se das palavras do marido de dona Frida e procurou orar a Deus. Precisava agradecer as bênçãos daquele local tranquilo, limpo e agradável, que talvez nem o merecesse, tantos crimes havia praticado contra muitos e contra si própria.

A manhã trouxe a sua claridade natural e foi tomando o salão, desvanecendo aquela luminosidade azulada, anunciando um novo dia. A movimentação logo começou. Alguns companheiros seus tentavam levantar-se, outros sentavam-se no leito, e quando o movimento se fez maior, uma irmã de olhos serenos e fisionomia de muita bondade, aproximou-se do seu leito.

– Como se encontra, irmã? É nova conosco, não?

– Sim, fui trazida ontem à noite e alojaram-me aqui para o repouso, mas não consegui dormir. O ambiente agradável e tranquilo favoreceu-me o ensejo de pensar muito e orar.

– Que Deus a abençoe entre nós, filha! Seja bem-vinda, e aproveite muito bem o tempo em que estiver conosco, para o seu aprendizado, para o seu reequilíbrio e para o seu progresso!

– O que farei aqui, irmã?

– Chame-me, se preferir, irmã Carminda!

– Pois bem, o que farei aqui, irmã Carminda?

– Não se preocupe, por enquanto, com isso! Haverá muito tempo e conversaremos bastante! Temos os nossos jardins, temos biblioteca e locais adequados para as diversas necessidades, mas tudo a seu tempo. Por ora descanse! Se mais tarde sentir vontade, pode levantar-se como muitos o fazem, e caminhar um pouco. Poderá também conversar com outros que aqui se encontram. A troca de experiência é sempre muito benéfica!

– E quando a verei novamente?

– Eu estou sempre por perto! Durante esta noite, estive aqui por diversas vezes, verificando se tudo estava em ordem, mas não me deixei ver para não perturbar o repouso de ninguém. Assim que puder, conversaremos e estabeleceremos o que fará para o seu aprimoramento espiritual.

– Tenho muito para aprender, irmã!

– Não só aprender, mas refazer-se e depois trabalhar! Aqui todos trabalham, todos cooperam, dentro da sua capacidade, com os mais necessitados.

– Eu fui enfermeira!

– Sim, o sabemos!

– Como o sabem?

– Sempre sabemos tudo a respeito dos que nos são trazidos, mas ainda não é o momento de trabalhar, mas sim o de receber ajuda.

– Compreendo! Não confiam em mim!

– Não se trata de confiança, filha, mas do seu próprio refazimento e de seu equilíbrio completo. Fique em paz, ore, passeie e reflita, far-lhe-á muito bem!

# 03

IRMÃ CARMINDA AFASTOU-SE do leito de Ingrid e, parando ora com um necessitado, ora com outro, foi deixando a cada um uma palavra de conforto, de estímulo e de confiança.

    Ingrid permaneceu deitada. Desfrutando do ambiente salutar e agradável, continuou a trabalhar os seus pensamentos, e deteve-se na pessoa de Gustav. Como estaria ele? Como o decepcionara! Justamente ela que tanto se alegrara da sua companhia, e se sentira tão feliz quando recebeu aquele inesperado pedido de casamento. Ela que trabalhara junto dele com tanta dedicação, durante tantos anos, por que se perdera daquela forma? Por que se deixara levar por desejos tão sinistros de vingança? Por que não aceitara a partida de Johann, como tantas famílias o haviam feito, por ocasião da perda de seus entes mais queridos? Ela, porém, se revoltara, e o fizera contra os seus irmãos de nacionalidade. Ah, quanto sofreu por atos tão insanos! Quanto permaneceu naqueles vales fétidos, obscuros e imundos, passando pelo assédio terrível de irmãos desencarnados tão infelizes! Ela nunca pensara que isso pudesse lhe ocorrer. Se nunca pensara numa continuidade de vida, como pensar nas consequências de atos praticados na Terra? Sabia que, dependendo do que fizesse, iria para o céu ou para o inferno, tendo o purgatório de atenuante. Mas onde estivera, era muito pior que o maior inferno descrito por muitos. Sofrera tanto, tanto... Teria estagiado no inferno e agora estava no céu? Contudo, quem ia para o inferno de lá não saía mais. A pena era eterna, e o céu, ela sabia que não o merecia. Como a vida depois da morte era diferente da que imaginara quando ainda na Terra! Teria que pedir esclarecimentos. Talvez irmã Carminda pudesse ajudá-la a entender. Onde estava, onde havia estado, não sabia! Se encontrara com o marido de dona Frida, por que não via também outros amigos e até parentes que a haviam antecedido nessa partida para o mundo espiritual? Por que não encontrara Johann para agradecer a vingança que fizera em seu nome?

Passadas algumas poucas horas nesses pensamentos confusos e obscuros para a sua compreensão, ela adormeceu.

Mais tarde irmã Carminda aproximou-se novamente de seu leito e surpreendeu-a despertando.

– Como está, irmã? – perguntou docemente. – Parece que descansou algumas horas.

– Sinto que dormi, mas não sei quanto!

– Não quer levantar-se um pouco? Poderemos caminhar se desejar, e conversaremos...

– Quando me deixou pela manhã, muitos pensamentos vieram-me à mente, deixando-me confusa. Fiz-me muitas indagações, mas não consegui resposta para nenhuma delas. Não sei sequer onde estou! Que lugar é este? Depois de tanto sofrer, sinto-me no céu, como ouvia dizer, mas sei também que não o mereço. Onde estou, onde estive desde que parti da Terra, irmã?

– As perguntas são muitas e as explicações, deverão ser mais ainda, mas não acho conveniente enveredarmos por esses caminhos ainda. Apenas posso lhe adiantar que se encontra num lugar onde espíritos desencarnados, necessitados de refazimento, de reequilíbrio e de paz, são trazidos para receberem o tratamento de que necessitam. Podemos compará-lo com uma grande comunidade, onde há hospitais, escolas e locais de trabalho, como na Terra. Por enquanto a irmã encontra-se ainda no que se assemelha a um hospital. Quando melhorar mais e se recompuser, passará para o que poderemos chamar de escola, onde aprenderá muito. E, após, quando refeita e equilibrada, terá o seu trabalho, entendeu-me?

– Procuro entender! É como se eu estivesse no hospital e a senhora no trabalho!

– É mais ou menos assim! Tudo vem a seu tempo, e o mais importante é não se atormentar com tantas perguntas e recordações.

– Não consigo esquecê-las! Além das recordações do que fiz na Terra, tenho ainda as do período em que passei nas sombras. Lembro-me de tudo o que me diziam e o quanto me faziam sofrer.

– As lembranças só têm uma finalidade boa e devemos retê-las apenas no que possam nos ajudar a entender os nossos erros, e trazê-las para que sirvam de ponto para novas metas, a fim de que nunca mais cometamos atos que possam deixar em nós marcas tão profundas. Com o tempo, à medida que vamos colocando em seu lugar as boas ações, os bons propósitos e o conhecimento, essas marcas vão se apagando.

– Estou compreendendo! Mas falta-me ainda entender muitas coisas! Quero que me esclareça.

– O esclarecimento irá se fazendo aos poucos, e logo chegará o momento em que você terá as respostas a muitas das suas indagações, pelas suas próprias observações, pelos estudos que fará, pelas leituras, pelas preleções... Nós a esclareceremos, que essa é uma das nossas finalidades, mas as conclusões a que chegar por si mesma, lhe serão muito mais valiosas e benéficas!

– Entendo, irmã!

– Levante-se, vamos caminhar um pouco, lhe fará bem.

Mesmo sem muito desejo de fazê-lo, Ingrid levantou-se e, acompanhada por irmã Carminda, deixou aquele salão. No pátio para onde se dirigiram, alguns passeavam, outros permaneciam sentados tomando um resto de sol que logo mais se esconderia, e elas foram caminhando vagarosamente. Ingrid fazia algumas observações, ouvia explicações de irmã Carminda, até que, para uma primeira vez, a bondosa irmã considerou suficiente, explicando-lhe que aquele pátio estava à disposição dos tratados, e ela poderia desfrutar dele quando quisesse.

– Tentarei vir, irmã, e se puder, venha conversar comigo. Seus esclarecimentos fazem-me muito bem! Eu gostaria de passar o meu tempo com alguma leitura. A senhora disse-me que há uma biblioteca, aqui!

– Sim, temos o livro que desejar! Amanhã pela manhã, eu mesma lhe levarei um adequado e benéfico para este período inicial do seu refazimento! Voltemos, então!

# 04

INGRID DEITOU-SE NOVAMENTE para o repouso, porém, conseguiria dormir, desligar-se das suas recordações, das suas indagações, das suas dúvidas? Seria difícil! No silêncio do ambiente, pois quase todos os seus companheiros também já estavam recolhidos, e, enquanto aquela luz azulada começava a tomar o lugar da claridade natural do dia que findava, ela pensava. Mas em que pensava, por que pensava, se não encontrava solução para as suas dúvidas? irmã Carminda lhe dissera que as conclusões chegadas por si própria, ser-lhe-iam muito mais benéficas. Contudo, era cedo para isso. Quase nada haviam conversado, nada ainda havia lido nem aprendido, a não ser que se encontrava num lugar semelhante aos hospitais terrestres, para a sua recomposição espiritual. Isso já a esclarecera bastante porque eliminava de suas convicções a crença num inferno ou num céu perenes. Como era bom saber, e o tinha sentido por si própria, que se tivesse estado no inferno, de lá já havia saído para poder se refazer, aprender e trabalhar.

A realidade se fazia muito mais complacente para o espírito que os julgamentos definitivos e não apelativos. Entretanto, além disso, precisava aprender e muito. Naquele momento, uma nova indagação veio-lhe à mente. Uma indagação nova e inesperada! Se ali estava em refazimento, se voltara da Terra onde não tinha sido feliz no desempenho de suas tarefas, pois falhara, certamente, após o seu reequilíbrio, não ficaria eternamente ali, senão cairia nas convicções antigas de penas ou delícias eternas. Ouvira falar, quando estagiou no seu "inferno", em atos que havia praticado em outras vidas. Então vivera outras vidas? O que teria cometido de tão terrível, para que aqueles seres infelizes a acusassem e a fizessem sofrer tanto, não só pelo que havia feito na sua última existência? Queria mais esclarecimentos e os pediria à irmã Carminda.

Os pensamentos, as conjecturas foram se acumulando, um cedendo lugar a outro e as horas foram passando. Quando conseguiu dormir, muito tempo havia passado e, ao despertar pela manhã, irmã Carminda já andava pelo salão, atendendo ora um, ora outro, até que pôde chegar junto dela.

– Que bom, irmã, vê-la logo cedo! A sua presença traz-me segurança, e o conforto de suas palavras ajudam-me bastante!

– Como esteve esta noite?

– Creio que passei mais tempo pensando e recordando, que dormindo!

– Já conversamos que não deve se ater a pensamentos que possam lhe perturbar o descanso! Enquanto aqui estiver, durante a noite, deve se esforçar para repousar e esquecer tudo o que vem à sua mente. Crie o hábito de orar que a ajudará bastante! Durante o dia, sim, pensará, refletirá, e as leituras, assim como as preces a ajudarão também. Os pensamentos que nos acometem durante a noite, ficam muito mais sombrios pelo ambiente propício, e tomam formas gigantescas dentro de nós.

– É muito difícil evitá-los!

– Mas precisa se esforçar! Sempre conseguiu o que desejava pelo esforço próprio e pela vontade firme, não é mesmo?

— Pelo que vejo a senhora conhece-me muito mais do que possa parecer!

— Temos conhecimento de tudo, sobre cada um que aqui estagia.

— Então a senhora poderá me ajudar a esclarecer muitos pensamentos que me acudiram à mente nesta noite, e nunca me haviam ocorrido!

— A respeito de?...

— De outras existências que, porventura, já tenha vivido! É isso correto, irmã? Já vivi outras vezes, cometendo atos, talvez, mais infelizes ainda que os que pratiquei nesta última oportunidade em que estive na Terra?

— Seus pensamentos estão indo muito longe e adentrando por caminhos que, por enquanto, não lhe são benéficos. Aprenda a dirigi-los apenas para momentos e locais que lhe tragam paz e tranquilidade, e não para atormentá-la mais.

— Mas eu preciso saber, irmã!

— Tudo tem seu tempo, e no tempo certo tudo lhe será esclarecido para o seu próprio bem e novos direcionamentos. Por enquanto, porém, nada disso lhe é permitido. Ore muito a Deus para retirar essas preocupações da sua mente! Levante-se, dê o passeio pelo pátio onde fomos ontem, e procure conversar com companheiros que lá encontrar, far-lhe-á bem!

— A senhora não me acompanhará?

— Por ora, não! Logo mais, se me for possível... Mais tarde vou apresentá-la a outras companheiras minhas, que também poderão esclarecê-la, se alguma necessidade houver. Não me esqueci do livro! Eu mesma o levarei a você, lá no pátio!

— A senhora é muito persuasiva, irmã! Tem vontade firme e consegue me convencer.

— Sempre insistimos no que é melhor aos nossos *pacientes*!

— Estou lembrando agora de mim mesma quando cuidava dos

meus pacientes! Sempre recusavam os remédios amargos, mas era justamente o de que precisavam.

– O remédio amargo você já o tomou! Agora está convalescendo e procure compreender o que lhe é melhor!

– Tem razão! Não quero lhe dar trabalho, e vou me esforçar para fazer tudo o que me for recomendado.

– Será em seu próprio benefício! Quanto mais se aplicar às nossas recomendações, mais depressa o seu reequilíbrio se fará, e mais depressa estará pronta para ter acesso a tudo o que deseja saber!

– Desculpe-me, irmã! Não vou mais perturbá-la com indagações inoportunas. Saberei esperar o momento de me inteirar de todas as minhas existências anteriores.

– Deixe-se levar pelas nossas instruções, pelas nossas intenções, que sabemos o que é conveniente revelar em cada momento! Se antecipássemos momentos que poderiam ser inadequados, somente para satisfazer a curiosidade dos nossos internos, poríamos a perder muito do que já foi conseguido. Aqui não há satisfações de curiosidades! Tudo tem base nos ensinamentos, e o que lhes esclarecemos, o é para que nossos propósitos e direcionamentos sejam realizados, visando ao aprimoramento espiritual, para futuras encarnações. Essa é a nossa meta maior!

# 05

IRMÃ CARMINDA AFASTOU-SE para levar a sua palavra de conforto e ensinamento para tantos outros, mas as que deixou com Ingrid, foram-lhe muito salutares; conseguiram atingir os pontos que eram necessários ainda, naquele momento.

Ingrid procurou, a partir de então, se esforçar para não mais levar à irmã Carminda, perguntas inoportunas. Entendeu que os esclarecimentos lhe chegariam no momento certo, e foi-se submetendo ao que ela lhe determinava. O seu espaço na Colônia foi, aos poucos, se ampliando. Os passeios no pátio eram realizados diariamente, e, em conversas com muitos outros pacientes, tomou conhecimento das suas dores, das suas incertezas, e do seu arrependimento por tantas oportunidades perdidas.

Ingrid nada lhes contou do que ocorrera consigo própria, não gostaria de se expor, embora reconhecesse os seus erros. Visitava já a biblioteca e assistia a muitas preleções num amplo salão determinado para essa atividade. Em cada uma, além de conhecer outros irmãos mais elevados, que ali se dispunham a levar a palavra do Senhor, conhecera também visitantes que traziam o seu conhecimento, em forma de ensinamentos e orientações.

O tempo ia passando e ela se refazendo, demonstrando ser uma outra Ingrid – a docilidade já conhecida, que se constituía na marca do seu espírito, era a mesma, mas a determinação e força de vontade, essas não as demonstrava a ninguém, e as utilizava para si mesma, no aprendizado, na dedicação ao que lhe era ensinado, e no refazimento de si própria.

Progredia a olhos vistos dentro dos estudos, e já se sentia inútil por não realizar nenhum trabalho. Chegou mesmo a comentar com irmã Carminda que gostaria também de ajudar em algum trabalho; trazia a experiência da enfermagem da Terra, e mesmo entendendo que o atendimento a pacientes mais necessitados era outro, colocava o seu concurso à disposição para o que fosse necessário. Em resposta, a paciente orientadora esclareceu-lhe que ainda não era chegado o momento, que se aplicasse em seus estudos, e quando se encontrasse pronta para o desempenho da sua atividade, ela própria saberia.

– Eu sei, irmã, ainda não mereço confiança, mas estou à disposição para outros trabalhos, que não o que realizava lá na Terra! Pode me dar uma atividade que não envolva o contato direto com mais ninguém, algum que eu possa realizar sozinha, mas que eu não seja inútil!

– Mesmo assim, irmã, saiba esperar! Estamos atentos e necessitamos dos serviços de muitos! Se lhe fosse benéfico e se já estivesse preparada, seríamos os primeiros a solicitar, porque nós mesmos estaríamos nos beneficiando, mas ainda não é o momento!

– Prometi-lhe que nada mais perguntaria sobre minhas existências pregressas, mas atrevo-me a perguntar-lhe agora, se ainda esperarei muito tempo para ter esse conhecimento.

– O tempo para nós não importa, e sim o refazimento completo de cada um, mesmo que ainda demore muito!

– E o meu ainda demora muito? Sinto-me bem e sou grata por tudo o que tenho recebido! Tenho me aplicado no meu aprendizado e aprendido bastante. Já compreendo muitas coisas, mas sinto que me falta o conhecimento do que já fiz.

— Logo você terá essa oportunidade! Quando se mudar de departamento, recomeçará uma nova etapa, durante a qual saberá o que já fez, não por curiosidade, como já conversamos, mas para ter esse conhecimento gravado em si, e, ao retornar à Terra, não tornar a errar, mas continuar a progredir e a ressarcir existências já passadas.
— Terei de voltar, então?
— Sim, todos nós retornamos, a não ser aqueles que já se libertaram de todas as inferioridades, e possam, livres e libertos, trabalhar, ajudando a Jesus a reunir o seu rebanho, trazendo para ele as ovelhas que se desgarraram e se encontram temporariamente perdidas. Mesmo aquelas que caíram em precipícios, não obstante demore um pouco mais, um dia serão resgatadas, e todas se reunirão novamente, para a alegria do Senhor!
— E quando deverei voltar?
— Isso ainda não nos é permitido dizer, mas quando se encontrar preparada para isso!
— Compreendo, irmã, e saberei esperar, mas, não sei se desejo tão logo!
— Isso não somos nós que decidimos! O nosso Pai tem tudo preparado para cada um de nós, e, quando chegar o momento, você agradecerá a bênção da oportunidade.
— Saberei compreender e aplicar-me-ei ainda mais, para que o momento de ter conhecimento do meu passado, chegue logo.
— Não tenha tanta pressa! Pode ser que não vá gostar!
— Devo ter realizado atos tenebrosos, pelo que aqueles infelizes do vale das sombras me diziam.
— Todos nós sempre praticamos faltas graves, mas o importante são os nossos propósitos de não mais cometê-las, aplicando-nos ao trabalho e dedicando-nos a ajudar os mesmos que nós próprios desviamos do caminho do bem!
— E como reconhecê-los, irmã?

– Aqueles que se encontram em nosso caminho, foram por nós ultrajados. Se os ajudamos, não estamos fazendo nada mais que resgatar uma dívida que tínhamos para com eles. São testes pelos quais devemos passar, e, se formos aprovados, no nosso retorno ao mundo espiritual, teremos caminhado passos largos em direção ao Senhor.

– Nunca havia pensado nisso! A senhora trouxe-me um assunto para as minhas reflexões.

– Poderemos também, ao invés de ajudá-los, de reerguê-los, falir novamente com eles e aí, os nossos compromissos aumentarão ainda mais.

– A nossa volta é sempre muito perigosa, não é mesmo?

– Se tivermos firmes os nossos propósitos e neles nos aplicarmos, sem nos deixarmos envolver por sugestões do invisível – sugestões maléficas que queiram nos demover, e que Deus permite para que os testes sejam melhor vivenciados – seremos vencedores. Mas se cairmos novamente, o nosso sofrimento será muito grande.

– Compreendo agora, irmã, quando diz que tudo tem a sua hora certa!

– Sim, não adianta anteciparmos nada, pois, se não estivermos preparados, mais facilmente cairemos. Se partirmos para a Terra sem que as nossas convicções estejam solidificadas em nós, poderemos pôr a perder uma oportunidade preciosa que Deus nos concede. Isso não quer dizer que, mesmo assim, não venhamos a cair novamente, diante de tudo o que lá encontramos em atrativos e oportunidades, porém, será mais difícil.

– Cada encarnação é um teste muito difícil, e quando lá estamos, não lhe damos valor nem pensamos na grandeza do que nos foi concedido!

# 06

A CADA CONVERSA com Ingrid, irmã Carminda ia aprofundando os seus ensinamentos. Nem os livros lhe traziam, de forma tão objetiva e direta, as explicações que a diligente irmã lhe transmitia. Assim, ela ia acumulando informações e conhecimentos que estavam sendo-lhe muito benéficos, mas faltava-lhe muito ainda. O seu reequilíbrio aparente estava já concluído há muito, mas aquele refazimento mais pleno e profundo, ainda precisava ser realizado.

Ingrid mostrava-se interessada em tudo o que lhe era transmitido, e, através da análise de si própria, da ajuda que recebia, dos estudos que realizava e da sua observação aguda, chegava às suas conclusões, as mesmas que irmã Carminda dizia, lhe seriam mais benéficas.

Dia chegou em que ela foi avisada de que seria transferida para outro Departamento da Colônia. A mudança efetuou-se logo, e ela foi instalada num salão bem menor, onde se reuniam uns poucos que tinham condições de receber um tratamento mais direto ao próprio espírito, e mais particularizado, em consonância com as suas necessidades mais íntimas.

A vida ali, no pequeno salão, reunia alguns retirados daquele grande salão, cujas necessidades mais imediatas pareciam ser mais afins. As explicações eram transmitidas em conjunto, porque as necessidades eram semelhantes. Entre eles podiam também trocar experiências vivenciadas na Terra, decorrentes de suas próprias invigilâncias e obstinação. Todos ali, de uma forma ou de outra, haviam sido levados ao suicídio. Tendo conduzido suas vidas de forma errônea, no momento supremo, não suportaram o peso de suas próprias iniquidades.

Aquela união estava sendo útil, mas o que Ingrid desejava para, talvez, justificar tantas indagações que constantemente emergiam de seu espírito, era o conhecimento das suas existências pregressas. Esse dia estava próximo, e faria parte dessa nova fase do seu tratamento. Às vezes, ela perguntava à irmã Carminda quando chegaria esse momento, até que um dia, sem que houvesse perguntado, a bondosa irmã disse-lhe:

– Iniciaremos um trabalho espiritual de retrospecção, para que você chegue às suas existências passadas. Nós não lhe contaremos nada, nada lhe mostraremos, mas será de forma a que você mesma regrida mentalmente, e se veja dentro de uma situação vivenciada em épocas remotas, como se naquela época e naquela localidade estivesse vivendo.

– Tenho um pouco de receio, irmã! Preferia que me contassem!

– Se assim o fizéssemos, não teria, para o seu espírito, o impacto que ele precisa receber, para que tenha forte e firme, em sua mente, todas as lembranças, como se as tivesse acabado de viver, do mesmo modo como tem a que vivenciou na Terra, na sua última experiência. A cada nova vivência que for acrescentando às suas recordações, terá oportunidade de refletir, de analisar e de compreender o que tanto a preocupa agora.

– Nunca pensei que fosse dessa forma!

– Queria saber apenas para satisfazer a sua curiosidade, talvez, mas a nossa finalidade e objetivos têm um alcance muito maior.

Mostramos o passado, com vistas ao futuro! Esqueceu-se de que aqui é um lugar para tratamento, um lugar em que o espírito deve se recompor para novas experiências? O conhecimento do passado com todas as suas vivências, é o ponto de partida para a formulação dos propósitos para um retorno!

– Estou entendendo, irmã, e estarei pronta para me submeter!

– Já está pronta, mas precisa ainda se ajudar muito com orações a Deus, para que Ele lhe dê forças para tirar de cada experiência que irá reviver, o necessário para um novo direcionamento. Você, talvez, vá se surpreender com o que reviverá, mas lembre-se de que todos nós temos momentos difíceis e falhos em nosso passado remoto! Que os utilizemos e façamos deles momentos de aprendizado, a fim de que, ao retornarmos à Terra, levemos gravados em nós, tanto o que devemos evitar, como também a vontade de sermos úteis em algum setor de auxílio, quando tantos necessitados há lá, que poderão receber um pouco da nossa ajuda.

– Compreendo, irmã! Quando poderemos começar esse trabalho?

– Hoje à noite, se não se opuser!

– À noite, irmã?

– Sim, à noite será mais eficiente! O silêncio proporciona um relaxamento mais profundo, facilitando o que desejamos!

– Onde devo ir?

– Eu virei buscá-la! Deite-se no seu horário habitual, mas procure não dormir! Use seu tempo em preparação, no silêncio de seu leito, e ore muito a Deus, para que a auxilie a receber as dádivas que Ele lhe concede!

Durante o resto daquele dia, Ingrid não tinha outro pensamento. Estava ansiosa e tinha receio. Há muito desejava que esse momento chegasse, porém, nunca o imaginara como irmã Carminda lhe esclarecera, sem que nada lhe fosse contado, mas vivenciado por ela própria.

O dia foi gastando suas horas, e a noite chegou. No momento aprazado, irmã Carminda aproximou-se dela e tocou-a levemente no braço, para indicar-lhe que a hora havia chegado. Ingrid, que a esperava, abriu os olhos da prece que fazia, levantando-se rapidamente, e em silêncio, acompanhou irmã Carminda.

Ambas percorreram um longo corredor que Ingrid não conhecia, e entraram numa pequena sala cuja porta estava aberta, aguardando-as. Irmã Carminda fechou a porta atrás de si, e indicou a Ingrid uma cadeira colocada no meio da saleta. Alguns irmãos e irmãs ali se encontravam também, todos desconhecidos dela, o que a assustou um pouco.

– Não tenha receio! – disse um deles bondosamente, aproximando-se dela. – Esteja à vontade! Todos aqui estamos para auxiliá-la nas suas recordações e vivências!

Ingrid sentou-se, e os outros também se aproximaram. Irmã Carminda ficou mais à distância, e ali permaneceu apenas para que Ingrid se sentisse amparada por alguém conhecido, em quem confiava.

O mesmo que lhe falara anteriormente, colocou-se à sua frente, depois de orientá-la para que se desligasse de suas preocupações e o acompanhasse nas rogativas que faria a Deus, e orou profundamente, pedindo o amparo de que necessitavam. À medida que ia orando, ela foi sendo envolvida por uma serenidade muito grande, e sentindo um desligamento, não só de si mesma, mas do ambiente que a circundava.

Terminada a prece, esse mesmo irmão colocou a mão sobre a cabeça de Ingrid e foi docilmente falando, com voz terna, suave e comovente, dirigindo o seu pensamento, fazendo com que ela se visse em local bem diferente.

– Querida irmã, veja-se fora daqui, sinta que está caminhando devagar, num tempo muito distante, distante...

E Ingrid, à medida que ele falava, ia se sentindo numa época remota, vestida com roupas muito diferentes, e vivendo em uma casa abastada, conversando com seu pai, que lhe dizia:

– Você irá para o convento! Não a quero mais nesta casa! No convento, esconderá a sua e a nossa vergonha! Não desejo ter em casa alguém que tenha feito o que você fez! Já providenciei a sua partida e não haverá apelação. Não adiantará chorar nem implorar!

– Eu não quero ir, papai! Perdoe-me, compreenda-me!

– Não compreendo nada, e não a quero mais aqui conosco!

A emoção do momento e dos fatos, fizeram-na retornar à sua vida presente.

– Estou assustada! Era a mim mesma que via! Onde estava?

– Deve entregar-se novamente, e não se assuste com o que vir, é necessário que assim se faça!

– Eu não compreendo muito bem!

– Você está sendo ajudada! Tentemos novamente, ser-lhe-á muito útil! Entregue-se totalmente, sem preocupação, como ao dormir à noite!

– Tentarei, irmão, mas estou ansiosa!

– Compreendo que isso ocorra, é uma experiência nova. Com o passar dos dias, porém, você se habituará e os receios se desvanecerão. Quer tentar novamente?

– Não sei se conseguirei!

– Nada tema e colabore conosco! Recomecemos!

Ingrid esforçava-se, mas não estava totalmente tranquila. O motivo principal do que vira, a ira do pai, abalou-a. Aos poucos, porém, aquele irmão que dirigia o trabalho foi conduzindo a sua mente, e ela se viu naquele local, ouvindo as imprecações do pai, que a fechou num quarto e falava-lhe energicamente. Ninguém mais da família era visto.

– Já lhe pedi que me perdoe, papai! Compreenda o meu erro e

me aceite assim mesmo! Eu prometo manter-me digna dentro da família, e o meu filho poderá nascer sem que ninguém o saiba. Ficarei escondida e o senhor dirá que fiz uma longa viagem! Quando ele nascer, dirá que colocaram um pequeno à sua porta e nós o criaremos! Eu o criarei!

– Não admito que me ordene nem que fale comigo dessa forma! Não a quero aqui, e o único lugar para onde deve ir é o convento! Já está tudo acertado!

– Mas eu não gosto da vida de convento, papai!

– Não perguntei se gosta ou não, é necessário! Nem precisa arrumar suas roupas, pois que lá tem as do próprio convento! Já providenciei tudo! Amanhã pela manhã, partiremos!

– Para onde irei?

– Levá-la-ei para um convento na costa da Itália, e lá ficará!

– E mamãe?

– Ninguém, nem ela, tem direito de interferir em nada! Aqui, quem dá as ordens sou eu!

Ela chorava muito e pedia clemência ao pai, mas de nada adiantava.

Na manhã seguinte, ele, impedindo que a mãe a visse, foi buscá-la no quarto e colocou-a na carruagem da família e partiram. Ele mesmo quis acompanhá-la e colocá-la dentro da porta do convento.

A viagem durou muitas horas. Desde que saiu de casa, ela não pronunciou mais nenhuma palavra. O ódio que sentia era tão grande, que a impedia de chorar ou de implorar clemência. Estava cansada e compreendia que o pai era intransigente e não a ouviria.

Quando chegaram, ele mesmo bateu à porta e disse à irmã que veio atender:

– Quero falar com a madre! Trouxe-lhe a jovem de quem já lhe falei!

– Aguarde um pouco, senhor, que irei chamá-la.

Quando a madre chegou, uma senhora de meia idade, de aspecto insensível e duro, recebeu-o com um sorriso, porque, junto com a jovem, vinha uma grande bolsa de dinheiro que lhe foi entregue.

– Aqui tem, senhora, o dote de minha filha! Quero que cuide bem dela, como já combinamos, e por nada a deixe sair daqui. Este é o lugar onde ela deve ficar!

– Já conversamos tudo que é necessário, senhor. Deixe-a conosco!

O pai retirou-se, sem nem se despedir da filha, e ela ali ficou, com muito ódio no coração e sofrendo muito. Foi entregue a outras irmãs que cuidariam dela, enquanto a madre se afastou com a sacola de dinheiro abraçada junto ao peito.

Ah, quanto sofrimento ela pôde passar após, e as recordações fizeram-na gritar, gritar e voltar ao momento presente.

– Não quero mais lembrar daquele período, não quero mais!

– Mas é importante que o faça!

– Vocês estão me fazendo sofrer muito!

– Não pense assim! Precisamos mostrar-lhe a causa de tanto sofrimento, não os que passou naquele período, mas os que vivenciou depois, em razão das atitudes de seu pai e em razão da sua obstinação.

– Mas eu não quero mais voltar àquele tempo!

– Por hoje, talvez, podemos parar, se não se sente bem, mas amanhã deveremos continuar! Ore muito a Deus, que Ele a ajudará! Pense n'Ele, que vamos ministrar-lhe um passe tranquilizante que a deixará melhor!

Todos em torno dela, aplicaram-lhe um passe, pedindo a Deus que a ajudasse a suportar aquele período tão difícil de sua vida, com serenidade e com isenção de tanta emoção, mas necessário ao seu próprio bem. Ingrid, bem mais tranquila, foi levada ao seu leito por irmã Carminda, que prometeu estar com ela na manhã seguinte.

– Agora você irá dormir, que necessita! Amanhã, nos falaremos! Procure se desligar de tudo!

– Está bem, irmã, talvez tenha sido o choque do desconhecido, mas eu me habituarei!

– Até amanhã, e fique em paz!

As poucas horas que restaram para o seu repouso, foram bem aproveitadas e, quando irmã Carminda chegou ao seu leito, na sua visita matinal, Ingrid ainda dormia, mas logo acordou, sentindo, talvez, a sua presença.

– Vejo que dormiu bem! Como se sente?

– Estou bem, irmã, muito bem!

– Esse é o nosso objetivo! Mesmo que as recordações sejam penosas ao lembrá-las, propiciamos a tranquilidade aos nossos pacientes, para que possam chegar até o final de suas rememorações. Descanse bastante, pense no que viu, no que recordou e no que vivenciou, ore, leia, e à noite virei buscá-la para continuarmos.

– Está bem! Posso continuar deitada ainda um pouco?

– O tempo que desejar! Precisamos de você somente à noite!

No horário aprazado novamente Ingrid foi levada àquela sala. Os mesmos irmãos lá estavam, e o trabalho foi iniciado com mais facilidade.

Durante o período em que ela esperou que a criança nascesse, muito triste, sofreu humilhações e toda a sorte de tormentos. Quando o momento chegou, ela não viu o filho, nem soube se ele estava vivo ou não! Ninguém mais lhe deu notícias dele.

Obstinada e inteligente que o era, começou a se esforçar muito para trabalhar e progredir ali dentro. Por que somente sofrer? Por que não conquistar uma posição em que ela mesma pudesse mandar? Sim, essa ideia começou a crescer e ser trabalhada, dentro do que seria favorável à consecução dos seus objetivos.

Ela passou a ser boa, dócil e compreensiva, e, aos poucos, as humilhações foram se amainando, o sofrimento que lhe impingiam, diminuindo, mas o que trazia no íntimo, ninguém podia imaginar... Não tinha pressa, e sua vez chegaria!

Alguns poucos anos se passaram, e ela viu-se junto ao leito daquela mesma madre que a ofendera, e permitira que tanto sofrimento lhe fosse imposto, assistindo a sua agonia. Tanto crescera dentro daquela instituição, que já se falava que, quando a madre partisse, ela própria tomaria o seu lugar. Os clérigos que visitavam o convento também chegaram a essa mesma conclusão, e tudo estava preparado para que ela assumisse o cargo, tão logo o impedimento definitivo da madre se desse.

Ah, o que a acometia, ninguém saberia! Ninguém podia imaginar o que estava escondido no seu coração. Um ódio cada vez maior tomava-o por inteiro, mas ela conseguia sufocá-lo, para concretizar seus planos.

Lia muito no convento! Livros estranhos que nunca imaginou pudessem ali existir, através dos quais aprendera muitas formas de magia, e as praticava contra os outros, em suas horas mortas, seguindo as prescrições neles contidas, e, muito mais as que ela própria aprendera por si mesma.

A madre estava velha, mas a sua doença fora trabalhada por ela, nas suas práticas maléficas. Muitas irmãs também as realizavam, às escondidas, e ninguém conhecia como e onde, mas era sabido que eram realizadas dentro daquele convento.

Quando a madre partiu, e ela foi colocada em seu lugar, só lhe veio provar a eficiência de sua inteligência e de suas práticas. Era tudo o que mais desejava, e todos pagariam pelo que ela havia sofrido. Não importava quem, não importava como, mas apenas a sua vingança...

# 07

POSSUÍA TUDO O que almejava, tudo pelo qual trabalhara por alguns anos. A sua docilidade conquistara o posto que pretendia, juntamente com a energia bondosa que sabia compreender e dirigir. Tudo estava em suas mãos, e se utilizaria dessa possibilidade, o mais rápido possível, pois não sabia o quanto poderia durar a sua posição.

Sem saber como, muitas irmãs da casa, aquelas mesmas que, já um pouco mais velhas, a fizeram sofrer quando ela ali chegara obrigada pelo pai e tão necessitada de amparo e compreensão, começaram a sentir-se mal. Muitas nem mais levantavam do leito e não compreendiam o que se passava. Médicos eram chamados, pois que cada uma apresentava um sintoma diferente, razão pela qual a possibilidade de uma peste foi deixada de lado. Nem aplicando todos os conhecimentos da época, conseguiam detectar o mal que as afligia, e, aos poucos, muitas delas foram definhando, com dores inexplicáveis, outras com apatia imensa, e assim, uma a uma foi deixando o convento, entregues que foram à morte.

A madre sempre esteve à cabeceira de todas, dando-lhes o aparente amparo, mas, intimamente, pedia às forças invisíveis que a auxiliavam, fortalecessem ainda mais as suas aflições e dores.

Cada visita que lhes fazia, elas iam piorando e sentindo as energias se esvaírem, mas as palavras que ela lhes dizia, davam-lhes coragem e ânimo.

 Ninguém sabia o que acontecia no interior dos seus aposentos. Tudo era trancado, e mesmo aquelas que promoviam a limpeza, nunca nada encontraram que pudesse comprometê-la. Ah, mas se elas tivessem a possibilidade de examinar o armário, veriam que uma grande parte dele era tomada por pequenos mulambos – bonecos feitos de pano – confeccionados por ela mesma, durante as suas horas de recolhimento, e ali dentro colocados. Muitos, muitos havia!... Cada período, uma certa quantidade deles era colocada em posição de trabalho, como se fossem desempenhar as suas funções. Nomes lhes eram atribuídos, e, em cada um, aplicado, em forma de corretivo, o que ela desejava, pois que eles representavam o ser que ela pretendia atingir. As forças maléficas estavam sempre prontas a ajudar e a obedecer aos seus pedidos. A cada mulambo ali colocado, pronto para o trabalho e já nomeado, um ser das trevas era invocado para a realização do que ela desejava. Esse mesmo se movimentava, e trazia para a sua companhia, como seus auxiliares, muitos e muitos outros, para que o trabalho fosse eficaz e sem muita perda de tempo.

 Se tivéssemos a possibilidade de ver esses irmãos infelizes que se dispunham a ajudar, fugiríamos terrificados. Para eles, porém, era ali o local de uma grande festa. Pareciam aquelas aves carnívoras que rondam e sentem ao longe, quando um animal cai morto na estrada, para festejarem a alegria de seus papos vazios. A sede pela prática do mal era muito intensa nesses seres, e eles se achegavam aos bandos e mais bandos. O trabalho era grande, a alegria deles não era menor... Regozijavam-se a cada pedido feito e tinham, dessa forma, a possibilidade de externar todo o seu instinto maligno. Mas ela própria, a que fazia os pedidos, a que queria vingar-se, não podia ter o alcance do que ocorria no lado invisível, não tinha essa possibilidade. Todavia, com o passar do tempo, ela começou a sentir a presença deles, prontos a obedecer. E quando isso ocorria, ela mostrava-se feliz, pois tinha a certeza do que realizariam e do sucesso que teriam.

As suas possibilidades foram se ampliando, e, por que apenas se ater dentro do próprio convento? Por que não levar os seus pedidos para fora das paredes daquele local? Sim, podia fazer isso e era o que tentaria. Se desse certo, já teria mais possibilidades.

Com a posição que conquistara, como madre daquele convento, o seu prestígio começou a crescer, aparentemente pelas qualidades que fazia questão de demonstrar possuir, mas, na realidade, e muito mais ainda, pelo pacto realizado com as personalidades das sombras. Tinha que testar as suas possibilidades extramuros, mas quem atingir em primeiro lugar? Tinha que fazer essa experiência! Pensou, em primeiro lugar, em seu pai, que odiava ainda. Quando se lembrava dele, seu ódio era tão forte, que talvez chegasse até ele em forma de emanações maléficas que podiam atingi-lo sem a intenção de direcionar-lhe algum mal. Mas, como saber dos resultados? Não poderia nunca! Nunca mais tivera notícias, nem dele e nem de ninguém mais da família!... Com ele não podia ser, mas continuou pensando e, na primeira oportunidade faria isso.

A sua influência e bom-senso no tomar atitudes, era visível a todos. Conquistara os clérigos que visitavam o convento, e, às vezes, saía para confabular com eles nas suas igrejas ou nos seus conventos, tratando de assuntos religiosos, mostrando-se submissa, mas fazendo somente o que desejava. Quase todos tinham se habituado aos seus conselhos, e a consultá-la acerca de muitos problemas da própria comunidade. Ela, muito dócil, prometia orar muito, e as suas orações eram tão fortes e eficientes, tão fervorosas a Deus, que sempre conseguiam o que almejavam. Mal sabiam eles que os inimigos do bem ali estavam e os ajudavam, retirando muitos do caminho daqueles que pretendiam postos elevados, sem os merecer. O seu prestígio era muito grande entre o clero e, nesse prestígio, ela trabalhava.

Se eles ajudavam era porque os seus anseios se assemelhavam, e acabaram por envolvê-la de tal forma em suas teias, que, ao fim de tudo, ela deparou-se com eles próprios.

Tanto tempo passou realizando esse trabalho, arrebanhando para junto de si uma espiritualidade comprometida com o mal, que, ao chegar a sua vez de, por enfermidade, deixar também o mundo dos encarnados, eles a retiveram consigo.

Como deixar escapar prenda tão preciosa, que iria engrossar as fileiras do mal? Lutas ingentes ela enfrentou para se libertar deles, mas não conseguiu. Legiões e mais legiões de espíritos maléficos levaram-na consigo. E de um outro lado, sem que pudessem se achegar, havia todos os que foram prejudicados por ela. Todos os que haviam partido em razão de seus trabalhos, e que após terem deixado o corpo, tomaram conhecimento das reais razões de sua enfermidade e da morte. O ódio que os acometeu foi tão forte que já a queriam ainda em vida, porém, viram-se impedidos porque aqueles espíritos que a ajudavam, a protegiam também.

Duas alas destrutivas se formaram, e muitos espíritos disputavam o seu espírito. A primeira teve-a de imediato, e a outra, carregando ódio profundo, aguardaria o momento certo. Mesmo que séculos passassem, não a perdoariam...

# 08

INGRID TINHA EM sua mente, vivenciado de forma intensa, todo aquele passado distante, mas tão forte ainda em emoções. Não queria acreditar que fosse ela própria. Compreendeu, então, porque não podia ter o seu passado remoto contado por outros. Como acreditaria? Jamais sentiria as emoções que sentiu, como se naquele tempo estivesse: o sofrimento no início, o desejo de vingança e tudo o que promoveu para que esse desejo fosse concretizado. Inacreditável, mas vivenciado e revivido. Não poderia ter dúvidas! Não questionou nenhum dos irmãos que a ajudavam, nem mesmo irmã Carminda, sobre a veracidade dos fatos. As cenas foram vividas, como se naquela época estivesse.

Quando o trabalho terminou, e ela novamente se viu na realidade presente, olhou para um, para outro, e nada disse. Irmã Carminda ali estava e, aproximando-se dela, tomou-lhe as mãos e as acariciou, como querendo transmitir-lhe força, confiança e tranquilidade. Ninguém disse nada, e, ao final de algum tempo de silêncio, ela mesma perguntou:

– E agora, irmãos?

– Agora você vai ficar serena! Utilize todo esse material para refletir, e deixe passar um tempo, acalentando no recôndito do seu

ser, essas lembranças! – recomendou-lhe um dos irmãos presentes.
– irmã Carminda a ajudará!

– Isso é tudo o que deverei ver, ou ainda faltam mais fatos, outras existências?

– Não se preocupe com nada agora, e se atenha ao que lhe falei! Tudo virá a seu tempo e, quando for necessário, conversaremos. Faça de irmã Carminda a sua confessora, ela a ajudará! Se quiser se retirar agora para o seu repouso, pode fazê-lo.

– Não sei se terei condições de repousar!

– Nós a ajudaremos, irmã! Não tenha receio! Aqui mesmo lhe transmitiremos um passe repousante e, após, quando estiver em seu leito, irmã Carminda lhe dará um medicamento que a fará dormir tranquila.

– Está bem! Posso me retirar?

– Sim, após o passe poderá fazê-lo!

O passe foi transmitido, e ela se retirou com a solícita orientadora, em silêncio.

Depois de lhe ministrar o medicamento, irmã Carminda recomendou:

– Não se preocupe com nada, procure dormir o mais que puder! Quando despertar, conversaremos, se o desejar!

– Nunca deveria ter pedido para conhecer o meu passado!

– Mesmo que não pedisse, faz parte do nosso tratamento, e era necessário que dele tomasse conhecimento. Mas agora procure repousar! Fique em paz!

Ingrid adormeceu logo e quando despertou, não havia ninguém naquele pequeno salão. Ela estava só, e por isso concluiu que já deveria ser tarde. Não tinha noção das horas, mas deveria ter dormido muito. Irmã Carminda, que vinha vê-la sempre, surpreendeu-a acordada e só.

– Como está, minha querida?

– Dormi muito, não é mesmo, irmã?
– Sim, era necessário! Está mais tranquila?
– Despertei agora e não tive tempo de pensar em nada ainda, mas tenho a certeza de que gostaria de conversar muito com a senhora.
– Quando desejar! Agora mesmo, se quiser, mas não aqui!
– E onde iremos?
– Tenho a minha sala que é tranquila, ninguém nos importunará! Lá ficaremos mais à vontade, se o que deseja, levar mais tempo.
– Nem sei a extensão do que desejo conversar! Preciso de alguns esclarecimentos de tudo o que vivenciei!
– Então levante-se e acompanhe-me!

Ingrid levantou-se um tanto desalentada e acompanhou irmã Carminda. Quando chegaram à sua sala, um local pequeno, mas muito agradável, à semelhança de sala de visitas, ela pediu a Ingrid que se sentasse junto dela, e colocou-se à sua disposição, perguntando-lhe:

– O que a aflige, irmã?
– Fiquei muito impressionada com tudo o que revivi! Recordei muitos fatos passados, e senti-me terrivelmente preocupada.
– Qual a sua preocupação?
– Tenho medo de todos aqueles irmãos infelizes com quem me associei, e também daqueles a quem prejudiquei! O que eles poderão fazer para mim, irmã?
– Aqui está resguardada, não tenha receios!
– Mas sinto que o ódio deles é tão grande, o desejo de me levarem consigo, tão forte, que um dia me encontrarão. Sei que não permanecerei aqui eternamente, e a senhora mesma me disse que já estão me preparando para um retorno à Terra, por isso tomei conhecimento do que havia feito.
– Sim, você está raciocinando corretamente!
– Se não houvesse esse perigo, não teriam me mostrado todos

esses compromissos que assumi naquela época! A propósito, vi que tudo era diferente e a época muito remota: quando aqueles fatos aconteceram?

– Há muito tempo, irmã, muito tempo, e não se preocupe com datas, que isso não é importante para o espírito!

– Mas gostaria de ter um ponto para compará-lo com a época em que estamos agora.

– E você sabe em que época estamos agora?

– É verdade, perdi a noção do tempo desde que parti da Terra! Mas a guerra em que estávamos, havia começado em 1914, porém, não sei o quanto permaneci naquelas regiões infelizes, nem há quanto tempo estou aqui.

– Veja como o tempo não importa para o espírito! Quando se aproximar o período de retornar, você terá a época em que irá voltar, e poderá verificar há quanto tempo deixou a Terra!

– Está bem, mas penso que nos desviamos do nosso assunto principal.

– Mas tudo isso era importante, desde que o perguntou.

– Diga-me, irmã, como pude fazer tudo aquilo que fiz?

– Lembre-se do que fez naquela época, num tempo tão remoto, e compare-o com o que fez nesta sua última passagem pela Terra!

– Nada progredi, não é, irmã? Devo ter aprendido muito, da mesma forma como ensinam-me aqui, mas de nada me adiantou.

– Sim, quando os testes se apresentam e você deve dar o seu testemunho, demonstrando que já conseguiu se modificar, superar esse espírito vingativo, você falha!

– E como foram as encarnações entre essas duas, entre a que me mostraram e vivenciei em mim, e esta última que passei na Terra?

– No devido tempo, se for necessário, lhe será mostrado! Se não houver necessidade, não precisará saber. Só com essas pode ter elementos de duas encarnações muito importantes para o seu espírito, a fim de serem trabalhados para o seu retorno!

– Quem decidirá se devo rememorar mais alguma encarnação?

– Não somos nós! Recebemos ordens do Departamento Reencarnatório, e nos submetemos ao que nos é determinado!

– Onde é esse departamento?

– Aqui mesmo nesta Colônia! Após esse período de preparação, quando sentirem que se encontra pronta, passará para lá também e fará parte daquele departamento, preparando o seu retorno à Terra! O que mais deseja conversar comigo?

– Tenho pensado muito em Gustav, em meus pais, e até em Johann. Por que nunca pude ver Johann, irmã?

– Eu não tenho permissão de lhe transmitir notícias dele, nem lhe dizer onde se encontra!

– Não poderei vê-lo, quem sabe fazer-lhe uma visita?

– Ainda não tem condições de receber ou fazer nenhuma visita. Contente-se em saber que ele deve estar muito bem, era bom e morreu de forma tão trágica. Não se preocupe com ele, e sim consigo própria!

– E Gustav, irmã?

– Nada posso lhe dizer sobre ele!

– Precisava saber como está! Não tenho noção do tempo que passou e nem se ainda ele está na Terra!

– Pedirei permissão! Se ma derem, eu lhe contarei! Mas fique tranquila e pense em si própria, que é muito necessitada, e se esqueça de Gustav!

– Ah, aquele período que vivenciei, não sai da minha mente e tenho ainda um assunto sobre o qual gostaria de conversar com a senhora!

– Pois então fale, o que é?

– É sobre o meu trabalho lá naquele convento. Como um simples boneco, malfeito, pode transmitir tanto mal a quem direcionamos o pedido?

– Não devia me fazer essa pergunta, se tudo ficou sabendo, e até os compromissos que assumiu com aquela espiritualidade menor, lembra-se?

– Sim, lembro-me e receio! Mas por que é preciso o instrumento?

– É uma forma de ter algum objeto material como ponto de referência. Mas o importante são os espíritos maus dispostos a atender os pedidos de quem os faz! Todos os que praticam esse mal, não sabem dos compromissos que assumem com essa espiritualidade, por séculos e séculos! Penso que já esclareci o que desejava, irmã, podemos nos retirar!

– A senhora tem obrigações a cumprir e eu estou atrapalhando-a, não é verdade?

– Tudo o que fazemos para esclarecer os nossos pacientes, aqui, faz parte do nosso trabalho. Conquanto estejamos conversando amistosamente, e possa lhe parecer que toma o meu tempo, eu estou em trabalho! O esclarecimento e a orientação que damos aos nossos queridos irmãos em necessidade, faz parte das nossas atividades!

– Já perguntei o que desejava, não obstante as preocupações ainda continuem comigo; mas está tão agradável aqui, em sua companhia, que gostaria de retê-la comigo, como uma criança assustada que não deseja se afastar da mãe!

– Fico feliz que sinta esse bem-estar e essa confiança em minha companhia! Poderemos caminhar um pouco, se o desejar, antes que as sombras da noite nos envolvam novamente!

– Se a irmã me acompanhar!

– Eu a acompanharei e continuaremos a conversa; talvez ainda possa lhe trazer algum esclarecimento!

Caminhando vagarosamente, elas foram em direção ao pátio, onde permaneciam muitos dos internos.

– Veja, irmã, quantos companheiros seus aqui se encontram ainda! Cada um tem os seus problemas, cada um trouxe da Terra experiências mal-sucedidas, propósitos não realizados, falhas terríveis, e, no entanto, estão se esforçando e procurando superá-las!

– Eu também farei isso! Esforçar-me-ei para tirar de cada erro praticado, um ensinamento e um propósito para o meu futuro!

– Essa é a finalidade maior de todos os esclarecimentos que transmitimos, melhor que todas as vivências que realizou aqui! Era preciso que você sentisse o que havia praticado. O tempo é longínquo e os princípios que seu espírito trazia eram, talvez, outros, e não vacilou em prejudicar o próximo, utilizando-se de métodos que a comprometeram por muito tempo...

– Sinto que o tempo é remoto, mas se falhei também, quase da mesma forma, nesta minha última experiência, é porque pouco aprendi, ou, se aprendi, nada coloquei em uso no momento em que deveria ter sido forte e tido compreensão.

– Muitos dos erros praticados na Terra, o são pela falta de confiança em Deus. Se cada um que lá está, confiasse em Deus e conhecesse um pouco dos ensinamentos que seu filho quis levar a todos, e os utilizasse no dia a dia, muitos atos malignos seriam evitados.

– Não entendi bem, irmã! Por que a confiança em Deus nos faria agir de modo diferente?

– Veja, irmã, o quanto esteve afastada desse Pai bondoso, na Terra, mesmo quando foi para o convento a serviço d'Ele!

– Quando fui para o convento, não foi a serviço de Deus, ao contrário, fui para um local onde não envergonhasse o meu pai, e, ao invés da fé que devemos ter n'Ele, passei a ter ódio, muito ódio! Como num lugar como aquele, reservado para as orações, para a prática do bem, onde apenas a compreensão e o amor deveriam prevalecer, praticavam-se tantas maldades, sem piedade de ninguém? Fiquei revoltada pelo que me fizeram sofrer, por isso não me apeguei a nada e o desejo de vingança foi tão intenso!

– Sim, mesmo que o local não fosse aquele que a irmã desejava que fosse, se tivesse, mesmo sofrendo, sabido compreender e aceitar, quanto a irmã não teria progredido já naquela época? Se ao invés da vingança, tivesse praticado o perdão, o seu espírito hoje estaria livre de tanto sofrimento, de tantos compromissos que ainda a acompanharão por muito tempo.

– E o que dizer do comportamento das outras, das minhas companheiras?

– O mal é que sempre queremos nos colocar no mesmo nível dos outros e até superá-los, se pudermos, para mostrar que somos melhores. Se tudo isso fosse realizado para o bem, imagine como o mundo progrediria rapidamente. A superação no mal é falta de caridade e de fé em Deus, e compromissos para nós próprios!

– Entendo, irmã, mas naquela época eu não tinha ninguém para me orientar!

– Mas teve-o após, e, mesmo assim, falhou na sua última encarnação! Se não se preparar convenientemente para a próxima, poderá falhar novamente! Por isso estamos nos empenhando em instruí-la adequadamente, orientando-a, fazendo-a sentir o que já fez, a fim de que, tendo gravadas em seu espírito aquelas ações infelizes, esforce-se para melhorar e nunca mais cometer atos tão horrendos.

– Não me acuse a senhora também, irmã!

– De maneira alguma a estou acusando, mas faço-a relembrar, para que se proponha a tirar do seu espírito todas essas marcas que ficaram!

– Ajude-me, oriente-me todos os dias, todas as horas, para que eu me modifique!

– Você é boa, compreensiva, esforçada, mas obstinada no que deseja – aí é que está o mal! A obstinação no bem é um meio muito benéfico de progresso, porém, quando aplicada destrutivamente, é um mal muito grande!

– Como aprender o equilíbrio dessas minhas energias?

– Pela análise, pelo esforço, pelo estudo e pelo desejo de querer, e querer tão *obstinadamente*, que conseguirá! Desculpe-me a brincadeira, mas foi a forma que encontrei para explicar-lhe!

– Vou me esforçar! Esta noite estarei livre do trabalho que vinha realizando?

– Se necessário for que conheça outros lances de suas existências pregressas, nós a informaremos, mas não será logo em seguida! Terá que se refazer, se reequilibrar, aprender a retirar daquele período que vivenciou, a melhor lição, para que outros possam ser acrescentados.

– É muito bom, irmã, porque, se num tempo tão remoto e na minha última experiência, entre as quais um espaço muito grande deve ter havido, eu não consegui me modificar em nada, como será o que vivenciei nesse intervalo?

– Entregue tudo a Deus e a nossos irmãos maiores, que sabem o que deve ser feito, mas adianto-lhe que, apesar de suas ações no mal, você conquistou bastante a seu favor, sobretudo nessa sua última encarnação, como enfermeira! Ah, irmã, se soubesse o quanto o mundo espiritual considera e ampara os enfermeiros e enfermeiras! São seus representantes na Terra para o auxílio do corpo, amenizando-lhe o sofrimento, levando-lhe conforto, exatamente para que, tendo os corpos sadios, possam cumprir as tarefas que o espírito leva.

– Entendo, irmã, e realizava o meu trabalho com muito amor, sem nunca pensar nisso que a senhora me disse. Nada sabia, mas via em cada enfermo, no seu leito, uma pessoa que sofria e que precisava de mim. Eu tratava-os com carinho, com amor e muita dedicação! Mas..., o que realizei no final, aproveitando-me da minha profissão...

– Esse é outro ponto importante! Os médicos, os enfermeiros têm, no momento em que cuidam de um paciente, a trama da vida em suas mãos. Se tiverem amor no coração e forem conscientes de seus deveres, obrigações e responsabilidades, muito farão para ajudá-lo, para amenizar-lhe as dores, para curá-lo! Se trazem no espírito a maldade, muito poderão fazer em desfavor dele, sem que nunca ninguém os acuse, no mundo dos encarnados. Todavia, como nada fica perdido e nem escondido diante de Deus, os compromissos que assumem são muito maiores que os de outros que realizam atos nefandos.

# 09

AH, QUANTO BEM lhe faziam as explicações e orientações de irmã Carminda! Mereceria ela todo o amparo que estava recebendo no mundo espiritual? É verdade que tinha vivas, dentro de si, todas as lembranças do sofrimento naquele vale escuro, mas nem sequer tinha a noção do quanto lá permanecera. E, por mais que sofresse, o bem-estar que sentia ali, a proteção que a resguardava daqueles seres infelizes que a perseguiam, e as orientações e carinho que recebia, lhe eram muito benéficos e promissores.

– irmã Carminda, posso tomar mais um pouco do seu tempo?

– Estou à sua disposição, se bem que logo devemos retornar, mas fale o que deseja.

– Estou me sentindo aqui como uma usurpadora do lugar de alguém que merece muito mais que eu. Agora que sei tudo o que tenho praticado, não me sinto merecedora de receber o auxílio que me dispensa.

– Você que exerceu a sua profissão lá na Terra, aquela que justamente acabamos de comentar, permaneceu por muitos anos no hospital em atendimento aos enfermos, não é mesmo?

– A senhora sabe que sim!

– Pois bem, quando lá estava, teve ocasião de presenciar alguém que para lá fosse conduzido, passando muito bem de saúde, sem nenhum problema físico ou mental, e que fosse levado ao leito?

– Que pergunta estranha, irmã?

– Não é estranha se a compararmos com o que me perguntou há pouco.

– Não entendi!

– Este local pode ser comparado a um grande hospital, para onde são trazidos enfermos do espírito!

Ingrid, demonstrando surpresa, nada disse, e irmã Carminda pôde continuar:

– Sim, enfermos do espírito, que os corpos os deixaram lá na Terra! Se aqui estão, é porque merecem esse tratamento que vêm recebendo. Além do que lhes é dispensado mais diretamente ao espírito afetado, orientamos, à semelhança do hospital terreno, quanto às normas de vida e aos medicamentos que devem ser tomados, quando recebem alta, ou seja, a dieta que devem manter, para evitar que novamente a enfermidade volte, e, em condições piores ainda, porque o corpo já está afetado, compreende?

– A senhora quer dizer que, após o tratamento, quando somos dispensados e partimos para nossas encarnações, levamos conosco toda a orientação que devemos seguir, como se fosse uma dieta, para não cometermos novamente nada que possa nos comprometer ainda mais!

– Entendeu bem, e se faço essa comparação, grosseira até, é para que compreenda de forma mais fácil, diante do que exerceu na Terra!

– Compreendi tudo, irmã, estou em tratamento, e quando voltar, levarei comigo a dieta que deverei seguir!

– Sim! Se sair dela, poderá novamente enfermar! Aí, então, o seu espírito ficará mais comprometido.

– Lembra-se daqueles seres infelizes que me levaram, naquela encarnação que vivenciei, e que ainda recentemente, no mundo espiritual, me perturbaram muito?

– Sim, lembro-me! Não eram somente aqueles que a perturbavam, mas outros também, com os quais foi se comprometendo em outras encarnações, e também aqueles que foram prejudicados por você, não só em outras, mas nesta última mais recente!

– Pois bem! Sei que os meus compromissos são imensos e intensos, e tudo farei para viver lá, quando me for permitido, de forma a mais correta possível, para não cometer mais nenhum ato tão comprometedor. Mas se mesmo assim eles me encontrarem como encarnada, e me envolverem de tal forma que eu passe a ficar em suas mãos e a agir de conformidade com o que eles desejam, para que me perca ainda mais?

– Você terá aqui um período muito importante cujos esclarecimentos lhe darei oportunamente, mas, por agora, anteciparei alguma coisa.

– Ensine-me, irmã, como deverei proceder, que irei me preparando desde já!

– É quase certo que isso ocorrerá! Os compromissos assumidos de forma tão séria como os seus, têm continuidade por muitas encarnações, acrescidos ainda do que for realizando de mal. Mas tudo vai depender de como conduzirá a sua vida, os seus atos! Você perceberá quando eles se achegarem, mesmo não os vendo!

– Como perceberei?

– Pela sua mudança de hábitos, pelo mal-estar que provocarão, pela confusão e nervosismo em família, enfim, eles se revelarão através de muitas características e você conseguirá detectar por si só! O importante é saber discernir, mas muito mais que discernir, serão as suas ações. Se sua vida for pautada pelos ensinamentos de Jesus, pela retidão de caráter, mesmo que se aproximem e tentem, pouco conseguirão.

– Tudo vai depender de mim mesma!

– Há ainda outro ponto muito importante, no qual nunca tocamos, e que ocorre lá, no mundo dos encarnados!

– O que é?

– Você sabe que vivemos muitas vezes e, nessas nossas existências sucessivas, vamos assumindo compromissos; erramos, ajudamos, e quando para lá retornamos, muitas vezes somos levados a conviver com muitos dos que prejudicamos, com muitos dos que auxiliamos e que nos auxiliarão lá. Os perigos não estão somente entre os desencarnados, mas também entre aqueles com os quais vamos conviver!

– Como perigo, irmã?

– Eu explico! Se temos compromissos com quem somos levados a conviver, é para que inimizades sejam desfeitas e se transformem em amizades, e ódios se transformem em amor. É uma oportunidade muito benéfica que Deus nos concede, para que nós próprios, pelas nossas ações no bem, consigamos desfazer muitos desafetos e, de retorno ao mundo espiritual, tenhamos conquistado muitos afetos, muitas amizades e muito amor.

– A vida na Terra é muito difícil, irmã!

– É a maior bênção que Deus nos concede para o nosso progresso.

– E se não conseguirmos desfazer todos esses rancores, o que acontecerá?

– Estaremos desperdiçando e perdendo uma oportunidade preciosa que Deus nos dá, e que não soubemos aproveitar!

– Preciso me preparar bastante!

– Terá muito tempo para isso! Nós a orientaremos aqui, e quando passar para o Departamento Reencarnatório, a preparação será mais direcionada e objetiva, diante do que irá realizar lá, com quem irá conviver, o que fará, e terá também toda a planificação que deverá desenvolver na Terra.

OBSTINAÇÃO | 189

– Por tudo o que a senhora me tem orientado, sei que devo agradecer a Deus essa nova oportunidade!

– Sim, filha, Ele é o nosso Pai, e nenhum pai quer ver seus filhos perdidos! Por isso lhes proporciona muitas oportunidades, para que um dia todos se reúnam em torno d'Ele, livres das mazelas.

– Ah, eu poderia já ter progredido muito!

– Mas Deus não se cansa, e sempre proporciona outros ensejos a Seus filhos, para que se redimam!

– Farei tudo para aproveitar bem a encarnação que me será oferecida, e quero me esforçar muito também aqui, antes de partir, para não errar novamente.

– É só usar a sua força de vontade, e a sua obstinação nos bons propósitos, que será uma vencedora!

# 10

O TEMPO, APESAR de não ser tão importante no mundo espiritual, nem tão observado e medido como entre os encarnados, decorria. Os dias sucediam as noites, e a nossa irmã acumulava muitos ensinamentos para o seu progresso, finalidade maior da criação de Deus.

Nunca mais foi chamada para nenhuma sessão de retrospecção, para que passado remoto pudesse lhe ser trazido. Tinha já muito claros dois períodos importantes e significativos, que, se trabalhados por ela de forma intensa e determinada, lhe daria muito progresso, quando aqui novamente estivesse para o saldar de débitos, para aplicar-se em alguma tarefa.

Sempre irmã Carminda a amparou com suas explicações e orientações; os livros, com seus exemplos e ensinamentos eram avidamente lidos por ela, juntamente com as preleções ilustrativas que eram feitas para o esclarecimento de todos os que ali estagiavam.

Numa das vezes que se encontrou com irmã Carminda para as conversas que mantinham, Ingrid notou que ela chegou com a fisionomia um pouco mais feliz e esperançosa que em outras oportunidades, e lhe disse:

– Trago-lhe hoje uma novidade!

– Para mim, o que é? Terei a visita de Johann, trouxe-me notícias de Gustav?

– Sinto desapontá-la, se era isso que desejava, mas a notícia é outra!

– Fale, irmã! Pelo entusiasmo que percebo em suas palavras, deve ser algo bom para mim! Fale!

– Chegou a vez de uma nova oportunidade para você!

– Nova oportunidade para quê?

– Fui chamada pelo nosso mentor maior, aqui, aquele mesmo que já tem visto e ouvido em algumas preleções, para falar-me que o seu retorno à Terra já está autorizado.

– É isso, então? – indagou Ingrid, meio desapontada.

– Não ficou contente?

– E deveria ficar? Tenho me preparado muito, mas tenho medo de retornar! Sempre falho e me comprometo mais; por isso, receio. Quando será?

– Não tenha pressa! Ainda demorará um tempo! Lembra-se do Departamento Reencarnatório do qual já lhe falei?

– Sim, irmã!

– Chegou o momento de você se mudar para lá, e o seu tempo de permanência, naquele local, dependerá de você!

– O que farei nesse Departamento?

– A preparação para a sua volta!

– Como será feita?

– Lá eles têm muitos recursos, mas sempre contando com o auxílio que você mesma lhes dará!

– É tão difícil, irmã, por isso receio! Entretanto, se me chamaram, é porque sentiram que estou pronta para um novo teste!

– Sim, entendeu bem! Cada encarnação é um teste a que somos submetidos, e devemos demonstrar que aprendemos bastante e que queremos, ao término dele, ser aprovados!

— Aí é que está a dificuldade – a aprovação final!
— Como sempre, vai depender de você, dos propósitos que realizar e de como se sairá lá!
— Devo me mudar, ou continuarei aqui?
— Esse Departamento é muito grande, com instalações próprias para o seu alojamento, juntamente com muitos outros que lá também estão em preparação!
— Gostaria ainda de saber tantas coisas, para poder partir com mais segurança no que devo realizar e não fracassar novamente.
— Lá eles têm os recursos de que necessitar! Não pense que a sua volta se dará logo em seguida! O seu período de preparação pode ser longo ou curto, eles saberão o momento! Dependerá também de você!
— Sempre depende de nós mesmos!
— Sim, somos espíritos imortais e unos, e tudo o que fazemos é sempre para nós próprios! Não obstante recebendo auxílio, proteção, amparo, orientação, ensinamento, a prática é exclusivamente de cada um. É o uso do livre-arbítrio. Se aplicado ao bem, auxilia a própria evolução, mas se aplicado ao mal, prejudica muito o espírito que deixa de progredir e assume compromissos muito sérios.
— Quando devo me mudar para lá?
— Amanhã mesmo eu a levarei!
— E terei a sua companhia como a tenho agora?
— Lá o trabalho é outro! Eu poderei visitá-la, como também poderá procurar-me, quando estiver desocupada de suas tarefas, mas o nosso convívio será mais esporádico e bem mais difícil! Quando eu tiver um tempo livre, pode ser que você esteja ocupada, e assim o reencontro será mais raro.
— Sentirei muito a sua falta, mas sei que tenho que me submeter, e vou me esforçar para ser dócil às determinações que receber, e às instruções que me passarem.

– É assim que se fala! Tudo é para o seu próprio bem!

– Aprendi muito com a senhora! Quero que me leve até lá, assim poderemos estar juntas até o meu último momento sob sua orientação.

– Eu farei isso, faz parte das minhas obrigações, mas o farei também com muito amor!

Na manhã seguinte, logo cedo, após irmã Carminda ter atendido e levado uma palavra de estímulo e conforto aos outros companheiros do pequeno salão, dirigiu-se a todos em voz alta:

– Regozijemo-nos hoje, irmãos, que a nossa irmã Ingrid será levada ao Departamento Reencarnatório e não mais retornará aqui! Uma oportunidade irá se achegar a ela, como logo, também, a vocês todos. Agradeçamos a Deus essa dádiva, e oremos para que ela seja bem aproveitada por esta nossa irmã, para que um dia, ao retornar ao mundo espiritual, possa voltar feliz, tendo conquistado muito progresso espiritual.

Todos acompanharam irmã Carminda numa pequena prece que pronunciou em voz alta, e após, convidando Ingrid, que fez um pequeno agradecimento pelas palavras de estímulo, partiu em sua companhia.

---

O DEPARTAMENTO REENCARNATÓRIO ficava mais retirado do corpo da Colônia, era um prédio à parte, num local onde Ingrid nunca havia ido.

Quando chegaram, irmã Carminda procurou o encarregado maior daquele Departamento, entrou em sua sala, confabulou com ele, enquanto Ingrid aguardava do lado de fora, e logo em seguida foi chamá-la para entrar.

– Bem-vinda seja neste seu novo local de aprendizado e preparação, irmã! Que Jesus esteja em seu coração, em seus propósitos, em todos os momentos em que aqui estiver conosco, para que o seu trabalho possa lhe ser muito benéfico!

Ingrid ouviu essas palavras do irmão de aparência angelical, tal era a sua expressão de bondade, e nada soube dizer em agradecimento, senão apenas um muito obrigada.

– irmã Carminda, leve-a agora ao seu alojamento e avise em seguida o irmão encarregado daquele setor que, após lhe ser apresentado, lhe explicará o que deverá ser realizado! Podem se retirar na paz de Jesus, e com o coração pleno de muitas virtudes e do desejo de vencer! Que Deus as abençoe!

Irmã Carminda, numa reverência muito fraterna, retirou-se, levando Ingrid consigo. Cumpriu a recomendação e encaminhou-se para o alojamento onde ela deveria permanecer. Não era mais um salão, em companhia de outros irmãos, mas um pequeno aposento à semelhança de quartos num grande hotel.

– Vou ficar sozinha, irmã!

– Aqui terá o seu repouso, mas a sua atividade será realizada em outro local, que lhe será indicado.

– Não gostaria de permanecer aqui, sozinha, irmã!

– Não ficará! Logo o encarregado do setor virá buscá-la para o início do seu trabalho. Não se assuste, eu lhe farei companhia até que ele venha!

Antes de completar suas palavras, uma figura de aspecto bondoso e feliz, entrou naquele pequeno compartimento e, cumprimentando com muita alegria, irmã Carminda, perguntou-lhe:

– Esta é a nossa nova pupila, irmã?

– Sim, trouxe-a por ordem do mentor, e aqui está a fim de se preparar para uma nova existência terrena!

– Seja bem-vinda, Ingrid! Estamos felizes de poder colaborar com você na preparação que a levará de volta à Terra!

Ingrid, um pouco surpresa e assustada, nada respondeu.

– Não tenha receio de nada! – disse o irmão que adentrou o compartimento. – Esteja feliz da oportunidade que lhe será dada!

– Tenho receio, irmão!

– Todos o têm, diante do desconhecido, mas a prepararemos para que se sinta muito à vontade! Aqui será também orientada, e o faremos de tal forma a fim de que esteja feliz e aproveite ao máximo, o ensejo que lhe chega!

– Que deverei fazer, irmão?

– Nós a instruiremos em tudo o que for necessário! Mas, antes de tudo, utilize-se da oração, para que Deus a auxilie a estar tranquila!

Irmã Carminda abraçou Ingrid ternamente e se retirou, deixando-a só com o novo orientador daquele local.

# 11

INGRID FICOU UM tanto desolada e sentiu-se abandonada, quando irmã Carminda a deixou. Mas a serenidade e as palavras bondosas do irmão que ali estava, foram asserenando o seu coração, e devolvendo-lhe a confiança de que necessitava, para realizar o que lhe estava determinado, a partir daquele momento.

– Queremos, filha, que se sinta bastante tranquila e confiante! Todos trabalhamos com muito amor, para que cada um que aqui venha sinta-se bem, e parta para a sua preparação, feliz do retorno que chega, trazendo-lhe tantas oportunidades redentoras!

– Estou melhor, irmão! Como percebeu todos os meus receios?

– Tudo percebemos! Aqui nada é oculto a nós! Vemos os sentimentos de cada um, e isso facilita-nos o trabalho

– De que constará essa minha preparação?

– De diversas fases interligadas, e de diversos recursos aplicados ao mesmo tempo! Pode lhe parecer difícil, mas não o é! As atividades são interligadas ao tratamento de passes espirituais de energia, de refazimento, facilitando-lhe muitas recordações que lhe serão benéficas ao espírito, ao mesmo tempo fazendo apagar outras que poderiam lhe ser prejudiciais.

– É um pouco difícil, mas procurarei adaptar-me e submeter-

-me, porque compreendo que será para o meu bem, mas gostaria de fazer-lhe uma pergunta.

– Pois que a faça, irmã! Estamos aqui para esclarecê-la, mas nos reservamos o direito de responder-lhe apenas o que será permitido e benéfico a esta fase que se inicia hoje. Mas faça a sua pergunta!

– Gostaria de saber, caso me seja permitido, se, ao partir daqui para a minha nova experiência, levarei comigo o conhecimento de como será a minha vida na Terra, com quem conviverei, o que realizarei, enfim, o plano que devo seguir.

– A sua pergunta resume tudo o que faremos aqui, durante esse período, e não poderei responder-lhe ainda, nem afirmativa nem negativamente. Mas posso dizer-lhe que traçamos já o seu plano, aquele que deve desempenhar lá, de acordo com as suas necessidades espirituais, e com o que já sabemos a seu respeito.

– E quando tomarei ciência desse plano?

– Não tenha pressa! No momento adequado, de acordo com o que formos realizando, você, inteligente que o é, irá verificando o que faz parte da planificação.

– Isso quer dizer que não terei, de forma clara e precisa, o plano que deverei seguir?

– Conforme o entende, não!

– Como deverei segui-lo se não o conheço?

– Disse que, à medida que formos trabalhando, você conseguirá entender o que faz parte dele, e, durante cada sessão que realizarmos também a instruiremos bastante. O importante é que tenha calma e saiba esperar cada momento certo, sem pressa e sem curiosidade.

– Sou eu que deverei realizá-lo, por isso a curiosidade!...

– Que será satisfeita na hora adequada! Mas deixemos de conversas inúteis, e vamos, se desejar, iniciar o seu trabalho.

– Estou aqui para isso, irmão! Que deverei fazer?

– Em primeiro lugar, quero levá-la e apresentá-la a outro irmão, que cuidará de uma parte muito importante da sua preparação, que é a das reminiscências. Depois a levarei ao local onde realizamos o tratamento de passes, e assim por diante... Temos também a nossa biblioteca, com livros mais especializados e direcionados ao nosso objetivo, cuja leitura lhe fará muito bem!

– Estou pronta para o que for necessário!

– Pois então vamos! Olhe bem o número de seu compartimento, pois terá que retornar e deve ir se acostumando a fazê-lo sozinha, sem que ninguém precise acompanhá-la!

Conduzindo a recém-chegada àquele Departamento, apresentou-a a todos com quem ela deveria trabalhar, recolheu a sua planilha com horários e sequências de atividades, e, ao final, disse-lhe:

– Como prêmio à sua aplicação e interesse, levá-la-ei agora à biblioteca! Quero apresentá-la à encarregada daquele setor, recomendar-lhe os livros que deverá ler, os assuntos que deverá tomar conhecimento e, desde já, poderá retirar algum e levar ao seu aposento, para que faça da leitura o aprendizado que irá complementar a sua atividade, como também fazer dela os seus momentos de recreação sadia!

Cumprida a promessa, Ingrid levou consigo um volume que seria o seu companheiro naquele quarto, e, acompanhada que foi pelo mesmo irmão, chegou de volta ao seu aposento. À porta, ele disse-lhe:

– Devo entrar mais uma vez, irmã, para fazermos, em conjunto, uma prece, a fim de que todas as suas atividades tenham o êxito desejado, não só no conhecimento, no aprendizado e na aceitação do que está determinado, mas que após, na Terra, o êxito continue, você retorne ao mundo espiritual, trazendo a alegria do sucesso, a alegria do ressarcir de erros, a alegria de estar livre de tantos compromissos que assumiu nas suas existências passadas.

– Preciso muito de sua ajuda, irmão! Confio em todos e no trabalho que realizarão comigo!

– É bom ouvir isso, mas deve saber que, apesar de confiar tanto em nós, nada podemos fazer, se não seguir o que foi planificado. Mais que o nosso trabalho aqui, tem o seu trabalho lá, e é dele que irá depender o seu sucesso espiritual!

– Compreendo, e sei também que não será fácil levar um plano e, quando lá, não se lembrar de nada e ter de segui-lo!

– Entendo os seus receios, mas não se esqueça de que cada um que daqui parte para uma tarefa na Terra, terá sempre muitos amigos espirituais dispostos a ajudá-lo de forma intuitiva, ou mesmo, às vezes, por um impulso, nas tendências, na vontade, para que o que está traçado, seja seguido! O amparo é dispensado a cada ser, mas é necessário que, em lá estando, faça jus a ele, não se afastando dos propósitos que levará gravados em seu espírito. Mas não se preocupe com isso que, no decorrer desse período, terá a oportunidade de compreender muito bem todo esse processo. Oremos a Deus, rogando que você seja receptiva a tudo o que deveremos realizar!

Palavras tão belas, de tanta confiança pronunciadas por aquele irmão, penetraram em Ingrid como um bálsamo para as suas preocupações, estimulando-a a lutar, não contra ninguém, mas contra si própria. E ela o faria, sim, faria para o seu aprendizado, para a aceitação das determinações, e depois, para a execução das ações boas.

Quando aquele irmão se retirou, Ingrid sentiu uma paz muito grande, e não mais o receio de ali ficar só. Tinha já material em que pensar, meditar e refletir, e tinha também a companhia que lhe fora indicada na biblioteca, e dela faria uso, tomando conhecimento de todos os segredos que escondia em suas páginas.

Repousou ao sentir necessidade e, no dia seguinte, no horário determinado, partiu para a sua primeira atividade. Em primeiro lugar, todas as manhãs, deveria passar por um passe. Quando chegou, viu que outros também esperavam a sua vez, e passariam por aquele tratamento primeiro e necessário, ministrado por irmãos abnegados a fim de que, após, todas as atividades do dia fossem realizadas com a mente serena e a confiança em si mesma.

# 12

AO CHEGAR A sua vez, Ingrid foi chamada e postou-se numa cadeira que ali existia. Os irmãos em atividade aproximaram-se e começou a transmissão do passe. Em prece profunda, rogavam a Deus por ela, transmitindo-lhe a confiança, a serenidade e as energias necessárias para as suas tarefas do dia. Ingrid nada sentiu de diferente, no momento, mas a serenidade com que deixou aquela sala, proporcionou-lhe muita confiança e bem-estar.

Dali partiu para uma outra sala, onde o orientador que lhe fora apresentado no dia anterior, cuidaria das suas reminiscências. Ele pediu que ela se sentasse, colocando-se também sentado à sua frente. Nada havia de estranho, nenhuma aparelhagem, nada.

– Como está, irmã? Como passou de ontem?

– Um pouco receosa, mas ao mesmo tempo serena, pois já passei pelo passe, como preparação do que devo realizar. O que farei agora, irmão?

– Conversaremos! Não gosta de conversar?

– Só conversaremos!?

– Sim, e temos muito assunto para a nossa conversa de hoje! Diga-me, em primeiro lugar, como passou seu tempo no outro setor desta Colônia, para onde foi levada logo que aqui chegou?

– O irmão deve saber, que todos devem passar por processo semelhante!

– Sim, o processo é semelhante, mas as reações de cada um são diferentes! Cada um tem os seus débitos e as suas necessidades. Não podemos igualar a todos.

– Passado aquele primeiro período de adaptação e paz que tive lá, após ter estagiado por muito tempo nas regiões sombrias, fui levada a outro local, para que lembranças me ocorressem – explicarei melhor – não foram apenas lembranças, mas retrospecção e vivências! Precisei retroagir no tempo, e vivenciar um período muito distante da minha vida, onde cometi atos muito comprometedores para minha evolução.

– Têm-nos todos em sua mente?

– Sim, tão vivos que não consegui esquecer nenhum detalhe!

– Pode narrá-los a mim?

– É muito penoso!

– Mas é necessário, por que deles depende muito do que realizaremos aqui!

Ingrid, acatando o pedido daquele irmão que lhe inspirava confiança e lhe transmitia serenidade, foi narrando tudo o que vivenciou, desde o momento em que foi levada do lar, arrancada do carinho da mãe, para aquele convento onde tanto sofreu, onde tanto se revoltou e tanta vingança praticou, aliando-se às forças do mal.

Terminada a narrativa, visivelmente transtornada, perguntou ao irmão orientador:

– É suficiente, irmão? Pois não sei de mais nada! Foi tudo isso que tive que vivenciar, sofrendo pelo que realizei, mas sentindo, no momento em que realizava as minhas práticas, toda a extensão do ódio que me tomava.

– Era assim que deveria ter sido feito, para que você sentisse novamente como era naquela época. E o que sente agora, comparando os seus sentimentos atuais em relação aos seus sentimentos antigos?

– Eu sei onde quer chegar!

– E onde quero chegar, irmã?

– Quer que eu conte também o que realizei nessa minha última existência na Terra, não é isso?

– Nós chegaremos a ela também!

– Então irá me contar aquelas que tive durante esses dois períodos?

– Não é necessário! O que foi planejado para essa sua nova existência, é justamente para que possa ressarcir muitos dos débitos que ainda não foram saldados, contraídos naquela oportunidade, juntamente com o que realizou nesta sua última encarnação.

– Se devo pagar tudo o que realizei, nessa próxima existência, eu não suportarei!

– Compreende, então, a extensão dos compromissos assumidos?

– Sinto-os todos em mim, e me envergonho!

– A vergonha já é um sentimento bom que traz, mas não é o suficiente! Em algum momento arrependeu-se do que realizou?

– Arrependimento, irmão, confesso-lhe que ainda não senti!

– É só pelo arrependimento que nos sentimos modificados e preparados para não cometer mais as mesmas ações no mal! Enquanto apenas nos envergonhamos, estamos nos acobertando diante dos outros, mas o arrependimento é que redime.

– Explica-me, então, por que não consegui me arrepender?

– Porque ainda tem o ódio em seu íntimo, e quem carrega ódio, com desejos de vingança, muito ainda tem a aprender e muito a resgatar!

– Desse modo essa minha próxima encarnação pode ser muito perigosa, não?

– Todas o são! Apesar de ser um meio muito benéfico que Deus nos pôs nas mãos, para promover a nossa modificação, ela é perigosa para os que desconhecem os sentimentos bons, pois se comprometem ainda mais.

– O que farei, então?

– Deve procurar mudar os seus sentimentos!

– Sempre fui boa, dedicada, dócil e compreensiva. Sempre realizei o meu trabalho com muito amor!

– Mas não consegue, nos momentos difíceis, quando se sente atingida, superá-los, compreendendo e perdoando! Era compreensiva com os problemas dos outros, enquanto nada a atingisse diretamente, e desde que eles não lhe dissessem respeito. Mas, mesmo após uma existência de dedicação, como falou, em relação aos outros, quando teve que provar, em si mesma, que havia progredido, que havia aprendido a perdoar, esquecendo o sofrimento que lhe ocasionaram, o desejo de vingança cresceu e tomou conta de todo o seu ser, e você não conseguiu ver mais nada, se não a consecução do que planejava.

– O senhor conhece-me muito mais que eu própria, e consegue retratar exatamente o que sinto, nos momentos em que sou atingida.

– Conhecemos todos os sentimentos aqui! Lidamos com muitos necessitados e temos também as nossas próprias experiências, as nossas próprias imperfeições que fomos trabalhando com amor e dedicação para extirpá-las de nós, e fomos conseguindo.

– Um dia eu também conseguirei, mas ainda está difícil, e é por isso que receio a minha volta!

– É para isso que a estamos preparando! Esses problemas e sentimentos têm que ser comentados constantemente, para que seu coração seja tocado de piedade e se modifique, seja tocado pelo desejo de perdoar e se dulcifique!

– O senhor sabe como será a minha nova existência, o que devo enfrentar para que os meus débitos possam ser ressarcidos?

– Oportunamente você saberá, mas não aqui, que cuido apenas

das reminiscências, e penso que por hoje já comentamos o necessário. Amanhã continuaremos, mas se esforce e tente até o exercício do perdão para que tudo não lhe seja tão difícil lá na Terra!

– Tenho muito ainda que conversar com o senhor, pois desejo saber de detalhes de muitos outros fatos vivenciados por mim!

– Tudo tem o seu tempo e por hoje já é suficiente. Pode ir na paz de Deus, cuidar da sua outra atividade!

# 13

DEIXANDO AQUELA SALA onde reminiscências não foram feitas, no sentido do acréscimo de informações, que não era essa a sua finalidade, mas só comentários sobre aquelas anteriormente vivenciadas através da retrospecção, Ingrid trazia vivos os acontecimentos que foram alvo e objetivo das vivências, e dirigiu-se à outra sala para desenvolver a atividade que constava do seu cronograma.

Quando chegou, já era esperada. A sala agora era maior. Alguns irmãos ali se encontravam, e cada um tinha a sua mesa de trabalho, à semelhança de um escritório. A um canto dela, porém, uma pequena sala de visitas estava arrumada, e Ingrid foi indicada que tomasse um daqueles lugares.

O irmão que deveria ser o encarregado daquela seção, foi ao seu encontro e, sentando-se junto dela, começou a falar-lhe:

– Estava à sua espera!

– Vim diretamente da seção de reminiscências, e penso não ter me atrasado

– Não, não se atrasou!

– Estou à sua disposição! O que vamos realizar, agora?

– Hoje apenas conversaremos um pouco, e nos dias subsequentes nos dedicaremos ao plano que deve levar à Terra, de acordo com o que sabemos, tem capacidade para realizar, a fim de que passado distante e recente possam ser ressarcidos.

– Tomarei ciência de tudo?

– Somente do que é conveniente e pode lhe ajudar e estimular no bem, e do que diz respeito ao ressarcimento de passado tão devedor!

– Irei sofrer muito e não sei se suportarei!

– O nosso ressarcir, filha, não é o do castigo nem o das aflições, que não é isso que Deus deseja para os Seus filhos. Você sabe o quanto a Terra é necessitada, o quanto as pessoas lá se afastaram dos ensinamentos de Jesus e dos mandamentos que a Lei de Deus prescreve!

– Sim, eu mesma me afastei muito desses mandamentos!

– Mas sabe que, se se afastou, tem condições de muito realizar, não só no campo científico, cuja semente traz no espírito, pronta a germinar na Terra, mas também através dos conhecimentos realizados em passado remoto, sobre o que Jesus nos deixou. Você poderá, unindo essas duas possibilidades, ajudar a muitos e a si mesma!

– Se o senhor sabe tudo o que realizei, sabe também que os conhecimentos que adquiri em relação a Jesus, e a todos os ensinamentos que foi à Terra levar, não foram seguidos por mim!

– Você pensa que não foram, mas quando permanecia à cabeceira de um enfermo, cuidando para que se curasse, aplicando o seu conhecimento científico, muito ajudou, e fê-lo com amor, durante muitos anos de sua vida!

– Quer dizer que serei novamente uma enfermeira?

– Não irmã, não o será? Pode trabalhar na ciência, sem que envolva o seu contato direto com os pacientes, entende-me?

– Entendo! É que ainda não confiam em mim!

– Não se trata de confiança, mas de proteção a si mesma!

– Querem afastar-me dos pacientes, para que eu novamente não caia nos males que já caí!

– Disse-lhe que é uma proteção que queremos lhe dar! Um dia, quando já estiver refeita, quando já conseguir vencer ímpetos tão prejudiciais, aos outros e a si mesma, poderá novamente retornar à sua profissão, que é um meio muito eficaz de dedicação, de aplicação do amor universal e de redenção. Mas voltemos a conversar sobre a outra parte, não a científica, mas a melhor – a religiosa!

– Não gostaria de ser novamente uma religiosa! Não gostaria de me ver reclusa! Tenho medo de precisar viver dentro de um lugar daqueles e me revoltar. Com as possibilidades que adquiri naquela ocasião, tenho medo de me envolver com as entidades maléficas com as quais me aliei, que podem facilmente retornar e novamente me fazer cair!

– Não será levada a nenhuma reclusão, a não ser a reclusão da carne! Terá uma família, uma profissão, e muito também trabalhará, ajudando e amparando na causa religiosa, sem que tenha que ficar reclusa. Viver no mundo, na sociedade, em contato com as necessidades, com as fraquezas humanas e com tudo o que possa encantar e deslumbrar o ser humano, é muito mais difícil que estar reclusa. Porém, lhe oferecerá muito mais possibilidades de ressarcimento de débitos, não pelo sofrimento, mas pelo trabalho em favor dos outros!

– Terei condições de trabalhar em favor dos outros?

– Sim! As mesmas possibilidades que um dia usou para o mal, as terá, muito mais ampliadas, para usar no bem, e poderá arrebanhar para o Senhor, muitos daqueles que foram prejudicados por si mesma!

– E o que farei, irmão?

– Penso que já lhe adiantei muito mais do que esperava fazê-lo por hoje, mas foi bom, para que possa pensar em tudo o que conversamos, e ir se preparando mentalmente para os seus propósitos no bem!

– Não terei direito de escolher nem de saber o que farei lá?

– Todo direito é seu, dentro do que consideramos lhe será mais benéfico! Quando lá estiver, dentro das linhas principais traçadas por nós, tudo ficará à sua disposição para executá-las!

– É muito mais fácil de errar novamente, assim!

– Todavia, ser-lhe-á muito mais benéfico se vencer! Ninguém pode, na Terra, viver em redenção, como se fossem bonecos manejados por cordéis que estariam em nossas mãos aqui. O valor está na redenção e no progresso de cada um, através do esforço próprio!

– Suas palavras e o seu raciocínio são sábios, irmão, e curvo-me diante do que diz!

– Esses raciocínios não são nossos, nos vêm de Deus que ama os Seus filhos e quer vê-los todos redimidos, pelo esforço próprio e não bonecos manejados!

– Entendo! Levarei comigo ainda mais motivos de reflexão e maior desejo de me esforçar, para fazer jus a tudo o que me proporcionam.

– Que Deus esteja sempre em seus pensamentos, em suas reflexões, como meta final dos seus propósitos no bem, pois que é só para isso que trabalhamos!

# 14

INGRID TIVERA UM dia pleno de atividades. Suaves, mas necessárias e muito profícuas. As conversações foram muito benéficas para o levantamento de fatos e ocorrências passadas, bem como para o estudo em preparação para o futuro. O passado já estava encerrado, havia sido completo, de nada mais adiantaria. Mas todas as ações, mesmo encerradas, sem que possamos refazê-las, servem-nos de guia para que os nossos objetivos e propósitos sejam realizados, extirpando de nós, malefícios tão grandes, cometidos num passado, mesmo remoto. O espírito fica marcado e, se não for trabalhado para que essas marcas sejam desfeitas, numa próxima existência, poderão novamente aflorar, reavivando-se mais, fazendo com que práticas maléficas retornem.

Tendo o espírito marcado pelo mal realizado, temos em nós uma espécie de farol, não a nos iluminar, mas pronto a nos fazer visíveis e trazer para junto de nós, os interessados em que novamente pratiquemos as mesmas ações, atraídos por nós mesmos, pelas nossas próprias tendências.

Ah, esse farol maléfico tem que ser apagado e nulificado através do nosso próprio esforço, para que, de retorno ao mundo espiritual, possamos trazer nosso espírito sem marcas tão visíveis, livres e libertos das ações más, levando conosco outras marcas, outro farol, que nos iluminará pelas ações praticadas no bem.

Era esse o empenho que estavam realizando em favor de Ingrid, ajudando-a a desfazer marcas profundas, e a colocar no seu lugar as ações boas, a fim de que, num retorno ao mundo espiritual, trouxesse o seu espírito redimido.

Conforme ela própria o afirmou, era boa, dócil, esforçada, dedicada e corajosa; em suas encarnações sempre trabalhara em favor de tantos que a rodeavam e nela confiavam, mas trazia no espírito, ainda muito forte, um mal – a obstinação. Sim, a sua obstinação que, se reunida às suas qualidades, aumentar-lhe-ia o seu potencial de humanidade, nos momentos do testemunho de tudo o que havia já alcançado, essa obstinação a levava por caminhos tortuosos da *revanche*, da vingança implacável, enceguecendo-a para a realidade, impulsionando-a a praticar atos tão insanos e tão comprometedores. Trazia a seu favor o que realizara de bom, e por isso era merecedora da atenção e empenho do Plano Maior, que a auxiliava através da orientação, do estudo e da preparação correta, a extirpar esse mal que ainda residia em seu espírito.

Os dias foram passando e a sua preparação tomando rumos, sempre direcionados para o que desejavam. Muito ela havia prometido e aplicava-se o melhor que podia, para que não só seus esforços fossem coroados de êxito, mas também os esforços daqueles amigos abnegados que se empenhavam tanto.

No transcurso desse período, Ingrid, pensando ainda em tudo o que havia vivenciado, procurou esclarecimento sobre um ponto que a preocupava muito, quando do seu regresso.

– Irmão, preciso de um esclarecimento que será muito importante para mim na Terra, quando, já no corpo, não terei as lembranças do que me foi explicado aqui, nem do que já consegui aprender.

O irmão que foi interpelado, interrompeu-a, esclarecendo:

– Você pode dizer que não terá as lembranças nítidas como as temos agora, do que conversamos ontem, mas terá em seu espírito, gravado, tudo o que aqui realizou, e a cada momento em que tiver a oportunidade, será levada a utilizá-las, seja em forma de censura que parte da sua consciência, seja em forma de estímulo. Do contrário, qual a utilidade do nosso trabalho, dos seus estudos?

– Perdoe-me, eu sei que assim será, já havia me explicado!... Mas quando falei em recordações, o irmão sabe o que queria dizer.

– Sim, quer lembrar-se, como se lembra do primeiro dia em que aqui entrou!

– Exatamente!

– Veja, irmã, a sabedoria divina! Se se lembrar do que aprendeu, do que vivenciou, nitidamente como estamos aqui, agora, terá forçosamente de se lembrar do que praticou nas outras existências e que foram rememoradas aqui. Pensou no desastre que seria na Terra, se cada um pudesse lembrar tudo o que fez, tudo o que sofreu nas mãos de outros com quem convive, para que inimizades, rancores e ódios se desfaçam?

– Perdoe-me mais uma vez, que cometi um desatino, por não expressar-me corretamente, mas refaço a minha pergunta! O senhor sabe de todos os meus atos infelizes e também do que devo ressarcir lá; mas o importante para mim é saber, ou melhor, tenho a certeza de que todos aqueles espíritos maléficos com os quais me aliei, naquela primeira oportunidade que vivenciei aqui, aqueles mesmos que me ajudaram e que viram em mim uma aliada muito forte para os seus atos maléficos, tentarão retornar e quererão me perturbar, tornar-me infeliz e me carregarem, após, para que novamente os atos maléficos sejam praticados.

– Sim, a irmã mesma os terá de enfrentar, e ninguém poderá evitar, que são compromissos seus, e por si própria terá de afastá-los!

– Como, irmão? É isso que desejo saber!

– É muito fácil e, ao mesmo tempo, muito difícil! Cada espírito é atraído por nós, pelas nossas próprias imperfeições, as que nos levam a atos maléficos. Enquanto estivermos praticando o bem, ajudando, amparando, vivendo uma vida pautada na correção de caráter, nos ensinamentos de Jesus, seguindo o seu Evangelho, eles podem aproximar-se e até tentar nos levar para o seu habitat, quando deixarmos o nosso corpo. Contudo, vendo a nossa modificação, concluirão que nada mais teremos a lhes oferecer, e não obstante nos observem e nos acompanhem, não terão meios de se achegar, e até poderão aprender muito com os nossos exemplos.

– É muito difícil, muito, irmão!

– Difícil o é, mas não impossível! Quanto mais difícil se fizer para nós, mais bênçãos de Deus receberemos, se conseguirmos ultrapassar todas as dificuldades, ilesos. Mas, mesmo nos esforçando, vivendo no bem, se um dia deixarmos alguma "janelinha aberta" em nós, eles a aproveitarão de forma plena, e nos envolverão tão intensamente que estaremos perdidos. Não podemos vacilar em nenhum momento! Lembre-se do ensinamento de Jesus – *orai e vigiai*! Esse é o complemento maior de nossas ações lá! Orar e vigiar! Sim, devemos orar muito, e vigiar ainda mais, não o que nos rodeia e que poderá nos atingir, como fazem na Terra, trancando as portas das casas para evitar assaltos. Temos, filha, que trancar as nossas portas, as portas do mal que ainda reside em nós, para que nunca ele aflore novamente, e vigiar a nós próprios, as nossas ações, os nossos sentimentos, a nossa conduta!

– Obrigada, irmão, por suas palavras! Cada vez que aqui venho, levo comigo as bênçãos dos seus ensinamentos, e motivos para as minhas reflexões e estudos. Sabe que quando me recolho e estou só no meu quarto, estou fazendo muitas anotações!

– Sim, e o que anota, filha?

– Tudo de bom que aprendo! Registro também os meus propósitos no bem, para nunca mais errar, e poder voltar, um dia, feliz e redimida, e encontrá-los a todos!

– Essa será a nossa maior alegria, e lembre-se de que só dependerá de você mesma!

# 15

INGRID GOSTARIA AINDA de continuar aquela conversação por mais tempo, porque muito estava aprendendo e refletindo, ajudando-a a desfazer teias antigas para quando novamente, se encontrasse na Terra. Mas o orientador, ciente do que devia ser colocado a cada vez, para obter o efeito desejado, deu por encerradas as atividades daquele dia, despedindo-a, a fim de que ela pudesse complementar por si própria, tudo o que conversaram, o que comentaram, e mesmo fazer as anotações conforme dissera.

Os seus momentos que, no início pensou, seriam tristes e solitários naquele quarto, eram agora plenos de atividade, e não só pensava, refletia, mas concluía por si mesma.

O tempo decorria, e o dia de sua volta estava cada vez mais próximo. Muito a haviam já esclarecido, e muito ela havia conseguido saber do que realizaria na Terra, mas ainda faltava-lhe o que considerava de grande importância. Onde reencarnaria, com quem conviveria! Era-lhe uma incógnita, e por diversas vezes havia perguntado, mas nada lhe fora revelado, até que um dia, quando chegou para a sua atividade, na seção de preparação para o futuro, teve uma surpresa.

– Querida irmã, hoje é o dia de você saber alguma coisa a mais a respeito de sua próxima encarnação, justamente o que tem perguntado algumas vezes e nada ainda lhe foi revelado, aguardando o momento certo!

– Hoje, então, saberei onde e com quem viverei na Terra?

– Sim, hoje lhe daremos algumas noções, embora rápidas, mas as que podemos lhe fornecer, sobre o que irá realizar lá, junto de quem o fará, não só familiares, mas amigos e companheiros que lhe serão importantes para o ressarcir de débitos, como também para passar ilesa por tantos com quem terá de se defrontar!

– A ansiedade toma-me muito mais agora, que em todas as vezes que lhe fiz essa pergunta!

– Estou percebendo e compreendo que seja natural, pois aqueles com quem convivemos na Terra, são os instrumentos que temos a nosso dispor, para realizarmos as tarefas e os propósitos que levamos daqui. De que adianta levarmos a boa intenção de desfazer inimizades e ódios, se não encontrarmos lá essas mesmas pessoas por quem nutrimos esses sentimentos?

– Entendo, irmão, e saber que será assim, preocupa-me!

– Não convivemos apenas com antigos ódios e rancores! A bondade de Deus nos permite ter junto a nós aqueles que nos querem bem, aqueles a quem devotamos muito amor, para que tenhamos, mais suavizado, na companhia dessas criaturas, o amargor que possamos sentir em contato com as outras.

– Já que falou em amor, permite-me fazer uma pergunta, antes que fale como será a minha convivência lá!

– Todas as que desejar!

– Pois bem, irmão, o senhor sabe de todas as minhas existências pregressas, principalmente dessa minha última, que ainda não sei há quanto tempo se deu! Mas, por tudo o que sofri e pelo que tenho passado, estudado e aprendido, concluo que deve fazer muito tempo.

– Pois agora lhe contarei há quantos anos deixou a Terra!

– Então diga, irmão, que me localizarei no tempo, que ainda é importante para mim, por não ter a elevação suficiente para não me importar com ele!

– Você deixou a Terra há quase trinta anos!

– Tudo isso, irmão? Perdi a noção por ter vivido tanto tempo nas regiões sombrias! Agora, porém, sinto mais segurança sobre o que vou lhe perguntar. Gostaria de saber a respeito de Gustav, o meu marido, o meu companheiro da última encarnação.

– O que deseja saber dele?

– Se ainda vive na Terra! Trinta anos a mais do que ele tinha naquela época, ainda lá pode estar, como um velho, é certo! Pode ser que tenha contraído novo matrimônio...

– Não sei se é o momento, irmã, mas penso que gostaria de saber. O seu Gustav, daquela oportunidade, deixou o corpo logo após você ter deixado o seu!

– Ele era forte e sadio, o que aconteceu?

– Foi a guerra! Ele quis retornar ao campo de lutas num dos postos de atendimento, tão desolado e triste ficou com tudo o que havia ocorrido, que encontrou a morte, antes mesmo de chegar ao seu destino.

– Pobre Gustav! Deve ter sofrido muito por minha culpa! Eu fui a causadora do seu sofrimento e, talvez, da sua morte...

– Não se culpe, irmã, tudo tem o seu momento, e ele devia partir naquele momento!

– Então por que nunca o encontrei? Para onde foi levado?

– Encontra-se em outro local, que, lugares como este existem muitos no espaço sideral.

– Gostaria tanto de vê-lo, de falar-lhe, de pedir-lhe perdão? E Johann, onde está?

– Johann já retornou à Terra em nova experiência, ele era bom e não precisou esperar tanto.

– Eu irei encontrá-lo, quando da minha ida?

– Deus é quem sabe, até pode encontrá-lo, não sabemos!
– Mas voltemos a falar de Gustav, irmão! Não poderei vê-lo, falar-lhe?
– Não será conveniente, nem para a irmã nem para ele!
– Por quê? Eu o amava tanto e ele respeitava-me! Não sei se chegou a me amar, mas foi muito bom comigo e protegeu-me até quando fiz tudo o que fiz!
– Ele também está preparando o seu retorno, onde está, e não é conveniente que o encontre!
– Lamento, irmão, pois gostaria muito!
– Mas não será benéfico!
– O senhor sabe se ele me perdoou?
– Não se preocupe com isso, que aqui não é importante!
– Posso lhe fazer outra pergunta?
– Sim, se puder, responderei!
– O meu encontro com Gustav, na Terra, por tudo o que tenho aprendido, não foi a primeira vez, foi?
– Não, filha, vocês estiveram juntos num passado de algumas existências, mas nunca como nessa última oportunidade!
– Mas eu o amava tanto, irmão!
– Sim, quando partiu para aquela encarnação, levou consigo a semente do amor que colocaram em seu espírito, para que desse reencontro se desfizessem males antigos.
– Compreendo agora a relutância dele em me aceitar, a sua estranheza de personalidade, quando me conheceu, e o quanto me fazia sofrer, porque eu já o amava e ele nada decidia! Eu sabia que ele nunca chegaria a me amar! Terei a oportunidade de novamente conviver com ele, irmão?
– No momento certo contar-lhe-ei algum fato passado, e você concluirá, por si mesma, alguns pontos que já compreende agora, e compreenderá a vivência que deve ter lá!

– Então conviveremos?
– Sim, você é persistente e faz-me dizer antes mesmo do momento certo!
– O que ele será meu? Será novamente meu marido?
– Não, não será nenhum familiar! Penso que devemos encerrar este assunto e desenvolver a nossa atividade. Quando Gustav aparecer em sua vida, você saberá, mas não me pergunte mais nada sobre ele.
– Está bem! Quero ser a mais obediente e submissa possível, e estou pronta a ouvir o que tem a dizer-me! Não perguntarei mais nada!
– Pois bem, sua última experiência foi em Berlim, não é mesmo, no Velho Continente! Pois agora renascerá num lugar diferente, num Novo Continente!
– Onde deverei renascer, irmão?
– Sua próxima encarnação será no Brasil, um país praticamente novo, se o compararmos com os da Europa, mas muito adequado ao que precisará passar lá!
– Como assim, irmão?
– Contente-se com o que eu for narrando!
– Perdoe-me a ansiedade!
– Terá uma existência não muito difícil! Renascerá numa família que lhe facilitará os recursos para realizar estudos, e se aplicar novamente, com mais amplitude, às ciências, mas já sabe que não será enfermeira. Apenas estudará a parte científica dos medicamentos, e terá a oportunidade de transmitir os ensinamentos que obtiver lá, mais os que carrega em seu espírito, a muitos, pois que também será uma mestra e fará experimentos.
– Isso será importante para mim, muito importante, e agradeço por me colocarem nesse campo outra vez! Os medicamentos são necessários aos enfermos... – Ingrid parou o que dizia, lembrando-se

do que realizou com "medicamentos", e compreendeu que, trabalhando com eles, poderia verificar, analisar e pesquisá-los em favor de muitos.

– O que houve, irmã?

– Apenas lembranças, irmão, lembranças!...

Ingrid refreava a sua vontade de indagar, e estava atenta e calada, ouvindo o que aquele irmão, tão dedicadamente lhe dizia, procurando colocar em cada palavra, não apenas a narrativa simples, mas a entonação que lhe transmitia a esperança no que ela deveria realizar na sua encarnação vindoura, e assim ele continuava:

– Veja, irmã, que a bondade de Deus lhe permite novamente trabalhar com as suas tendências científicas, mas como estudos e pesquisas, sem ministrar os medicamentos diretamente aos enfermos, levando a cada um, dentro de cada necessidade, o alívio mais eficiente. Será um estudo de base, muito importante, e, não obstante anônimo, será um auxílio muito benéfico!

Ingrid ouvia-o apenas, como lhe prometera. O orientador continuou a explicar-lhe detalhes de como seria a sua vida na Terra, tendo o cuidado de nada lhe adiantar a respeito de problemas maiores ou de enfermidades. Ela deveria trazer, quando chegasse a ocasião, a alegria da esperança, e não preocupações que lhe chegariam apenas no momento certo. Todavia, um detalhe importante ainda faltava para lhe ser explicado, pois que já partiria com uma possibilidade, da qual teria que fazer uso no momento adequado, a fim de que o ressarcir de suas dívidas pudesse ser realizado de forma plena e segura.

– A irmã se recorda de que lhe disse que levaria consigo os mesmos dons que, um dia, utilizou para trabalhos maléficos, pois não?

– Lembro-me, irmão, e suponho que essas possibilidades, utilizadas em trabalho no bem, é que constituirão a finalidade maior dessa minha próxima encarnação, para desfazer o que realizei de mal!

– Compreendeu muito bem, e para que isso ocorra, você levará no espírito o que chamamos de mediunidade, a mesma que utilizou um dia para entrar em contato com aquelas forças maléficas!

– Terei, então, essa possibilidade que agora chamam mediunidade?

– Sim, irmã! No momento certo, ela poderá aflorar, dando-lhe o ensejo de entrar em contato com nossos irmãos necessitados, para que eles sejam ajudados, amparados e encaminhados também para locais como este, onde receberão o auxílio para o seu refazimento!

– E como isso se dará?

– No Brasil, essas possibilidades estão se desenvolvendo bastante em centros adequados, e muito importantes para sua realização! Nascendo lá, quando chegar a hora, será encaminhada a um deles, onde desenvolverá o seu trabalho, ajudando a muitos e desfazendo os males que já realizou.

– E como saberei se a hora chegou?

– Temos muitos meios para isso e, através daquele impulso de que já lhe falei, você será levada de encontro a um lugar desses. A necessidade, muitas vezes, leva as pessoas a procurá-los, a princípio em busca de ajuda para si próprios, mas, em seguida, quando essa ajuda lhes chega, aquelas que devem permanecer, são levadas a isso! O gosto pelo que viram, o reconhecimento pelo que receberam, a vontade de estudar para mais conhecer e se aprimorar, despertam nelas esse desejo. A doutrina ensinada nesses locais, é a própria doutrina de Jesus, aquela mesma que ele levou à Terra, acrescida das facilidades de se entrar em contato com os espíritos necessitados, para auxiliá-los, orientá-los, mostrando-lhes um novo direcionamento.

– Deve ser muito belo poder participar de um trabalho como esses! Como se chamam, na Terra, esses lugares, irmão?

– São chamados, em princípio, de centros espíritas, mas podem adquirir outros nomes, que isso não é importante. O que importa é o que realizam em auxílio aos encarnados e desencarnados, e os ensinamentos e direcionamentos que transmitem, a fim de que, através do trabalho e da dedicação, possam ressarcir débitos antigos que ainda levam consigo!

– Estando num desses lugares, mesmo que aqueles irmãos infelizes me procurem, estarei acobertada, amparada e nada devo recear?

– Nesses centros você terá o amparo para poder fazer deles irmãos redimidos, que todos somos filhos de Deus e, um dia, mesmo que demorando no mal, o nosso caminho é Ele, o nosso Pai Maior! Mas é preciso, mesmo nesses lugares, muita humildade e dedicação, para que não sejamos tomados pelo orgulho e dominados pela vaidade, dois graves defeitos humanos que podem tomar conta de nós, fazendo-nos, mesmo lá, perder oportunidades preciosas que nos são concedidas.

– Gostaria que me explicasse melhor! Como num lugar de ensinamentos tão belos, pode o orgulho ainda imperar?

– Pelo mal que ainda existe em nós! Mesmo em fase de aprimoramento, podemos nos deixar levar pelas nossas imperfeições, ajudados ainda pelos espíritos que querem nos perder.

– Mesmo lá, apesar do amparo e da ajuda que temos, e do empenho dos amigos espirituais?!

– Os nossos defeitos, irmã, devem ser trabalhados por nós mesmos, e podemos, sim, mesmo lá, nos deixar envolver por entidades maléficas que queiram nos perder, e para isso aproveitam-se das imperfeições que ainda trazemos em nós!

– Compreendo, e farei tudo para aproveitar essa oportunidade que me será dada! Quem sabe, num centro espírita, poderei me livrar para sempre desses infelizes que querem me perder.

– Eles não querem perdê-la, irmã! Eles querem uma companheira com quem possam realizar seus trabalhos no mal!

– É sempre um perigo que corremos, trabalhando no mal, principalmente quando, para essas realizações, invocamos as forças invisíveis, mas poderosas e persistentes!

– São tão persistentes que podem acompanhá-la por séculos, esperando conseguir o que desejam! Ainda mais, você não deve esquecer-se de todo o mal que realizou nas suas encarnações, com ou sem a ajuda deles! Esses espíritos, ao partirem para o mundo espiritual, tomando conhecimento da forma como deixaram seus corpos, e em virtude de que o fizeram, se não conseguiram perdoar, ficarão no seu encalço até encontrá-la, para desforrarem o mal recebido.

– Deverei sofrer muito, e é por isso que receio tanto essa encarnação.

– Os débitos são muitos, como são os da maioria dos que para a Terra vão, porém, você leva consigo um meio eficaz de se livrar de um grande número deles, que é o trabalho, não só o profissional que, se for dedicado, ainda ajudará a muitos, mas o que leva em possibilidades para a ajuda do espírito. Esse é o melhor recurso que terá em mãos, para que, em atividade de auxílio, possa desfazer muitos débitos e livrar-se de tanto assédio, quando de retorno ao mundo espiritual.

– Espero retornar vitoriosa, irmão!

– Só depende de si mesma e de mais ninguém!

# 16

TODAS ESSAS INSTRUÇÕES Ingrid ia recolhendo e acumulando e, à medida que as utilizava para as suas reflexões, elas iam se solidificando e impregnando todo o seu espírito. Ela compreendia a importância da sua próxima encarnação, as responsabilidades que traria para a sua redenção, e queria aplicar-se muito, para não perder oportunidade tão preciosa. Os receios eram grandes, mas se esforçaria para cristalizar no seu íntimo os ensinamentos que recebia, como também as orientações que lhe eram passadas, sobre as suas obrigações, aquelas mesmas que o orientador continuou a lhe falar com doçura, e com muitas esperanças no seu trabalho, que sentia, estava sendo muito receptivo.

– Veja, irmã, que nós nos empenhamos bastante, aqui, e lhe daremos muito amparo lá, quando regressar, mas, o maior esforço dependerá de você mesma! Por mais façamos, você tem a sua vontade e ela é que será importante! Se bem dirigida, a levará a trabalhar no bem, mas, se mal dirigida, lhe dará ensejo a que todos aqueles irmãos infelizes retornem.

– Farei de tudo, irmão, aplicar-me-ei ao máximo, a fim de que isso nunca aconteça! Quero voltar aqui novamente, se me for permitido, trazendo comigo os louros da vitória para repartir com o senhor!

– Nada precisa repartir comigo! Se trouxer os louros da vitória, eles serão todos seus, e eu me sentirei feliz de ter podido recolher mais uma ovelha, que, temporariamente, havia se desgarrado das suas irmãs, porque seus atos não eram agradáveis ao pastor; mas um dia, depois de muito sofrer, de pensar muito, resolveu retornar ao aprisco, pois só nele é que poderia ser alvo das atenções e cuidados do seu pastor!

– O irmão sempre tem palavras muito bonitas para me estimular! Eu quero ser aquela ovelha que volta ao aprisco do Senhor, e que possa permanecer, livre de qualquer lobo ou outro animal feroz que queira atacá-la!

– É assim que se fala, irmã! A nossa preparação está por terminar! Reunir-nos-emos mais algumas poucas vezes, para um ou outro detalhe que ficou esquecido, ou apenas para dirimir dúvidas ou indagações que nos traga, e logo irá para outro setor do nosso departamento, onde passará pelo esquecimento de tudo, com vistas ao seu retorno, que já está bastante próximo!

– Levarei comigo uma responsabilidade muito grande!

– Sim, irmã! E do desempenho dessas responsabilidades, do direcionamento que der à sua vida, da sua aplicação ao trabalho, sobretudo daquele ligado ao Senhor mais diretamente, que já comentamos, é que dependerá a sua vitória. Ore muito, com toda a sua crença em Deus, se é que a tem!

– Não diga isso, irmão! Sempre acreditei em Deus, mas d'Ele estive um pouco afastada, desde aquela vez que me obrigaram a ficar reclusa, aparentemente dedicando-me a Ele, mas que, na verdade, era para esconder o que consideravam uma vergonha para a família.

– Não convém voltarmos a esse assunto! Dele deve ter apenas as lembranças necessárias que servirão de base para a sua modificação, e para a formulação dos seus propósitos!

– Queria que soubesse que acreditava em Deus, e muito mais ainda em Maria, a mãe de Jesus, a doce Maria, que auxilia todas as mães!

– Pois então ore a Deus, ore a Maria rogando ajuda, para que a sua vida lá, seja o cumprimento das Suas leis, e assim estará acobertada das influências maléficas que poderão se achegar.

– Isso é muito difícil, mas esforçar-me-ei para conseguir!

– Pode ir, e recolha-se em reflexões e orações, que muito a auxiliarão!

Mais alguns poucos dias se passaram, e Ingrid foi levada à seção onde passaria pelo esquecimento do que tinha vivenciado nas suas encarnações anteriores. O trabalho seria de tal modo, que o esquecimento de tudo seria efetuado, mas os propósitos realizados ficariam vivos, não como lembranças, mas em forma de um depositário, em seu espírito, para ser utilizado em cada momento necessário.

Os impulsos se dariam, e a impeliriam a realizar o que havia prometido, como um novo começo. A sua vontade também ali estaria, e dessa junção da vontade recente com os propósitos efetuados no mundo espiritual, é que constituiria a sua vida na Terra. Seria, talvez, uma luta, calada e aparentemente muito simples, mas também vitoriosa, cada vez que a própria vontade fosse utilizada de conformidade com a planificação efetuada. Seria o livre-arbítrio utilizado de forma salutar e benéfica ao espírito.

# PARTE III

## NO BRASIL

# 01

PASSADO O TEMPO necessário à sua preparação, dia chegou em que aquela que fora Ingrid, não mais existia como tal. Novamente se encontrava no mundo dos encarnados, num lar onde teria as condições de receber o amparo de que precisava, para poder desempenhar mais uma encarnação, que lhe seria de luta, sim, mas de muita ajuda, propiciada por aqueles que, no mundo espiritual permaneceram, e pelos que a acompanharam – os seus amigos espirituais, os que a ampararia e a protegeriam desde o início do seu primeiro vagido...

A chegada de um novo ser num lar é sempre motivo de muita alegria, e assim também o foi, quando após o seu nascimento, foi entregue aos pais por aqueles que a recepcionaram:

– É uma menina muito linda que lhes chegou!

A alegria da mãe foi muito grande, que já a amava e a esperava com carinho, mesmo sem saber quem ali estava.

– É uma menina, querido, veja! Você preferia um homem, como sempre todos os pais o desejam, mas é uma menina e nós a amaremos muito. Veja como é bonitinha! Precisamos dar-lhe um nome! Eu já tenho em minha mente um nome para ela, se você concordar...

– Como gostaria de chamá-la?

– Eu gostaria que se chamasse Angélica!

— Pois então a chamaremos Angélica! Esse nome parece que já lhe fica muito bem!

Aquele espírito em redenção, já ali estava, recebido com muito amor, o que lhe seria benéfico pois teria deles o carinho e a dedicação que todos os espíritos precisam receber, ao chegar, para se sentirem amados, queridos e amparados.

Conforme a própria natureza e os desígnios de Deus, a pequena Angélica, dia a dia, desabrochava, crescia e se desenvolvia, para que os Seus ditames fossem cumpridos, e também a parte dela fosse realizada.

Desde cedo Angélica demonstrou ser uma criatura terna, dócil e obediente. A mãe, a quem era mais apegada, sentia junto dela a felicidade que as mães sentem, em contato com um filho que partiu do coração para os seus braços, e fazia dela os momentos de sua maior alegria. Outro irmão também se achegou ao lar, que passou a ser composto dos pais e de dois filhos — ela, a menina, a doce Angélica, e ele, o irmão, companheiro dos folguedos e das distrações.

O crescimento se dava e ela se transformava. Frequentava já escolas, nas quais demonstrava a inteligência arguta que trazia, e se destacava entre os companheiros, orgulhando os pais.

— Que carreira seguirá a nossa filha? O que desejará fazer em continuidade a seus estudos?

Muito cedo eles tiveram a resposta, não em palavras, mas pelas próprias tendências que demonstrava. Não gostava muito das artes, não se apegava à literatura nem ao estudo de línguas, mas demonstrava, desde cedo, um interesse muito grande pelo científico. O que ela podia observar nos livros e lhe chamava a atenção, estimulava-a cada vez mais. Na sala de aula, a cadeira de ciências era a que despertava nela maior interesse. A biologia, sim, a biologia, o estudo das funções do corpo humano, a química com suas composições e decomposições de elementos, tudo tinha para ela grande interesse.

Estavam bem definidas as tendências que trazia, não para aquela encarnação apenas, mas desde há algumas anteriores. Ao chegar o momento da definição da carreira, optou pelo Curso de Farmácia. Queria ser uma farmacêutica para estudar os medicamentos e os elementos que os compunham.

– Por que desejou, filha, ser farmacêutica? Teremos, após, que adquirir uma farmácia onde você possa trabalhar.

– Não, papai, não quero ter minha farmácia! Não desejo trabalhar apenas vendendo remédios ou preparando-os! Não é isso que pretendo!

– Por que, então, esses estudos?

– Eu quero muito mais que ser uma simples vendedora ou manipuladora de medicamentos! Quero trabalhar com eles, sim, mas para estudá-los, pesquisá-los nos seus efeitos, na sua composição, no que eles podem ou não ser úteis aos pacientes!

– Mas isso não é trabalho para mulher!

– Como não, papai! Hoje as mulheres e os homens realizam trabalhos semelhantes, as oportunidades são as mesmas e eu irei buscar a minha oportunidade. O senhor sabe que sou corajosa e aplicada no que desejo, e conseguirei o que quero!

– E como chegará a esses caminhos?

– Tenho o exemplo dos meus mestres, e quero ser também um deles! Desejo ser professora, poder trabalhar com os alunos, ensinando-os, orientando-os, e, ao mesmo tempo, ter o meu laboratório para pesquisas, experimentos, aulas práticas como os professores o têm! Vê, papai! Já tenho tudo em mente o que farei! Trabalharei para isso, e hei de conseguir!

– Que Deus a abençoe, filha, a proteja e a conduza por esses caminhos que deseja! – dizia-lhe a mãe.

– Eu conseguirei!

Assim decorria o tempo!... Mais alguns poucos anos, e Angélica tinha o seu diploma em mãos, para o cumprimento de seus desejos, no campo profissional. Nesse campo tudo se realizava conforme o programado e a sua grande vontade.

E a outra parte da sua planificação, ligada à moral cristã, à religião, que também trouxera para ser desempenhada, quando se lhe achegaria? Como sempre ocorre, quando ainda somos jovens, pouco nos lembramos de elevar o pensamento a Deus. Somos sadios, temos recursos para realizar o que desejamos, e a religião fica um pouco esquecida; o tempo de que dispomos é pouco para todos os arrebatamentos da juventude... Angélica tinha a crença em Deus – sempre a tivera – mas a prática religiosa se limitava ao comparecimento à igreja poucas vezes, o necessário para se sentir em paz com Deus e consigo mesma.

A vida de Angélica prosseguia, e aquela oportunidade tão almejada lhe chegou. Uma vaga surgiu, na universidade onde estudara, justamente no campo que desejava, e para ela concorreu com muito esforço, e foi aprovada. Conseguira, entre tantos candidatos, o lugar que muitos pretendiam, não porque viera com essa determinação, mas porque a ele fizera jus com o seu esforço no querer e no aplicar-se.

Como acontece à maioria dos jovens, por esse tempo ela estava já enamorada de um rapaz com o qual pretendia se casar, cujo matrimônio foi marcado e efetuado conforme desejava, logo que conseguiu o seu trabalho.

Até então, a vida de Angélica estava transcorrendo como os amigos espirituais, aqueles que a observavam e a amparavam, desejavam, cujo conhecimento eles possuíam através dos que a acompanharam para protegê-la.

# 02

DEDICADA AO LAR e à sua profissão, nesses dois afazeres desvelava-se.

Durante o tempo que não para suas horas, e, na sucessão dos dias, também seus filhos começaram a chegar, e o seu lar estava já composto por três rebentos que vieram aumentar a família, aumentando-lhe cada vez mais as responsabilidades. A vida na capital do Estado de São Paulo, onde Angélica havia nascido, crescido e levava a sua vida, tornava-se difícil.

A dificuldade da cidade grande envolvia também a profissão de seu marido, e eis que um dia, grande oportunidade surgiu para que ela se transferisse para uma cidade mais calma do interior, que lhe oferecia uma vaga em sua faculdade, nas mesmas condições de trabalho que possuía em São Paulo. Consultado, o esposo resolveu que poderia aceitar, porque teriam mais facilidade de promover a educação e cuidados que os filhos, ainda crianças, requeriam. O menor, o seu caçulinha, era muito pequeno; as obrigações fora do lar levavam-na a deixá-los em mãos estranhas, que deles cuidassem e, numa cidade do interior teriam melhores condições.

Assim, eles não vacilaram muito, e promoveram a sua mudança e instalação nessa outra cidade, estranha para ambos, mas acolhedora, que os recebeu bem, logo conquistando amigos, principalmente os do ambiente de trabalho. A mãe de Angélica, já dependente dela, pois se encontrava muito enferma e necessitada da ajuda que a filha lhe dava, não teve outra solução senão acompanhá-la, para também continuar a receber o carinho e as atenções da filha. A sua vida passou a ser difícil por todas as atividades que procurou conciliar, não deixando de dispensar o carinho e a assistência à mãe

Os dias passavam e Angélica, já despertada por outros pensamentos, começou a ter a sua atenção e interesse voltados para os centros espíritas, aqueles locais onde poderia, no tempo adequado, conforme aprendera no mundo espiritual, ressarcir tantos débitos trazidos... Sua vida era difícil, e, sem saber dos compromissos tão profundos que trazia, vinha vivendo-a de forma correta e dedicada às suas obrigações familiares e profissionais, que não permitia a aproximação de algum irmão infeliz do passado. Ela nunca percebera nada, porque eles nunca haviam tido a oportunidade de encontrá-la. Angélica era outra, tão diferente daquela que conhecemos em encarnações anteriores. As mesmas características de destemor e determinação, mas até então, aplicadas ao bem e às responsabilidades que desenvolvia com muita correção.

Mas a semente que trazia já a impulsionava de há muito, a procurar um centro espírita. Era onde teria o ensejo de desenvolver um trabalho que a redimisse, e, mesmo sem ter esse conhecimento, uma força estranha a incitava a visitar um lugar desses. Ela já andava interessada por essa doutrina da qual ouvia referências que lhe despertavam a atenção, e estava lendo alguns livros, cujos ensinamentos começaram a fazer com que aquela semente que trouxera, germinasse, fortalecendo a sua vontade de estudar e de aprender muito.

Quando chegou à nova cidade para a qual se mudara, procurou saber onde encontraria um centro espírita que tivesse as condições de lhe oferecer conhecimentos e condições de trabalhar. Indicaram--lhe a casa que imaginaram, seria a mais adequada a tantos anseios que ela demonstrava. Com a sua docilidade e desejo não só de aprender, mas também, o quanto pudesse, de levar a sua colaboração em trabalhos de ajuda a tantos que ali se achegavam, Angélica começou a frequentá-la. O que faria, ainda não imaginava, mas ficaria atenta ao que estivesse mais em acordo com os seus conhecimentos, e se ofereceria.

A doutrina espírita estava já bastante difundida e, na casa que devia frequentar, ofereciam muitas oportunidades, tanto de atendimento espiritual para necessidades mais urgentes, como cursos e palestras de esclarecimento e aprendizado para todos os que desejavam ampliar seus conhecimentos espirituais e doutrinários, oferecendo, também, recursos materiais em assistência a famílias carentes. Enfim, era um local onde ela estaria muito bem, e teria, à sua disposição, as atividades que quisesse desenvolver, para aplicar a sua inteligência, boa vontade e dedicação.

O mundo espiritual estava feliz com o desempenho daquela que havia partido há alguns anos, trazendo propósitos tão firmes de desempenho e de esforço, para que o resguardo de si própria se fizesse e ela pudesse passar por essa encarnação, tão importante que lhe seria, ilesa não só de erros, de faltas, mas do assédio de tantos que a queriam de volta em suas fileiras, e ilesa de tantos outros que haviam sido prejudicados por ela. A esperança que nutriam em seu trabalho era grande, e sentiam que ela poderia se sair vitoriosa. Todos aqueles que a ajudaram, no mundo espiritual, prestavam-lhe assistência e intuíam-na para as boas ações.

Quando chegou a essa casa espírita, tão simples e humildemente se postou para a assistência de palestras, sem se manifestar logo de início. A casa iria oferecer mais um dos seus cursos sobre doutrina espírita, para o aprimoramento daqueles que por ela se interessassem, e Angélica procurou frequentar um deles. E foi na frequência desse curso, que ela pôde tomar conhecimento mais sistemático dos postulados que essa doutrina propõe ensinar, a fim de esclarecer os seus adeptos ampliando-lhes os conhecimentos. A cada lição que aprendia, Angélica mais se empolgava. Como sempre queria saber mais e mais, procurou a dirigente, encarregada de ministrar tais cursos, para aprofundar um esclarecimento sobre a aula ministrada, pedindo que lhe indicasse livros sobre o assunto abordado.

# 03

ANGÉLICA COMEÇOU, AOS poucos, a introduzir-se nas atividades daquela casa, colocando-se à disposição para ajudar e, sendo a necessidade de trabalhadores tão grande, as atividades lhe foram chegando e crescendo muito. Trabalhadores imbuídos do desejo de colaborar, não aparecem com facilidade, mas quando um adentra a casa, não só para receber, mas para doar, é acolhido com muito carinho e muitas esperanças, como Angélica o foi!

Ela começou a ajudar na parte burocrática, que uma instituição também tem a sua burocracia, pois opera com muitos papéis, muitos relatórios, relaciona-se com outras instituições, deve satisfações a entidades maiores à qual é subordinada, enfim, muito trabalho havia, e era nesse que, de início, ela sentia-se em condições de colaborar.

A sua finalidade e desejo maior, porém, não era ficar circunscrita a esse tipo de ajuda, muito importante de início, mas ela queria muito mais. Estudava a doutrina com mais profundidade, lia muito, assistia a palestras e fazia cursos, não só para a sua ilustração, mas para poder, no momento certo, também dar a sua colaboração nesse setor.

As amizades iam se fazendo, pois os contatos, tanto na ajuda que se dispôs a dar quanto na frequência às atividades da casa, aproximavam-na de muitos companheiros de ideal. Procurava, sempre que tinha oportunidade, participar de alguma conversação que pudesse ampliar os seus conhecimentos doutrinários, e o relacionamento com os companheiros ia se tornando maior. Já possuía, entre os participantes da casa, tanto dirigentes como frequentadores mais assíduos e trabalhadores dedicados, algumas amizades que procurava estreitar cada vez mais.

Dentre todas essas amizades que conquistava, algumas se destacavam mais por simpatias mais profundas, pelo desejo de trocar ideias, de ampliar conhecimentos, e fizera, entre algumas mais chegadas, uma que considerava muito importante. Nessa casa que frequentava, uma senhora havia que se destacava entre os outros, pela sua aplicação nos estudos doutrinários, na transmissão de palestras e ainda ministrava cursos de caráter doutrinário. Era dona Lígia! Foi dela que Angélica se aproximou logo, para pedir um esclarecimento, como relatamos há pouco, e assim continuou em outras ocasiões para desfazer dúvidas, complementar conhecimentos, trocar ideias a respeito de alguma leitura, e também colocar-se à disposição para dar sua colaboração.

Tanto interesse e desejo de aprimoramento, tanta simpatia e docilidade demonstrou, que a conquistou rapidamente, tornando-se muito boas amigas. Conversavam muito, trocavam ideias, anseios salutares, uma se sentia feliz da companhia da outra e o convívio entre elas se intensificava.

A simpatia entre ambas era muito grande, e, aos poucos, essa amizade começou a ultrapassar os limites das paredes da casa espírita, e adentrar também os da residência de cada uma. Era um comprazer de sentimentos fraternos e ideais semelhantes, e, juntamente com a amizade, a cultura espiritual de Angélica aumentava.

A casa mantinha, já há alguns anos, uma reunião de caráter mediúnico, destinada ao tratamento de obsediados, sob a direção e orientação de Lígia. Pois bem, Lígia, movida pela amizade fraterna que as unia e pela identidade de objetivos, convidou-a para participar desse trabalho, colaborando através de pensamentos nobres e do firme desejo de ajudar.

Angélica aceitou, muito contente, pois que era uma atividade muito importante que a casa mantinha, para a qual se reuniam médiuns dedicados e de grande capacidade, como também outros colaboradores. Ficavam felizes quando para ele era levado algum necessitado, às vezes, sem capacidade de raciocinar por si próprio, tão obsediado se encontrava, e vê-lo, aos poucos, melhorando, recobrando o equilíbrio, tornando-se lúcido de suas ações e liberto de tanto sofrimento. Esse era o objetivo maior desse trabalho que atendia a tantos, e cuja procura aumentava sempre mais.

Para Angélica, ter a oportunidade de também levar a sua colaboração, foi muito importante. Ela teria acesso a uma reunião valiosa de auxílio, mas muito proveitosa a ela também, pois ouviria através da comunicação, o depoimento de irmãos infelizes, colocando os seus problemas, abrindo o coração para as suas necessidades, como também a de obsessores mais ferrenhos, com suas histórias tão tristes, quando, um dia, foram vítimas daqueles a quem obsediavam. Era um exemplo que se abria à sua frente, como um ensinamento e um alerta valioso, demonstrando-lhe que, quando um errava em relação a outrem, fazendo-se seu algoz, um dia, mesmo que encarnações sucessivas passem, se o atingido não conseguiu perdoar e se libertar, procura a sua presa e a toma por completo, quando a encontra, tirando-lhe a capacidade de raciocínio lúcido, tirando-lhe a paz, tirando-lhe a alegria e a vontade de viver.

Quando o algoz de ontem e vítima de hoje tem a felicidade de ser encaminhado a um lugar desses, as possibilidades de libertação são muito grandes. O obsessor é afastado para sempre, e o obsediado passa a ser uma pessoa equilibrada.

Muitos não familiarizados com todo esse processo, poderão indagar:

– Como poderá ser afastado para sempre, se há séculos, às vezes, esteve à procura de seu verdugo, se o obsediou por encarnações seguidas?! O que realizam nessas reuniões que o espírito necessitado, alimentando ainda um forte desejo de vingança, é levado, retirado para sempre?

Esse é o empenho maior e mais importante que é realizado: ao mesmo tempo que se promove o alívio do encarnado, se processa também a redenção do espírito, que se liberta para sempre do ódio que o envolvia.

– E como um espírito que o acompanhou durante tanto tempo, convence-se de que deve ser levado?

– O mundo espiritual tem recursos infindáveis para isso, e os utiliza com muito amor, em favor da libertação de ambos – obsediado e obsessor! Se eles sentem o amor que lhes é direcionado, o carinho que há muito não encontravam, o entrever de uma vida melhor voltada às suas necessidades, em locais amenos e agradáveis, o entrever de criaturas queridas que o amavam, eles confiam e se convencem a deixar o algoz tão odiado de um passado infeliz, para que um presente mais feliz e esperançoso os leve junto daqueles a quem amou.

Estas rápidas pinceladas podem dar uma ideia do que pode ocorrer às entidades trabalhadas pelos espíritos bons, orientadores e auxiliares, que compõem o lado espiritual do trabalho.

A totalidade do que ocorre nesse lado, porém, não é aberta aos participantes do mundo encarnado, que têm apenas algumas noções do que se realiza, através das instruções e das orientações trazidas pelas comunicações dos mentores. Unida a essa, uma outra parte de responsabilidade dos encarnados também é de grande importância, para esse tipo de trabalho: são os orientadores, os médiuns que têm a possibilidade de servir de instrumento entre o mundo espiritual e o mundo dos encarnados, e os doutrinadores ou esclarecedores que conversam com os espíritos comunicantes através dos médiuns, atividade essa de grande significado, pois dependendo da condução que eles dão ao diálogo, é que advêm as facilidades que o mundo espiritual encontra para, ao mesmo tempo, trabalhá-los, conforme já expusemos. E, finalmente, há os sustentadores que ajudam com suas preces, movidos pelo desejo de minorar o sofrimento daqueles infelizes que se apresentam.

O encarnado não avalia tudo o que está ocorrendo no lado espiritual, embora alguns médiuns videntes possam ter vislumbres de momentos e de situações, mas não têm a visão total e ampla de todo o ambiente, e, muito menos, de tudo o que envolve um trabalho desse tipo, portas afora.

Os encarnados felizes ficam dos resultados que vão sendo obtidos, dos necessitados que vão conseguindo melhorar, à medida que seus obsessores vão sendo retirados nesse trabalho conjunto – encarnados e desencarnados, num congraçamento de esforços e amor de ambas as partes, pois que uma nada realizaria sem a outra. É o dispor-se com amor, com o firme desejo de ajudar, que dá aos espíritos bons a possibilidade e a oportunidade de realizar esse trabalho em favor de tantos.

# 04

NO DIA E hora marcados, até com bastante antecedência, Angélica já se fazia presente e permaneceu em conversas amenas com alguns membros do grupo, que já conhecia. Logo após, quando chegou a dirigente e orientadora encarnada, todos adentraram a sala onde os trabalhos se realizariam.

Cada um tomou seu lugar. Para uma atividade dessa natureza é muito benéfico que se mantenham sempre os mesmos lugares, a fim de que os espíritos mentores e auxiliares se utilizem dos trabalhadores, segundo as necessidades e intenções que trazem, e segundo as habilidades e possibilidades de cada um. Quando todos estavam acomodados, menos Lígia e Angélica que ainda permaneciam em pé, Lígia tomou da palavra, dizendo:

– Quero apresentar-lhes um novo elemento – Angélica – que, a partir de hoje, estará conosco neste trabalho. A maioria dos que aqui estão já a conhecem, pois ela vem participando de muitas das atividades da casa, e como tem demonstrado ser uma pessoa de boa vontade, tanto no aprender como no auxiliar, convidei-a para que conosco estivesse, trazendo-nos também o seu auxílio, juntamente com o aprendizado que todos nós realizamos aqui, nesta sala. A princípio, ela será apenas uma sustentadora, como já temos alguns, e, no futuro, deixamos a cargo de Deus, de Jesus, e do seu desejo de participar no que revelar maior boa vontade e aptidão!

Feliz com estas palavras, Angélica agradeceu-as com um sorriso, e logo em seguida foi-lhe indicado um lugar vago, que ela passaria a ocupar a partir de então, para o desenvolvimento do trabalho.

Tudo transcorreu de forma habitual. Muitos médiuns receberam diversas entidades necessitadas, que acompanhavam os que se encontravam em tratamento, as quais foram esclarecidas e orientadas.

Cabe aqui uma pequena explicação: Os que se encontravam em tratamento, aqueles que eram o objetivo e finalidade do trabalho, a ele não tinham acesso. Ficavam em uma outra sala, quase contígua, em leituras edificantes e preces, quando tinham condições de fazê-lo, e logo após permanecerem assim, por mais ou menos meia hora ou um pouco mais, podiam retirar-se. Isso tudo ocorria, após terem tomado o passe, pelos mesmos médiuns que participavam da reunião mediúnica, e ouvirem pequena explanação evangélica, proferida pela orientadora ou algum outro convidado para esse fim.

Terminado esse parênteses, voltemos ao ponto em que dizíamos que a reunião transcorrera normalmente. Durante a sua realização, Angélica tinha a sua atenção despertada pelo modo como os doutrinadores conduziam a conversa com os espíritos comunicantes. Os que realizavam essa tarefa, demonstravam muito amor e muito carinho pelo necessitado desencarnado, que contava as suas desditas, realizadas pelo obsediado, e deles tinham muita piedade. Esforçavam-se para convencê-los a deixarem empreitada tão funesta a eles mesmos, pois quanto mais permanecessem atrapalhando, prejudicando, mais compromissos para si próprios, adquiririam, retardando também a sua evolução espiritual.

No final, sempre um mentor espiritual transmitia a sua palavra através de um médium, trazendo aos encarnados a sua orientação evangélica de estímulo aos participantes, bem como uma orientação específica em relação aos necessitados do tratamento. Ao término, todos estavam felizes do trabalho realizado, da oportunidade bem aproveitada, e revigorados pelas palavras de coragem, fé e estímulo recebidas.

Encerrada essa primeira reunião a que Angélica compareceu, Lígia perguntou-lhe a sua impressão.

– Encantada estou, Lígia, primeiro pela oportunidade de ter estado presente, aqui, participando de trabalho tão benéfico, e depois, porque pude retirar dele muitas lições para mim mesma.

– É verdade! Tudo o que aqui sempre ouvimos, serve, em primeiro lugar, para nós próprios. Cuidando das nossas ações, trabalhando no bem, nunca estaremos em situação semelhante a dos nossos tratados, tanto os encarnados como os espíritos necessitados que aqui vêm. Se soubermos perdoar, mesmo que sejamos atingidos e prejudicados por alguém com quem convivemos, ao partir deste mundo, não levaremos mágoas nem desejos de vinganças, e poderemos cumprir a nossa vida de espíritos libertos, tendo como meta maior, o progresso que o Pai deseja, seus filhos realizem.

– Estou muito feliz da oportunidade que me deram, e quero, um dia, se me for permitido continuar, ser também uma trabalhadora, aqui dentro, como todos os que aqui se encontram.

– A nossa oportunidade de trabalho vem da nossa boa vontade, e não há necessidade de que ninguém nos procure para oferecê-la! Se temos em nós o desejo de ajudar, mesmo que no momento ainda não sejamos portadores das condições necessárias, nós nos esforçaremos e as conquistaremos. Tudo depende somente de nós!

– Esforçar-me-ei para ter essas condições, pois quero, colaborando, aprender muito e progredir mais, não só no conhecimento, como também nas minhas ações!

Angélica deixava a reunião, feliz da oportunidade, mas mais feliz porque já fazia propósitos de colaborar. Sim, daria a sua colaboração no momento em que sentisse, estivesse já preparada. Encantou-se ao ver os doutrinadores conversarem com os espíritos comunicantes, e sabia que também poderia ser um deles. Preparar-se-ia ainda um pouco mais, e imaginava que não estava longe o dia em que procuraria Lígia para lhe dizer que também gostaria de testar a sua capacidade de conversar com os espíritos, e sua habilidade em convencê-los.

No transcurso dos dias subsequentes, ela pensou muito nesse seu propósito, que ainda era só seu.

As suas atividades na casa iam sendo desenvolvidas, juntamente com o trabalho profissional e as responsabilidades domésticas, que eram grandes, conquanto sempre auxiliada por uma ajudante de serviços gerais, pois que suas obrigações a tiravam muito do lar. O esposo encontrara dificuldades de se estabelecer na nova cidade, ou de conseguir uma colocação à altura de seus anseios e capacidade, e há tempos não tinha nenhum trabalho, sendo obrigado a viver dos proventos recebidos por ela, situação que para ele era triste e humilhante.

A enfermidade da mãe, requerendo cada vez mais a atenção da filha, prolongou-se, até que seu físico, não suportando mais, liberou o seu espírito, que partiu para a Pátria Espiritual, deixando-a consternada.

A vida de Angélica não era tão fácil, mas ela era destemida, corajosa e esforçada, e, apoiada nos ensinamentos evangélicos, nas orientações que ouvia, nas leituras que realizava, nas palavras amigas de conforto que recebia, ia desenvolvendo a sua tarefa neste orbe terrestre. Tinha, do mundo espiritual, muito amparo e proteção, e era motivo de muita alegria daqueles que a prepararam para esse retorno, pois viam nela, até então, o cumprimento de promessas realizadas, o encaminhamento correto das finalidades a que se propusera, dentro dos planos que haviam realizado. Mas, testes muito importantes para o seu ressarcimento, ainda faltavam chegar...

Quando para o mundo dos encarnados somos enviados, seguindo uma planificação, temos, a par de muitas realizações e tarefas, que nos defrontar com inimigos do passado, para que o desfazer de rancores se faça, e transformemos desafetos antigos em afetos queridos ao nosso coração.

Com Angélica não seria diferente! Era muito devedora e teria, nessa encarnação, conforme o que lhe fora programado, a oportunidade de ressarcir muitos débitos através do trabalho, da união e condução familiar e do desempenho da sua atividade profissional, voltada exatamente para pontos em que falhara, não só na existência anterior, que nos foi aberta plenamente, mas em outras intermediárias entre aquela primeira que ela própria vivenciou no mundo espiritual. Assim teria também que se deparar com antigos desafetos.

E como retornam conosco os nossos desafetos? Não como novos desafetos, pois se assim fosse nunca seria efetuada a transformação de sentimentos. À primeira vista e através da Providência Divina, somos colocados a viver num círculo familiar ou de amigos, de companheiros de profissão ou de outros ideais, com muitos daqueles com os quais devemos nos defrontar. Se soubermos conviver, compreender e procurar superar problemas que possam surgir, desfaremos para sempre do nosso espírito, rancores antigos, transformando-os em amizades perenes.

É por essa razão que devemos nos esforçar para superar antipatias gratuitas, pois é num passado recente ou mais distante que elas têm sua origem, e é do nosso mais profundo interesse nos libertarmos desses sentimentos, o mais rapidamente possível, livrando o nosso espírito de compromissos que poderão continuar em outras encarnações.

Quando Angélica foi levada a se mudar, aceitando um trabalho nessa nova cidade, por impulso, por desejo de uma vida melhor, estava já determinado que essa oportunidade lhe viria às mãos.

Reunidos foram, nesse local, e mais especificamente, agora partilhando do mesmo ideal em Cristo, alguns daqueles mesmos com os quais ela já havia convivido em passado distante, não apenas uma vez, mas diversas vezes, ora como comparsas de realizações maléficas, ora como adversários prejudicados por ela. Agora ela teria de defrontá-los. Se conseguisse sair ilesa desse teste por que deveria passar, muito progresso faria, mas se caísse novamente, muito trabalho ainda teria para realizar.

Nada disso, porém, era aberto, nem a Angélica, nem aos outros membros daquela comunidade espiritual a que ela se filiara, imbuída das melhores intenções. Os que ali se reuniam, já haviam conseguido aprender, aceitar e trabalhar em favor de outrem, e, com isso, conseguiram progredir bastante, razão pela qual esse reencontro se dava num local em que a proteção espiritual era grande, assim como a oportunidade de ressarcirem seus débitos, amparados pelos amigos espirituais.

# 05

OS ENCONTROS SE realizam, programados por Deus, para que sejamos provados em nossos propósitos, em nossas ações, e muito mais ainda, em nossos sentimentos.

Sabemos que o acaso não existe, e sabemos também que somos levados a viver numa teia de entrelaçamentos, da qual fazem parte afetos e desafetos, amizades e inimizades antigas, rancores e mesmo ódios, dos quais, aqui, não nos lembramos. A sabedoria divina nos leva a nos defrontarmos com os mesmos com os quais já digladiamos, já prejudicamos ou fomos prejudicados, e até com os que amamos, para que, no saldar dos nossos desafetos, tenhamos também, junto a nós, companhias que nos são muito caras e que contribuem para que a nossa vida tenha o interlúdio de simpatias, de afetos e de amor.

Angélica, sem o saber, reencontrava alguns desafetos do passado, e seria provada a conviver com eles de forma fraterna, principalmente porque os encontrava em um local onde a pureza de sentimentos e ideais devia ser preservada.

A simpatia entre todos era grande, e não é no momento em que tudo são alegrias e ideais concordantes, que somos testados. Os testes se nos achegam nos momentos em que menos esperamos, surpreendem-nos, e da nossa condução nesses momentos, é que seremos ou não aprovados diante de Deus.

Àqueles que abraçam a doutrina espírita e sabem da amplitude das existências sucessivas, nada disso é novidade. Todavia, quando partilham do mesmo ideal nobre, dos mesmos ideais doutrinários e das mesmas crenças, não imaginam que isso possa acontecer. Supõem até que formam um grupo fraterno, coeso e uno, em missão de ajuda, e que, com tantas afinidades, foram levados a se unir para um trabalho elevado, visando ao seu progresso espiritual, e nunca, nada, poderá surgir que o desagregue.

Esse conceito não é de todo errado, mas as provas e testes têm o seu momento certo, e, às vezes, de um pequeno ponto sem importância, começa o desenrolar de teias antigas que servirão para que delas nos desvencilhemos, ou para que nelas nos emaranhemos mais.

Deixemos, porém, essas considerações que são benéficas e nos alertam, mas ainda não é o momento de nelas pensarmos. Se, no futuro do discorrer desta história, houver necessidade, os leitores retornarão a estas páginas para relê-las e compreender melhor o que afirmamos. Se não houver necessidade, que elas não fiquem esquecidas, e que sirvam a cada um de nós, quando nos virmos envolvidos pelas teias que nós próprios criamos.

As atividades naquela casa espírita iam transcorrendo, oferecendo a muitos, muitas oportunidades. Angélica ia se inteirando de cada uma delas e levando a sua colaboração, ou em trabalho material ou em idealismo que expunha, principalmente à sua então muito amiga Lígia, e ambas, juntamente com outros colaboradores da casa, desenvolviam um trabalho muito benéfico no campo doutrinário.

A colaboração do mundo espiritual, nesse sentido, é muito vasta. Os conhecimentos são transmitidos pelos orientadores espirituais através de médiuns que os recebem, e os transformam, após, em livros de esclarecimentos com exemplos concretos, e mensagens de alento e força. Assim, os estudos eram realizados, cursos organizados, dos quais Angélica já participava, ministrando algumas aulas.

Sempre que as aulas terminavam – frequentadas por muitos interessados no aprendizado – ela era procurada por alguns que lhe levavam seus problemas, que todos os têm, desejosos de ouvir uma palavra de estímulo, compreensão e força, aliada à docilidade da sua expressão. Saíam encorajados e muito agradecidos.

No grupo a que fora levada a participar, como sustentadora, já era doutrinadora. Havia, nesse trabalho, dois outros que desempenhavam essa função, e que se revezavam no conversar com os espíritos – uma senhora muito experiente, com bastante capacidade de penetrar no âmago de cada problema dos comunicantes, conseguindo muito em favor deles mesmos, e um jovem senhor, que demonstrava muito entusiasmo e persistência em tudo o que fazia, embora não tão experiente quanto a senhora a que nos referimos, mas muito esforçado, organizado e que muito ainda prometia no campo que havia abraçado.

Angélica foi levada a desempenhar essa função, revezando-se com os outros dois, e demonstrava, a cada experiência, que havia nascido para aquele trabalho, tão dócil, tão compreensiva e tão convincente se mostrava a cada necessitado. Ela progredia muito nesse campo, e estudava bastante, para sempre ter argumentos que os convencessem a deixar empreitada tão maléfica, não só ao tratado encarnado, mas muito mais a eles próprios.

# 06

OS DIAS, QUE são um marco muito importante na sucessão do tempo, transcorriam, e Angélica fazia da profissão, do seu lar e da sua aplicação nas tarefas e estudos espíritas, a sua vida. Tão feliz e tão imbuída estava de suas convicções doutrinárias e de suas responsabilidades, que poderemos até dizer – sem medo de estarmos cometendo uma falta – que ela colocava a casa espírita, com tudo o que lhe oferecia em aprendizado, aprimoramento e oportunidades, num lugar mais importante para ela, que o próprio desempenho profissional, e, em muitas horas, que a própria família.

Não nos esqueçamos de que Angélica trazia determinação e, às vezes, ainda deixava transparecer também a sua obstinação, que a levava ao fanatismo, tão intensamente se envolvia nas atividades doutrinárias da casa, e fazia-se já uma colaboradora quase imprescindível à sua amiga Lígia.

E assim o tempo ia passando, a amizade com os elementos do grupo de trabalho também ia se intensificando, e Flávio, aquele jovem senhor a quem já nos referimos, admirava-a muito. O seu trabalho, a sua dedicação, os seus argumentos, tudo realizado através de uma meiguice própria do seu caráter.

Quando tinha oportunidade, ele apreciava uma conversa com

ela, pois que a simpatia era grande. De cada diálogo que mantinham, Flávio saía sempre levando consigo um conhecimento novo ou algum comentário sobre algum livro, despertando nele o desejo de também lê-lo. Até para problemas particulares, às vezes, a procurava, pedindo-lhe alguma orientação, um conforto para um direcionamento. Era uma amizade pura e fraterna, embora Angélica observasse nele, quando juntos, um brilho diferente e estranho em seu olhar, deixando o seu coração também feliz, sem saber o porquê!... Era casada, correta, honesta e cônscia de suas obrigações no lar, junto do esposo e na orientação dos filhos, como ele também o era. Nunca, nenhum pensamento menos digno havia passado pela mente de nenhum dos dois.

Era, nesses instantes, um passado que voltava, do qual nem por sombra tinham ideia. Quando dissemos que Angélica havia se mudado para um local onde reencontraria convivências antigas, não estávamos enganados, e apenas aguardávamos o momento de ir apresentando-as, conforme o transcorrer dos acontecimentos. Pois era verdade! Flávio tivera convivências antigas com Angélica, e não só com ela, mas com a própria orientadora e dirigente daquele grupo de trabalhos mediúnicos, para o qual ambos haviam sido levados a colaborar.

Passado muito antigo deveria ser ressarcido! Angélica tivera já uma oportunidade de convivência mais estreita com ele, por isso uma grande simpatia os envolvia. Essa simpatia, porém, não conseguiu encobrir totalmente um ódio muito antigo, em que as duas – Angélica e Lígia – o prejudicaram muito, imbuídas que eram do poder de decisão sobre a vida de quem entendiam, prejudicava os interesses da Igreja. Sim, falamos da época da Inquisição, em que ambas, envergando autoridade clerical, tinham o poder de decidir, de julgar e de mandar executar, e foi o que fizeram, não só com ele, mas com muitos outros.

Mas deixemos esses compromissos antigos, e nos situemos no momento atual, quando reunidos, estavam tendo o ensejo de desfazer rancores e ressentimentos da parte de um, e trabalhos maléficos e comprometedores, da parte de outro.

Se voltarmos nossos olhos a outro passado mais distante, àquele tempo em que Angélica mesma vivenciou a sua existência naquele convento, quando irada e revoltada executou muitos trabalhos com aqueles mulambos dos quais já falamos, a encontraremos prejudicando Flávio em seus anseios de progresso no mundo da Igreja, quando os clérigos lhe pediam que orasse, para que postos fossem conseguidos. E ela "orou" para o que eles desejavam, tendo, em suas "orações", prejudicado um cargo importante que ele ocupava, em favor dos que lhe pediam.

Mas o tempo passou, muitas oportunidades se fizeram, e dentre elas, uma muito importante lhes foi dada para uma convivência de amor, sem que nenhum trouxesse qualquer resquício de possibilidades mediúnicas, para que nada interviesse nessa convivência de ressarcimento de ódios e prejuízos. Sim, creio que os leitores já sabem a quem nos referimos! O querido Gustav de Ingrid, o seu amor, o seu companheiro, a ela unido para que, independente de práticas ou ideais religiosos, pudessem ter uma vida que os congraçasse em relação à profissão, que se faz sempre um ponto muito importante para que afinidades proporcionem ensejos, e eles se fizeram. E, embora não intencionalmente, Ingrid o prejudicou outra vez...

O passado sempre volta em oportunidades, e, se as soubermos aproveitar em nosso favor, estaremos ressarcindo compromissos e progredindo muito. Mas, naquela oportunidade em que como Ingrid convivera com Gustav, já era um passado retornando. Compreenderemos melhor, se nos lembrarmos de que, apesar da grande simpatia que sentia por ela, pois que renascera para uma convivênvia de acertos, ele relutava muito em aceitá-la. Sabedor de que Ingrid, naquela época, já o amava, lutava consigo próprio, sem compreender a causa do receio que trazia no seu inconsciente, até que aquele impulso que dá força e coragem para se agir conforme o programado, fez com que ele, abruptamente, a pedisse em casamento.

A vida de ambos fora tranquila, a convivência agradável. Ingrid amava-o, e, quase ao final dos acontecimentos, ele reconhecera que também a amava. Contudo, por essa ocasião, o quanto ela já havia errado, o quanto deixara que forças maléficas interferissem nas suas atitudes, e quanto mal praticara a tantos e a si mesma. Gustav procurou ajudá-la, mas não pôde impedi-la de tomar aquela atitude de covardia, diante das suas responsabilidades.

Indiretamente ela o prejudicara muito novamente. Sempre digno, correto e dedicado, de um momento para outro se vira envolvido em crimes tão hediondos, pois estava sendo acusado de conivência também. O ato final praticado por ela, livrou-o de acusações. Mas como continuar aquela carreira sempre ilibada, após um escândalo tão grande? Procurando afastar-se do meio onde se sentia envergonhado, e onde sempre seria apontado, mesmo que culpas não lhe fossem imputadas, também encontrou a morte.

Fora amparado e levado para locais onde, após o período de refazimento e adaptação à sua nova situação, tomou conhecimento de quem havia sido Ingrid em sua vida, em existências anteriores. Nunca haviam tido um relacionamento mais estreito, porém, fora muito prejudicado por ela. Primeiro em seus anseios de progredir na carreira eclesiástica que abraçara há séculos atrás, e após alguns outros séculos, novamente o prejuízo lhe chegara, pelas atitudes tomadas por ela mesma. Através da autoridade que possuía, ele perdeu a vida, a mando dela, no cumprimento de leis que lhe davam esse direito, se entendessem que, aqueles que não estivessem em acordo com o que a sua Igreja esperava, podiam ser eliminados, em nome da religião, em nome de Deus...

Tudo isso ele ficara sabendo, não obstante também soubesse que ressarcia débitos, não com ela, diretamente, mas que ela fora utilizada para que esses débitos fossem resgatados.

A decepção que sentiu foi muito grande, e pôde compreender o porquê da ação de Ingrid, culminando com o extermínio daqueles soldados sob os seus cuidados. Tinha a docilidade das irmãs de caridade, era dedicada, amorosa e terna, mas ainda não conseguira, naquela existência, despojar-se da sua obstinação no mal, que aflorava quando se sentia prejudicada, e era envolvida por desejos intensos de vingança.

Gustav tomara conhecimento de tudo, mas a Providência, que não deseja perder nenhum de Seus filhos, dava-lhes nova oportunidade de um reencontro, a fim de que, aplicados ambos a uma religião redentora, pudessem desfazer aquelas teias tão maléficas que os enredaram. No campo profissional nada teriam em comum, apenas afinidades no ideal religioso. A simpatia que os envolvia era grande, e era necessário que assim se fizesse, como que um recordar sem consciência, dos tempos felizes em que foram Ingrid e Gustav.

O tempo continuava seu curso, e ambos, juntamente com outros companheiros, estavam bastante integrados nas atividades da casa espírita, e empenhados no seu próprio aprimoramento.

Entretanto, nem sempre tudo caminha da forma como esperamos e visualizamos, com nossos parcos recursos que os olhos humanos nos fornecem, e muitos daqueles com os quais Angélica convivera e se aliara, e muitos dos quais prejudicara, encontraram-na. E como no mundo espiritual, a comunicação se processa apenas pelo pensamento, muitos mais se achegavam, sem, contudo, terem tido nenhum ensejo de aproximação. Viam a sua dedicação, o seu interesse, a sua modificação, e com ela não se conformavam. Não,

não era possível que estivessem se deparando com o mesmo espírito, imbuído de ideais nobres e altruísticos. Tinham que encontrar uma forma de ação e a aguardavam, mas junto dela estava difícil.

Nada impede a esses espíritos, embora apegados ao mal e só para o mal trabalhando, de desenvolverem a sua inteligência – que sempre é muito grande – e através dela trabalharem, sondarem e arquitetarem planos. E muitos planos arquitetavam, mas estava difícil qualquer ação. Eles queriam-na novamente no mal! Alguns, com desejo de outra vez serem instrumentos de ações pedidas por ela, pois viam-na como aquela mesma que ajudaram muito e outros com os quais se aliaram, queriam vê-la sofrer, do mesmo modo que ela os fizera sofrer. Não se conformavam em vê-la tranquila, feliz, desfrutando da ajuda dos amigos espirituais, enquanto eles, relegados a um distanciamento, apenas a observavam sem poder se aproximar.

Os planos eram realizados e tentados, mas sempre fracassados, até que um foi idealizado, no qual colocavam muitas esperanças e tudo o que desejavam para atingi-la, mesmo que muito tempo ainda demorasse.

# 07

SIM, ELES TAMBÉM trabalhavam por planos, muito bem concatenados e urdidos, envolvendo não só a ela, mas também aqueles que com ela conviviam, como o instrumento de que necessitavam, para que pequena janelinha fosse aberta, por onde pudessem se achegar.

Perguntarão agora os leitores: – E Deus, por que permite que isso se realize? Por que permite que outros sejam envolvidos e passem a ser instrumentos do mal?

Lembrem-se de que já dissemos que o acaso não existe, e que Angélica convivia com alguns dos que haviam sido prejudicados por ela. Quando há uma convivência, há muitos resgates para serem efetuados, e, se há resgates, as provas, os testes são permitidos por Deus, para que cada um demonstre o seu equilíbrio através do aprendizado já anteriormente realizado.

Cada teste tem o seu momento certo. E como saber se seremos aprovados, se testes não houver para comprovar? Por isso é que as provas nos são muito benéficas, não pelas provas em si, mas pela forma como as enfrentamos e pela nossa capacidade de resistir... Se nos utilizarmos de tudo o que já vivemos e aprendemos, unidos à nossa força de vontade e desejo de vencer, nós venceremos, e o que colheremos após, será muito maior do que nós próprios possamos sentir que merecemos.

Vejam a importância dos testes e das provas! Se não formos provados, não saberemos se progredimos. Mas se conseguirmos passar por todos eles com o firme propósito de vencer, sem nos deixar levar pelas sugestões dos nossos inimigos infelizes, e soubermos separar o que já armazenamos de bom em nós, e que não está em consonância com o que eles desejam, estaremos prontos para receber de Deus, a recompensa pelo nosso esforço.

Somos testados de muitas formas, seja pela enfermidade, seja pela convivência difícil, mas, às vezes, somos testados até de forma sutil, pela convivência com os próprios amigos encarnados, que, sugeridos, querem nos aconselhar, e confiantes neles, nos deixamos levar pelas suas palavras. Se isso acontece, porém, é porque ainda não estamos preparados em nosso aprendizado, em nossos sentimentos, para defender as nossas convicções.

Angélica seria testada, e um plano estava já elaborado pelos inimigos desencarnados, mas nada poderia ser feito senão por ela própria, pois que os testes são permitidos, como o dissemos. Contudo, como era merecedora, o amparo dos amigos espirituais seria grande, para que ela suportasse qualquer investida. Entretanto, ser ou não aprovada, dependeria dela somente, pois que os testes seriam dela, como os débitos o foram, e o mérito de livrar-se de antigos compromissos, também seria somente seu.

Mas deixemos que os testes surjam no momento em que forem necessários e quando Deus permitir, e continuemos a nossa narrativa, sem nos preocupar com eles.

Muitos de nós, quando aqui encarnados, trazemos antigas tendências que se manifestam em muitos campos, embora nem sempre elas sejam satisfeitas por nós, por compreendermos que não nos são mais benéficas, e que devemos procurar outros caminhos que nos levem a um progresso espiritual maior, principalmente aqueles que se encontram dentro de uma casa espírita.

Fizemos esse preâmbulo para contar-lhes que Flávio, aquele frequentador e trabalhador da casa, passou a se interessar por alguns outros tipos de trabalhos, que atraem outra espécie de espíritos, justamente os que desenvolvem, com as práticas no bem, algumas em desfavor de outrem. Começou apenas como observador e estudioso das várias ramificações da doutrina espiritualista, e tão empolgado foi ficando com o que observava, que visitou uma casa onde diziam, procuravam ajudar, desfazendo trabalhos direcionados a muitas pessoas atingidas por malefícios pedidos por outras.

Ele não escondia dos companheiros da casa espírita o que realizava, por entender que trabalhava numa pesquisa e, algumas vezes, sugeria a alguns deles, quando problemas mais sérios envolviam a eles mesmos ou algum membro de suas famílias, que a visitassem também. Muitos resistiram, pois que não deveriam se macular – assim o entendiam – com práticas que consideravam menores, se possuíam na própria casa espírita, o amparo e o auxílio dos amigos espirituais que tanto se empenhavam em auxiliá-los; ainda mais, era um local que tinha o seu preço, e era bastante alto. Embora alguns resistissem, outros o procuraram, mas sem consequências maiores, naquele momento.

Quisemos mostrar esse lado, para que soubessem da existência de outras práticas, que não as realizadas com o mais puro desejo de ajudar por ajudar, aplicando-se o ensinamento de Jesus quando disse: – *Dai de graça, o que de graça recebestes.*

A mediunidade é um grande meio de ajuda, e a recebemos de graça, para que, ao ajudarmos os outros, estejamos, em primeiro lugar, ajudando a nós mesmos, porque nos entregamos a um trabalho de amor e com isso resgatamos débitos.

Aquele irmão, bastante interessado nessas práticas, começou, por si só, a fazer alguns experimentos para ver o que conseguiria, alheio aos compromissos que com isso assumem aqueles que os realizam, como já sabemos pela história de Angélica, lá num passado longínquo. Compromissos que perduram por séculos e séculos, se não se conseguir, pelo esforço e determinação no bem, desfazê-los.

# 08

MAS DEIXEMOS TAMBÉM as tendências de Flávio e continuemos a nossa narrativa a respeito de Angélica, que é a personagem motivo desta história. Através dos seus atos, do seu comportamento, do seu esforço, da sua tenacidade, temos muito a aprender, pois que a vida de cada um, aqui neste plano, sempre tem exemplos edificantes que nos servem de ensinamentos, como também os exemplos infelizes que nos servem de alerta; e assim, de narrativa em narrativa, formaremos um compêndio que servirá de direcionamento a muitos.

Angélica continuava sua vida em família, os filhos crescendo e encaminhando-se. O marido, após um longo período de falta de oportunidades, conseguiu também, através de concurso público, um cargo que lhe permitia trazer proventos para família, suavizando as responsabilidades da esposa, que haviam sido de sacrifício por alguns poucos anos.

Na casa espírita os trabalhos se desenvolviam, e a sua colaboração era sempre muito grande. As diretorias administrativas se revezavam, ela colaborava no que lhe era possível, mas a parte em que se sentia melhor, mais à vontade, por ter oportunidade de aumentar o seu aprendizado, era a doutrinária. Nesse setor colaborava muito com sua amiga Lígia. O trabalho a que já nos referimos, de ajuda aos necessitados, àqueles que passavam por processos obsessivos, crescia muito, pois os resultados eram sempre muito bons, e sofredores e necessitados sempre os há muitos, sobretudo aqui neste mundo de tantas expiações.

A procura aumentava cada vez mais. O trabalho desenvolvia suas atividades, sempre amparado, auxiliado e orientado por mentores, amigos do mundo espiritual. Junto dos encarnados, eles tinham também a importante missão de amparar e de encaminhar os espíritos desencarnados infelizes, ainda apegados ao mal, desejosos de prejudicar aqueles que um dia lhes prejudicaram. A redenção desses irmãos infelizes era o ato principal que se realizava, pois, do momento em que se convenciam de que deveriam abandonar empreitada tão nefasta, entregando-se aos cuidados dos espíritos abnegados que ali se encontravam, tudo mudava.

Mas, trabalho tão importante, começou a despertar a atenção dos componentes de outros grupos da casa, e os mais desavisados para saberem aceitar, não o sucesso dos encarnados participantes – que só isso viam, – mas o real auxílio que ali era dispensado, e tudo o que era conseguido de bom aos enfermos do espírito, começaram a colocar obstáculos, a ver problemas onde não os havia, a interpretar fatos pela sua ótica mais estreita, e, com isso, passaram a implicar de tal forma que, em determinada reunião de diretoria, decidiu-se que aquele trabalho deveria ser suspenso.

Os componentes de grupo tão importante, juntamente com a dirigente orientadora encarnada, foram tomando ciência dessas decisões, e, de modo algum desejavam ver interrompido um trabalho de tanto auxílio. Eles reuniam-se, conversavam, mas qualquer resolução estava difícil, por isso iam levando até que um ultimatum não lhes chegasse. Não gostariam de se ver na situação de ter que interromper o que realizavam na casa, e precisavam tomar providências.

Angélica, a mais astuta e determinada, em conversa com Lígia e outros componentes, teve uma feliz ideia. Uma vez impedidos de realizar esse trabalho como o desejavam, eles poderiam, antes que o ultimatum lhes chegasse, deixar aquela casa e procurar um outro local. Porém, não uma outra casa onde teriam novamente que se submeter, mas uma criada por eles, onde eles próprios seriam os senhores, para que pudessem agir como desejassem, e fizessem daquele trabalho o motivo central das atividades que nela seriam desenvolvidas.

A princípio a ideia chocou pela grandiosidade e arrojo, mas, aos poucos, foi sendo trabalhada, estudada com carinho, e concluíram que seria a melhor solução.

Aqui interrompemos um pouco esta narrativa, porque fato muito importante e concomitante ocorria, que não pode deixar de ser citado, por todas as implicações que traz para a sequência dos acontecimentos.

Alguns poucos meses antes dessa conclusão a que chegaram, quanto à insatisfação da direção da casa, em relação àquele trabalho de atendimento, Angélica, em conversa com Lígia, colocou-lhe um problema muito sério em relação à sua saúde física, comprovado através de exames médicos realizados.

Lígia sobressaltou-se com a notícia, desejando tudo fazer para que a vida da grande amiga, colaboradora e quase irmã, fosse salva. Não saberia como prosseguir sem a sua presença amiga e fraternal. Lígia muito pensou, muito conversaram sobre as possibilidades de cura, e Angélica pediu-lhe que, enquanto pudesse atender as suas atividades, queria o mais absoluto sigilo. Que ninguém soubesse – esse era o imperativo maior!

O atendimento médico, conquanto minucioso e dedicado, pouco poderia conseguir. A falta de recursos necessários para impedir que esse mal regredisse ou se aniquilasse, despertou em Lígia uma outra possibilidade – a de que ela passasse por tratamento espiritual, aqueles que cuidam do físico, trazendo-lhe resultados tão benéficos.

Assim pensando, e sem saber a quem recorrer, Lígia pediu licença a Angélica para revelar o seu problema a Jonas, médium participante do seu grupo de trabalho, e, se ela consentisse, poderia tentar o tratamento através dele.

Dessa conversa, pudemos extrair o seguinte:

– Você imagina que o nosso companheiro Jonas tem essa possibilidade?!

– Você sabe, Angélica, que tenho, como orientadora do grupo, a oportunidade de conversar com muitos dos nossos companheiros participantes. Você mesma tem notado o quanto Jonas tem crescido em possibilidades mediúnicas, e através do que temos conversado, sei que tem visto, sempre ao seu lado, um médico do Plano Espiritual, que quer se utilizar da sua mediunidade de efeitos físicos, para desenvolver um trabalho de curas, quando o momento chegar. Poderemos tentar! Ele é jovem ainda, mas muito consciente das suas responsabilidades, e, com todas as possibilidades mediúnicas que possui, não custa experimentar. É um recurso com a qual você poderá contar, para o seu bem-estar, para a preservação de sua vida! O que acha?

– Deixo em suas mãos, Lígia!

– Autoriza-me, então, a falar com ele, para vermos o que ele próprio sugere?

– Sim, poderá fazê-lo! Eu sei que, se isso não der certo para prolongar a minha vida por mais alguns anos, serei levada logo, e meus filhos ainda precisam muito de mim!

– Tenha fé, tentaremos, e se Deus nos ajudar, conseguiremos, você conseguirá, pois o merece!

# 09

LÍGIA, CONFRANGIDA COM a revelação, e sentindo o quanto Angélica já sofria, apesar de encobrir o seu sofrimento, pela coragem, força e determinação, quis muito ajudá-la, e entrou em contato com Jonas, colocando-o a par da situação e pedindo a sua opinião, ou melhor, através dele, a dos amigos espirituais, sobre o que poderia ser feito em favor da companheira de ideal.

– Sei que ainda não é o momento de realizar esse trabalho! Ainda tenho que aguardar o que esse amigo espiritual – o médico que o acompanhava – quiser realizar, e no momento em que achar conveniente! – considerou Jonas.

– Eu compreendo, mas poderemos tentar uma antecipação dessa atividade, justamente com Angélica, de quem gostamos tanto e não queremos ver sofrer!

– Era isso mesmo o que ia dizer, dona Lígia! Se a senhora assim o deseja, poderemos tentar e vermos o que ele poderá fazer em favor dela! A senhora sabe que estou à disposição para o que desejar, e pronto para o que os nossos amigos espirituais quiserem fazer!

– Não esperava ouvir de você outras palavras! Vamos combinar e nos preparar para isso! Iremos à casa de Angélica, onde o atendimento será feito, se eles entenderem que poderão fazê-lo!

– Poderá marcar e me avisar, que estarei pronto!

Marcado o dia e a hora, Lígia e Jonas foram em visita de atendimento à Angélica. Não sabiam o que seria realizado, mas colocaram-se à disposição com a preparação adequada de preces, e, antes que o espírito interessado em desenvolver esse trabalho com Jonas, fosse incorporado para a realização do passe de tratamento, o mentor espiritual do grupo em que trabalhavam na casa espírita tomou da palavra, manifestando-se, através do mesmo médium, dizendo da alegria de ali estarem para que mais um atendimento – o físico – pudesse ser efetuado, ampliando-se, assim, as possibilidades de ajuda. Tudo fariam para que Angélica tivesse suas dores diminuídas e sua saúde preservada, mas que entregavam ao Pai Maior, a decisão.

Após essas palavras de esperança, o médico que atenderia especialmente o caso, envolveu o médium e o trabalho de aplicação de fluidos energéticos começou; pelo que se pôde perceber, ele realizou até pequena cirurgia espiritual. Esse trabalho prolongou-se por alguns dias, e o atendimento ia surtindo os resultados que esperavam, pois que as dores de Angélica diminuíram em muito, e a sua locomoção ficou mais facilitada; a doença parecia que havia se encolhido e permanecia quieta, sem oportunidade de expansão.

Em poucos dias puderam verificar que Jonas apresentava, em meio a tantas possibilidades mediúnicas, mais essa que, se cuidada com carinho, muito poderia realizar em favor de tantas enfermidades que se apresentam, fazendo sofrer a tantos.

Angélica retornava à vida normal, interrompida por alguns poucos dias, tendo alegado indisposição e enfermidade banal, e a alegria e esperança de Lígia eram muitas, bem como a satisfação do médium. Sabia que esse trabalho seria realizado um dia, mas sabia também que ainda não era o momento, mas, não obstante antecipado para atender a solicitação de Lígia, os resultados ali estavam, a olhos vistos. Angélica, assim, acostumara-se àquela presença amiga e fraterna de Jonas, sempre disposto a dar-lhe assistência e atendimento, que, a partir daquela situação, passou a ser constante. Qualquer mal que a acometia, falava com ele, pedindo ajuda que nunca lhe foi negada, surgindo, entre ambos, uma amizade muito grande, transformando-se numa espécie de necessidade que um sentia da presença do outro.

Os dias se passavam e, aparentemente tudo estava normal, embora a notícia de que Jonas tinha, junto de si, um espírito que o ajudava no momento da transmissão dos passes direcionados à saúde física, começou a se espalhar entre os companheiros da casa, que solicitavam também o seu concurso, saindo aliviados de suas dores.

Aquele problema relacionado ao trabalho de atendimento aos obsediados, porém, continuava, e Angélica, após ter recebido tanto, mais ainda se empenhava para que tivessem a sua própria casa, onde trabalhariam mais tranquilos, divulgando a doutrina e ajudando a tantos. A ideia ia crescendo e tomando corpo, e muitos dos companheiros do grupo aprovavam-na, dando à orientadora Lígia o seu apoio e a certeza de que a acompanhariam onde fosse, para que o trabalho não sofresse nenhuma interrupção.

Em uma das vezes que se reuniram para um atendimento que constantemente davam à Angélica, como manutenção do seu bem-estar, ouviram a palavra do mentor espiritual do trabalho, falando-lhes da importância, para eles, de poderem continuar o atendimento aos necessitados. Fosse onde fosse, queriam continuar levando o auxílio tão benéfico a tantos, dando cumprimento ao compromisso assumido no mundo espiritual, e que, se necessário, até mesmo em baixo de uma árvore o realizariam.

Eram essas as palavras que Lígia desejava ouvir e, logo em seguida, conversando com outros membros do grupo, começaram a procurar um local adequado para fundar uma nova casa espírita, aumentando, assim, a divulgação da doutrina, e continuando o atendimento para o qual se empenhavam tanto, antes que o ultimatum lhes chegasse.

Por esse tempo, aquele componente do grupo, Flávio, por envolvimentos de caráter sentimental fora do lar, havia se afastado um pouco daquele trabalho, e dele não estava mais fazendo parte, embora continuasse como membro da casa espírita, desempenhando suas outras funções.

A diretoria foi notificada de que o grupo que se reunia para aquele trabalho, iria se retirar da casa, para que uma outra fosse aberta, em razão de uma divulgação maior da doutrina espírita, sem que nenhum detalhe do real motivo fosse colocado. Assim, antes de receberem o convite para se retirar, eles próprios o fizeram, levando consigo a maior parte dos componentes daquele grupo assistencial. Alguns, por motivos particulares, não os acompanharam, e nova casa espírita foi aberta na cidade, trazendo novas oportunidades a muitos, não só de atendimento, mas de trabalho.

# 10

UMA OUTRA COMPANHEIRA do grupo era, também, muito importante no círculo de amizades de Angélica, e junto dela sempre estava, assim como de Lígia. Em muitos momentos em que tinham oportunidade, um grupo muito fraterno de entendimentos, direcionamentos e reflexões se formava, acrescido agora, quase sempre da presença de Jonas, companhia imprescindível para que esses momentos fossem mais completos. Essa companheira e amiga a que nos referimos, – Márcia era o seu nome – pessoa da mais absoluta confiança, tinha conhecimento também da enfermidade de Angélica, e para esse minigrupo fora chamada, para ajudar, com suas vibrações e preces, em muitas das intervenções espirituais que eram efetuadas através de Jonas.

Viviam, assim, momentos de muito enlevo fraterno, principalmente quando notavam que Angélica melhorava a olhos vistos. A sua indisposição, que às vezes era maior, era considerada, pelos outros componentes do grupo, pelo seu círculo de amizades e, principalmente entre seus filhos, como mal-estar comum a todo ser humano que, vez por outra, tem os seus achaques.

A força da obstinação de Angélica fazia-se notar por esses amigos que a assistiam mais de perto, no procurar esconder de todos a sua enfermidade, e, sobretudo, nos esforços ingentes que fazia para manter-se firme, em pé e sorridente, quando dores atrozes a acometiam.

Mas, esse primeiro período tão difícil estava já quase todo debelado e arrefecido, embora a enfermidade ainda lá estivesse, mas fora como que adormecida pelo tratamento espiritual que lhe era proporcionado, e, talvez, desse adormecimento não despertasse nunca mais. Essas eram as esperanças de todos do pequeno grupo, aqueles que tinham conhecimento do seu mal, e muito mais ainda dos amigos espirituais que tanto se empenhavam.

Uma amizade, a princípio muito bonita, resultou entre Jonas e as componentes desse pequeno grupo – Lígia, Angélica e Márcia. Juntamente com os outros componentes, aqueles que acompanharam Lígia na instalação da nova casa espírita, trabalhavam e empenhavam-se muito, e os necessitados continuavam a receber o atendimento, o seu bem-estar continuava a ser notado, aumentando, com isso, cada vez mais, o prestígio da casa recém-instalada.

Aquele nosso irmão, Flávio, temporariamente afastado do grupo pelos motivos já expostos, não se juntou aos companheiros, e, sentindo ímpetos de muito despeito, sentimentos maléficos começaram a envolvê-lo.

A orientadora Lígia possuía uma irmã, no seu seio familiar, que já trabalhava mediunicamente há muitos anos, numa outra casa espírita da cidade, para a qual fora levada quando problemas de ordem espiritual começaram a envolvê-la, impelindo-a ao desenvolvimento mediúnico, pelo compromisso que trazia do mundo espiritual, para trabalhar nesse setor, ressarcindo também muitos dos seus débitos. Naquele tempo, o grupo de trabalho, tão importante, dirigido por Lígia, ainda não existia, e ela foi recebida e sempre atendida com muito carinho pelo dirigente da casa para onde fora levada. Quando teve sua mediunidade desenvolvida e pronta para o trabalho, lá permaneceu, para poder também dar a sua colaboração onde tanto havia recebido.

Pois bem, essa irmã de Lígia, residindo com ela, passou a sentir problemas estranhos, momentos de dores atrozes a acometiam, sem que, em nenhuma de tantas consultas médicas e exames realizados, fosse detectado nenhum mal. Coincidentemente, as dores que já envolviam Angélica, pela sua enfermidade, em determinados momentos eram tão intensas e quase insuportáveis, mas detectadas por ela, como muito diferentes daquelas que sentira, em relação ao seu mal físico.

Lígia convidou a irmã para ir à nova casa espírita, onde passaria por um tratamento de passes, já que nada físico fora encontrado, e ela acedeu ao convite. Numa oportunidade em que lá estivera, retornando ao seu lar e indo repousar, impelida pelas dores que sentia, numa quase inconsciência que antecede o sono mais profundo, teve uma visão na sua mente, como se um quadro vivo e ativo lhe tivesse sido mostrado num relance. Sim, vira pequeno boneco feito de pano, ser socado por instrumento semelhante a cabo de martelo, justamente nos locais em que suas dores eram mais atrozes.

Aquela visão assustou-a, despertando-a completamente daquela modorra que a tomara, e ela ficou pensando na coincidência dos locais – boneco e seu corpo – onde dores muito intensas eram sentidas. Contou o sucedido à irmã, e nada mais viu além disso.

Passados alguns dias, em que aquele minigrupo fraterno se reuniria para dar um atendimento espiritual de passes à Angélica que estava sofrendo muito, e cuja enfermidade ela ainda não permitira que fosse revelada aos demais companheiros, novamente Lígia convidou a irmã a que comparecesse, para que se aliviasse também. Ela contou aquele fato a Jonas, também ali presente, que tinha em suas possibilidades mediúnicas, a vidência muito desenvolvida, e ele pôde visualizar após, durante o atendimento que dava a Angélica, muitos, muitos pequenos bonecos, direcionados a todos os componentes do grupo.

Quando foi revelado, assustaram-se, mas comprovado ficou que havia esse trabalho, pedido em desfavor do grupo que se afastara daquela outra casa, mas muito mais particularmente dirigido a Angélica e Lígia, como também à Márcia e Jonas. Lígia nada sentia por não ter a sensibilidade mediúnica, mas direcionado a seu lar, fora plenamente percebido pela irmã, que não entendia bem o que se passava, uma vez que não fazia parte daquele grupo, mas como também possuía débitos a saldar, permitido foi que fosse atingida.

Todos estavam sendo alvos daqueles pedidos. Sabemos que apenas bonecos de nada valem, mas que a cada um nomeado, muitos espíritos são invocados para realizar a tarefa que o invocante deseja. E não tardou muito, pelos trabalhos realizados em favor dos que estavam sofrendo, os espíritos que eram trazidos com a finalidade de abandonarem empreitada tão maléfica, pelo seu próprio bem, revelavam a fonte de tanto mal, de tanto prejuízo. A tristeza, a decepção foi muito grande, quando não só revelado foi, mas confirmado e comprovado que partia daquele irmão infeliz, antigo companheiro e amigo, já apegado a essas práticas – Flávio!

# 11

A PARTIR DO momento em que foi detectada a fonte de tanto mal, muitas coisas mudaram. O direcionamento dos pedidos daquele irmão infeliz atingia a muitos da casa, em diversos setores, deixando a todos insatisfeitos, nervosos, afora aqueles que sentiam em seu físico dores intensas.

Mas os amigos espirituais que não desamparam ninguém, principalmente aqueles que eram, no mundo dos encarnados, os auxiliares e colaboradores da espiritualidade na realização de tarefa tão dignificante, estavam sempre atentos e muito auxiliavam, diminuindo as aflições e as dores dos que sofriam.

Entretanto, perguntarão os leitores: – Se podiam ajudar, por que permitiam que trabalho tão nefando os atingisse? – Já dissemos que tudo o que aqui passamos, Deus o permite! Ele, que não vê só o momento presente, mas toda a amplitude do Universo que criou, sabe que os encarnados trazem seus débitos, suas faltas e que estão trabalhando para que resgates sejam efetuados. Pois bem, aqueles que sofriam, resgatavam, mas estavam amparados pelos amigos espirituais que se empenhavam em auxiliá-los, diminuindo-lhes as dores, mas não eliminando-as. Um outro ponto também se fazia muito importante nesse trabalho todo.

Sabemos que bonecos isolados nada podem realizar, se espíritos desejosos de praticar o mal não são invocados e trazidos para cumprirem as suas tarefas, junto dos que devem ser atingidos. E esse era um meio muito eficaz com o qual a espiritualidade contava, para que esses irmãos infelizes, tão apegados ao mal, fossem também ajudados.

Esses espíritos habitam, em grandes bandos, furnas profundas, das quais não desejam se afastar, e lá permanecem arquitetando planos destrutivos. Ao terem a oportunidade de colocá-los em ação, atraídos por esses trabalhos no mal, a sua alegria é imensa, e saem aos bandos, festejando, por poderem externar todo o mal que ainda acumulam. E quando se instalam junto dos que desejam prejudicar, têm a oportunidade de ser "aprisionados" pela espiritualidade boa, que os vai retirando de junto dos atingidos, não só para diminuir-lhes as dores, mas, muito mais, conseguir redimir ovelha perdida nos precipícios, para que também um dia, banhadas pelo amor que lhes é direcionado, e limpas, tornem ao rebanho, para a alegria do Senhor.

Vejam a finalidade benéfica que têm esses trabalhos, quando o atingido tem junto de si amigos espirituais que o auxiliem, quando amparados por uma casa espírita que realize esse trabalho de amor, desinteressadamente, sem que ninguém ali deixe um centavo sequer, como pagamento. Não é o que acontece quando esses infelizes, atingidos por pedidos dessa natureza, caem em locais que cobram preços exorbitantes, sem a eficiência de um empenho realizado pelo amor sublimado.

Essa era a razão, permitida por Deus, para que tais pedidos se achegassem aos trabalhadores da nova casa instalada. Sofrendo, teriam, após, condições de dar mais ajuda aos amigos espirituais, quando na casa espírita surgissem pessoas para o tratamento, atormentadas por circunstâncias semelhantes. Era o fel que ingeriam para sentir-lhe o gosto amargo, e empenharem-se mais para que outros não o sorvessem, como eles mesmos já o haviam provado. A sabedoria Divina sempre tem seus caminhos, e sempre sabe tirar de cada fato, aparentemente destrutivo e tão maléfico, o lado bom, o lado benéfico, as lições de amor.

Para que se tenha capacidade e condições de realizar um trabalho, deve-se ser testado através das provas, porém, nem todos os que estavam sendo testados de uma forma ou de outra, estavam conseguindo aprovação no teste.

Alguns dos que haviam acompanhado Lígia, na instalação da nova casa, alegando uma ou outra razão, foram se afastando do grupo e da casa, e, aquele grupo de trabalho, tão grande no início, ficou um pouco reduzido. Mas os que trabalhavam com fé, com vontade de ajudar, com desprendimento de si mesmos – os que colocavam o desejo de colaborar, acima de qualquer empecilho, permaneciam. Nessa época, a irmã de Lígia, convidada por ela, estava também já fazendo parte do grupo, levando a sua colaboração de forma mediúnica.

Aqui nos cabe um parênteses, para uma explicação muito importante.

Voltemos um pouco aos atendimentos realizados em favor de Angélica, agora bastante necessitada, em razão não só da enfermidade, mas dos trabalhos que lhe eram direcionados. A irmã de Lígia, atingida também, passou a participar, em busca de ajuda.

Procuravam, assim, dar um auxílio mais constante e efetivo a Angélica que, não fossem os pedidos realizados por aquele irmão infeliz, estaria passando muito bem de saúde, com o seu mal meio adormecido. Através desses atendimentos, Jonas percebeu que Angélica também trouxera, para aquela existência, os dons mediúnicos que, até então, não haviam desabrochado. Ela continuava a prestar a sua colaboração ao grupo como uma dócil e hábil doutrinadora, e quando lhe foi falado da sua possibilidade de também trabalhar mediunicamente, outros colaboradores apoiaram a sugestão, mas Lígia preocupou-se. Seria muito bom para o transcorrer do trabalho, contar com mais um médium, mas isso implicaria na perda da doutrinadora, atividade que ela desempenhava muito bem. Contudo, não podia impedir que ela tivesse essa oportunidade, e consentido foi que passasse a ocupar um lugar à mesa, junto dos outros companheiros, como uma tentativa.

Ah, ninguém, certamente, conhecia Angélica! Nada demorou para que comunicações belíssimas fossem transmitidas por seu intermédio, tão pronta estava a sua mediunidade, mas muito mais ainda pelo seu arrojo. Aquela obstinação que colocava em todas as suas ações, ali também estava presente, e o grupo passou a contar com mais um médium de capacidade e possibilidades muito boas.

A alegria de Angélica era muito grande. Teria mais essa forma de ajudar; teria as condições de sentir as entidades necessitadas e transmitir o que elas desejavam; teria mais aquela abertura para um contato entre o mundo dos encarnados e o dos desencarnados. Nova porta de passagem fora aberta, e por ela não passariam somente os necessitados, não! Ela queria muito mais, como sempre o quisera em tudo o que fazia. Colocar-se-ia à disposição para que os mentores, orientadores da casa, também por aquela porta passassem e deixassem, através dela, as suas palavras de incentivo, de força, de ânimo e de estímulo aos trabalhadores, como também as orientações mais particularizadas, referentes às pessoas em tratamento, ou mesmo a algum componente do grupo em necessidade.

Rapidamente fizera crescer essa possibilidade, que surpreendia a todos de tão recente e já tão profunda. Os companheiros estimulavam-na.

As investidas daquele irmão infeliz, para destruir a nova casa, continuavam, e alguns dos trabalhadores, às vezes desalentados e tristes, lembravam-se do tempo em que permaneciam na antiga casa, desfrutando de uma vida mais tranquila, sem perturbações, e desempenhavam seu trabalho sem maiores problemas. Muitos deles não sabiam o alcance do que lhes era direcionado, e alguns nem acreditavam no pouco que ouviam dos espíritos, durante a realização do trabalho mediúnico. Lígia não se sentia à vontade nem satisfeita em ver o nome daquele antigo companheiro, exposto na mesa de reuniões através dos espíritos que se comunicavam.

Como Angélica ainda nada dissera a ninguém, a respeito do seu mal, proibindo que ele fosse mencionado, o atendimento que lhe proporcionavam, continuava conforme a oportunidade e as possibilidades de manter o sigilo. Às vezes era realizado em sua própria casa, às vezes em casa de Márcia, e outras, em casa da própria Lígia. Participava desse atendimento um minigrupo, composto pelas três que ofereciam a casa, pela irmã de Lígia e pelo médium Jonas, pessoa imprescindível pelas possibilidades das quais era dotado, por já estar a par do caso, desde o início, e por servir de instrumento àquele médico do mundo espiritual, que a tratava.

Nesses atendimentos que passaram, pela necessidade da situação, à pequena reunião mediúnica, a maioria dos espíritos envolvidos naquele trabalho enviado por Flávio, tinham, de forma mais privatizada, a oportunidade de serem recebidos e encaminhados, para que se redimissem. Começaram a aparecer, também, nesses trabalhos, muitos daqueles espíritos cuja aproximação, Angélica, quando no mundo espiritual, tanto temia. Eles contavam alguma desdita realizada por ela, em desfavor deles, mas eram arrebanhados, assim, novamente, para a vinha do Senhor.

A cada reunião realizada, Angélica se aliviava e prosseguia, dessa forma, a sua vida tranquilamente; enferma, sim, mas com a possibilidade de desempenhar o seu trabalho profissional, e de dirigir o seu lar de modo satisfatório. O seu mal era amenizado com os atendimentos espirituais e o auxílio sigiloso de um médico, em outra cidade, pois aconselhado lhe fora que os recursos da medicina terrena não deveriam ser interrompidos. A cada exame a que se submetia os médicos não compreendiam como se mantinha bem, sem que seu mal progredisse, como era o normal, para casos semelhantes.

O tempo passava, a amizade entre Angélica e o médium Jonas, como entre os outros componentes do minigrupo era muito grande. A espiritualidade maior que os assistia, estava feliz do que realizavam, e tudo caminhava bem.

Mas..., sempre há um *mas* que pode dar início a uma narrativa com consequências desastrosas, e que impede o prosseguimento daquela tranquilidade serena e fraterna, embora cheia de trabalho.

Para aqueles que veem apenas o que os olhos humanos abarcam, e para os que possuem a vidência espiritual, mas só conseguem enxergar o que lhes é permitido, tudo transcorria normal e serenamente.

Mas, muitos daqueles que envolveram Angélica em encarnações anteriores, ou como subservientes submissos para realizações no mal, ou os diretamente prejudicados por ela, estavam a postos, esperando oportunidade de se achegarem mais diretamente. Aqui vai uma revelação que ficou em suspenso há muitas páginas anteriores, quando dissemos que eles haviam idealizado um plano, e o momento de o revelarmos chegou, pois que após, os acontecimentos tomarão outro rumo, e não podemos deixar o leitor sem as explicações necessárias.

# 12

VOLTEMOS AQUI, PARA que a nossa narrativa seja mais clara, há alguns anos antes – para não dizermos muitos anos antes – a uma outra existência, quando Gustav, imbuído dos melhores propósitos, fugindo da sociedade que poderia acusá-lo se não compreendesse a sua total isenção de culpa, procurou retirar-se, partindo para local longínquo, onde veio encontrar a morte também. Recolhido, passou por período de refazimento, inconsciente do sucedido, e mais inconsciente ainda de passado remoto e distante.

Mas, nessa situação, não poderia permanecer indefinidamente e, à medida que lhe foram permitindo, soube dos acontecimentos da sua última encarnação; tantos sonhos, tantas esperanças em relação à sua profissão, e, por causa da obstinação maléfica de Ingrid, vira-se decepado em seus anseios profissionais, em cujo campo esperava muito realizar cumprindo propósitos anteriormente formulados, e muito mais, em sua própria vida.

Tinha que haver uma explicação. Por que Ingrid, mesmo indireta ou intencionalmente o prejudicara tanto? Ela era muito inteligente e sabia que nunca as suas ações ficariam escondidas, e, quando fossem descobertos, ele próprio não ficaria isento de culpas, se trabalhavam juntos. O que ela havia feito, não era uma simples vingança por causa de Johann; alguma situação mais grave ainda deveria ter havido entre eles para justificar aquela atitude.

Ele procurou saber o que era, desejando conhecer seu passado mais remoto, conforme ela própria o fizera, e, no momento em que julgaram conveniente, mostraram-lhe o que havia ocorrido entre ambos, não em uma, mas em algumas existências.

Temos já uma narrativa a esse respeito, quando ela, investida da função de madre de um convento, e atuando como já sabemos, muito o prejudicou através daqueles mesmos mulambos com os quais lidava, para atingir a quem desejava. Mas não foi só nessa existência, pois que o tempo passa, nascemos, desencarnamos, retornamos ao mundo espiritual, renascemos, e assim sucessivamente, muitas vezes, e ele pôde verificar que, após muitos anos, em uma outra época, tivera, também, em razão de decisões tomadas por ela juntamente com a amiga – Lígia de hoje – a vida interrompida, em nome de Deus, da religião, quando ambas estiveram investidas de poderes que a igreja lhes legava.

De tudo isso Gustav tomava conhecimento no mundo espiritual. Sentia por ela um rancor muito grande, e não compreendia porque haviam sido levados a viver uma vida juntos. Explicado lhe fora que era a melhor forma para que rancores fossem desfeitos, mas ele precisava de mais esclarecimentos e perguntava:

– Como, se eu simpatizei muito com ela! Não a amava e demorei para chegar a essa conclusão.

– Mas sentia por ela uma atração muito grande, e, não obstante resistindo muito e lutando para afastá-la do seu pensamento, não conseguia!

– Era isso mesmo que ocorria, uma sensação inexplicável, mas tendo em vista que ela me amava, concluí que deveríamos nos unir em matrimônio! Como se explica isso?

– É a sabedoria divina em ação, para que falhas passadas, que deixaram marcas, possam ser desfeitas através de uma convivência de amor!

– E como cheguei, não digo a amá-la, no início, mas a sentir aquela atração tão grande que me impelia a ela, embora algo em mim resistisse muito?

– Quando daqui partiram, vocês levaram consigo o esquecimento de antigos rancores, e a semente do amor que deveria florescer em ambos. Como o mais atingido fora sempre você, a semente demorou muito mais para brotar em seu espírito, mas não deve negar que, com o passar do tempo, chegou a amá-la!

– Não deveriam fazer isso conosco!

– Não conteste a sabedoria divina, irmão, nem os seus recursos! Gostaria de continuar a odiá-la sempre? Já pensou se fosse como deseja ou sugeriu, a convivência lá na Terra seria um campo de confrontos intermináveis, cujas contendas e ódios só cresceriam cada vez mais!

– Perdoe-me! Eu compreendo, irmão, mas nos é muito difícil aceitar esse recurso, quando verificamos que novamente somos prejudicados.

– O irmão não pode negar que ela lhe proporcionou uma vida de carinhos, uma convivência tranquila, durante a qual ambos puderam desempenhar sua profissão com muito amor, embora ela tenha feito o que fez no final!

– Sinto que algum fato muito mais forte deve ter havido entre nós, e não somente o que me tem narrado aqui, agora!

– Você é muito perspicaz, e traz muitas das suas possibilidades antigas de sensibilidade e captação de sentimentos.

– Então não estou errado?

– Não, está certo em suas suposições, e se em uma das suas existências teve suas aspirações cortadas por ela, através de suas práticas, não estava lhe acontecendo nada mais do que já realizara com ela própria, em tempos anteriores!

– O que o irmão quer dizer com isso?

– Vou narrar um pequeno fato de uma sua existência mais remota ainda, para que possa compreender tudo o que lhe ocorreu!

– Pois fale, irmão, estou ansioso para compreender o que ainda encontro dificuldade!

"Numa aldeia, num país longínquo, assolado constantemente por terríveis pestes, as dificuldades, não só de sobrevivência mas em recursos para a saúde, eram muitas. Numa choupana afastada da aldeia, morava um casal que era procurado por muitos. Como os recursos médicos eram difíceis, o único meio que encontravam era procurar o feiticeiro da região, para quem levavam muitas crianças que sofriam de muitos males, para que fossem curadas. Algumas ele curava com seus benzimentos, orações e ervas, e a outras, nada podia ser feito!

"Um dia, bateu-lhe à porta uma senhora, trazendo nos braços criança muito enferma, fraca, e com problemas mentais bem acentuados, pedindo-lhe ajuda. Ele recolheu a criança com a mãe, fez-lhe muitos benzimentos e orações, e percebeu que o problema mental que a criança apresentava, nada mais era que o resultado do envolvimento de espíritos maléficos, impedindo-a de pensar lucidamente e de agir normalmente!

"O feiticeiro pediu que a mãe deixasse a criança com eles, pois necessário seria um tratamento mais intenso por alguns dias, a fim de que ela pudesse se recompor. A mãe, que mais nenhuma esperança via em ter o filho sadio, deixou-o entregue ao feiticeiro, e partiu para a sua casa muito preocupada.

"Quando retornou, uns dias após, ela constatou que o filho já estava bem, mas não a reconhecia como mãe. Ele estava tranquilo, apenas ainda um pouco enfraquecido pela saúde física abalada, e não a reconhecendo como mãe, não quis partir com ela. Gritava, gritava muito, e não foi!

"O feiticeiro, regozijando-se com a companhia da criança, esbravejou e expulsou a mulher de sua casa, ficando com seu filho para sempre!

"O ódio que ela sentiu por ele foi tanto, tanto, mas nada pôde fazer! As autoridades do lugar não lhe dariam crédito, era pobre, maltrapilha, e teve que suportar a dor da perda do filho.

"Sem nada poder fazer, a pobre mãe contentava-se em ficar à distância e contemplar o filho, e olhava-o com tanto amor, verificando que a cada dia ele estava melhor e mais disposto, brincando nas imediações, e até chamando aquela senhora que agora dele cuidava, de mãe. Ela sofria muito pela ausência do ser querido das suas entranhas, mas sorria ao vê-lo bem, ao vê-lo brincar, e assim era feliz, ainda que com os braços vazios.

"Mas nada permanece escondido! O feiticeiro desconfiou, e, procurando averiguar, teve a certeza de que ela andava pelas imediações, e achou que deveria impedi-la de ali comparecer.

"Utilizando-se de seus recursos maléficos, fez com que as suas visitas fossem rareando, tão enferma foi ficando, até que nunca mais apareceu, e ele pôde ficar com o filho dela, que cresceu um belo jovem, e foi também iniciado nas mesmas práticas e segredos do pai."

– E o que essa história tem a ver comigo, irmão?

– Então nada percebeu?

– Quer dizer que aquele feiticeiro, em épocas muito remotas, era eu?

– Se não o fosse, não lhe teria contado tal história!

– Então eu, Gustav, fui um dia feiticeiro e trabalhei com forças maléficas?

– Sim, filho! Invocava a natureza, os deuses infernais, e realizava tanto trabalhos que curavam, como os que destruíam! Percebeu quem era a mulher que lhe entregou o filho para que o curasse?

– Não vai me dizer que era a minha Ingrid!

– Sim, ela mesma! Percebeu porque era necessário, após tantos revezes, que se unissem, pois que ambos tinham muitos débitos um para com o outro?

– Percebo tudo, irmão! Só numa união mais íntima, numa convivência mais constante, esses males poderiam ser desfeitos! E essa encarnação foi frutífera a nós ambos?

– Muito resgataram, mas, futuramente, vai depender de vocês mesmos, num novo encontro se houver!

– Como assim, irmão?

– Vocês trazem ainda lembranças de sofrimentos de outros períodos e poderão, numa próxima oportunidade, sublimar de vez todo o ressentimento, ou deixarem-se levar por antigas lembranças ou antigas práticas, ainda mais que você, indiretamente, sentiu-se novamente prejudicado por ela!

– Mas, ao retornar, não levarei comigo um plano?

– Sim, todos o levam e preparam-se muito para executá-lo, mas isso não impede que, no uso do livre-arbítrio, tragam de volta antigas tendências que ainda abrigam no espírito.

– Ah, irmão, quando retornar, quero ser novamente médico!

– Já o foi por muitas vezes!

– E poderei sê-lo novamente? Compreendi agora onde está a semente dessa tendência que trago em mim!

– Através das curas que realizava há já, podemos dizer, não séculos, mas milênios?

– Sim, irmão, é isso mesmo! Poderei novamente ser médico?

– Vai depender do que lhe for mais benéfico. Não se preocupe com isso, mas em realizar na Terra, seja no campo que for, o melhor que puder!

# 13

AQUI ENCERRAMOS ESSE interlúdio na nossa narrativa, pois que já foi suficiente para que compreendessem muito do que seguirá, e voltemos ao plano que já mencionamos, fora arquitetado pelos irmãos infelizes que não conseguiam se achegar a Angélica.

Sabedores somos de que nada fica escondido aos espíritos, mesmo àqueles que se demoram no mal e que trazem em si inteligências muito aguçadas. Se eles as empregassem no bem, ajudariam muito o progresso deste orbe, mas, utilizadas no mal, impedem que as realizações mais sublimes sejam levadas a efeito.

Pois bem, esses irmãos perceberam em Flávio, não só antigas ligações com Angélica, como também muito de suas antigas tendências, e começaram a trabalhá-lo – ele que oferecera portas muito abertas a que pudessem adentrar – e colocavam em sua mente o desejo de fazer experimentos com os bonecos que já pesquisava, juntamente com outras práticas.

Se pesquisava, por que também não experimentar? E se deveria experimentar, teria que direcionar a alguém, para a evidência dos resultados.

Aquele irmão deixou-se envolver de tal forma por essa tendência que retornava, muito mais intensa que de outras oportunidades, e o direcionamento, pela ocasião que se oferecia, não poderia ser melhor. Por que não a nova casa recém-instalada e seus seguidores, os trabalhadores que mais diretamente foram os articuladores de tal mudança? E, se atentarmos para esses articuladores, encontraremos, em primeiro plano, Lígia e Angélica.

Lígia, pela falta de dons mais aguçados de percepção, pouco percebia, mas o que lhe era direcionado, teve outro alvo – sua irmã, permitido pelos débitos que trazia, pois que também faria parte daquele grupo de trabalho, – e Angélica, muito atingida em razão dos compromissos assumidos em existências anteriores, e pela fragilização que seu físico oferecia, por causa da enfermidade que a penalizava.

Perceberam, irmãos leitores, a astúcia dos espíritos que desejam concretizar seus objetivos? Sim, Flávio estava totalmente envolvido por esses espíritos que, impedidos de influenciar a mente de Angélica, porque ela a tinha voltada para sentimentos e propósitos nobres, procuraram um outro instrumento que tão receptivo o foi, para que ela sofresse. Com isso, muitos estavam sofrendo, mas o alvo maior e mais intenso era ela. Achegavam-se, também, junto dela, através do que o irmão infeliz enviava, muitos daqueles espíritos momentaneamente revoltados pela vida que perderam, por meio de suas próprias mãos. Ah, quanto a faziam sofrer! Queriam vê-la contorcendo-se em dores, pois foi o que ela fizera com eles, envenenando-lhes as entranhas, ou mesmo outros, de tempos mais remotos, que pereceram em razão das práticas que realizava.

Ah, se houvesse no mundo a prática do perdão, quanto mal seria evitado! Mas a vingança é a ordem maior e, através dela, os sentimentos negativos crescem e tomam corpo cada vez maior e mais intenso, num desfilar de ações más, uns contra os outros.

E por que o desejo de vingança ainda é tão grande sobre a face da Terra? Por que o esquecimento do mal ainda é um hábito tão pouco praticado?

Só existe uma resposta – uma palavra apenas – e quando totalmente abolida da face da Terra, deixará aqui a paz, a sublimação de sentimentos, e muito progresso para este Planeta. Com certeza já sabem do que falo! Não, ainda não perceberam que o móvel de todas as ações más aqui desenvolvidas, só tem uma fonte – o orgulho?! Ele é o causador dos males que ainda trazemos em nós, pois que é o pai de todos eles.

Por essa razão Angélica sofria, muitos sofriam, mas a assistência espiritual que estavam tendo era muito grande. O alívio era proporcionado dentro do permitido, e as palavras de estímulo e conforto dos orientadores espirituais ajudavam-nos a continuar a caminhada, confiantes em Deus e sem revides, para que nenhum compromisso fosse assumido diante d'Ele.

Mas o tempo passava, e algumas mudanças começaram a ocorrer. O minigrupo que se reunia em atendimento a Angélica continuava, e durante esses trabalhos, tanto Jonas quanto Angélica, passaram a receber a palavra dos mentores, para a transmissão do que desejavam.

Começou-se a perceber que entre Jonas e Angélica uma pequena ponta de ciúme surgia, quanto às comunicações recebidas. Parecia que um desejava demonstrar maiores possibilidades que o outro. A amizade entre ambos, a essa altura era muito grande, e quando não tinham a oportunidade de se falarem pessoalmente, conversavam muito por via telefônica.

A mediunidade de Jonas apresentava grandes possibilidades, e uma facilidade muito grande de captação das influências espirituais. Através da sua inconsciência mediúnica, transmitia a palavra sábia dos mentores, longos relatos de espíritos necessitados, quando expunham suas mágoas e ressentimentos, como também realizava, através da sua mediunidade de efeitos físicos, aquele atendimento a que nos referimos, e que era constante para Angélica. Além dessas possibilidades ele possuía as de vidência, audição, premonição...

Assim, ele com Angélica tinham sempre muito sobre o que conversar, e ela, muito entusiasmada com o seu desenvolvimento mediúnico, conquanto mais recente, desejava possuir seus dons no mesmo nível dos dele, ou até superá-lo, se pudesse.

Sabemos que cada um traz as suas possibilidades de acordo com o trabalho que deve desenvolver, de acordo com o que já foi realizado nas pregressas encarnações, e muito também, em relação ao ressarcimento de débitos. Cada um tem as possibilidades que deve ter, para o trabalho que deve realizar, todos benéficos diante de Deus, sem que um olhe as dos companheiros, com olhos invejosos. Todos os trabalhos são necessários e úteis, e a cada obreiro é dada a ferramenta necessária ao seu trabalho.

Angélica, porém, havia recebido a sua ferramenta, útil e benéfica ao que deveria realizar, mas não estava satisfeita com ela. Como sempre acontecia em ocasiões importantes de sua vida, mesmo nas anteriores – queria mais, muito mais – embora fosse um desejo inconfessável.

Ela começou a observar Jonas, o seu desempenho mediúnico, o que ele dizia, e, apoiada nos próprios sentimentos, começou a chamar a atenção de Lígia, colocando defeitos e vendo interferências onde não existiam. Talvez, desavisada, e não tão bem preparada, ela não deveria saber que, no momento da comunicação mediúnica, o médium, mesmo inconsciente ali está, com seu espírito afastado, mas presente e atuante. Nunca o espírito comunicante pode dispor de um corpo, como se fosse um vaso puro e cristalino, para a sua comunicação. Entretanto é com o que os espíritos podem contar, e muito agradecidos são àqueles que lhes oferecem essa possibilidade, mesmo que alguma interferência haja, mas sem nenhuma importância e consequência, desde que o médium seja evangelizado e estudioso, e realize o ato mediúnico com muito amor.

Assim, pequena semente estava lançada, não para que florescesse e desse frutos, mas para que ervas daninhas dela surgissem e fossem tomando conta de alguns corações, transformando-os em depositário de sentimentos adversos.

Márcia, fiel companheira de Angélica, chamava-lhe a atenção para o que ela julgava estar errado, e ambas, chegando àquela conclusão já há pouco exposta, duvidavam de tudo o que Jonas falava, quando mediunizado. A amizade entre ele e Angélica continuava. Ela era-lhe muito grata por tudo o que ele havia feito por ela, em dedicação, em atendimento, a qualquer momento que necessitasse, e sempre a deixava bem, após uma aplicação de fluidos energéticos e curadores, através do médico do plano espiritual que a atendia.

As conversas telefônicas entre ambos continuavam e eram muito intensas. Todavia, fato por demais estranho começara a ocorrer, e que a própria Márcia chamou a atenção de Angélica, pois que também, às vezes, conversava com ele por essa mesma via, como alguns de seus familiares com quem Jonas mantinha amizade, pelos atendimentos dados à Angélica, às vezes, em casa dela. Certa vez, Márcia, conversando com Angélica, disse-lhe:

– Estou muito preocupada com Jonas, pois que, além do que temos notado sobre suas comunicações, tenho percebido que ao falar com ele por telefone, eu ou alguém da minha família, após, começamos a nos sentir muito mal. Isso tem ocorrido e não foi uma vez somente! Preste atenção, que você também notará!

Angélica passou a perceber que também começou a lhe ocorrer o mesmo, e comentou com Márcia que ela estava certa, que ele estava prejudicando as pessoas, talvez pela sua mediunidade de efeitos físicos.

Isso foi crescendo, e ambas expuseram esse fato a Lígia, que não entendeu de pronto como poderia acontecer, mas disse-lhes que, pelos seus conhecimentos, não seria possível. Estudiosa da doutrina, ela lia e estudava muito, fazia pesquisas sobre assuntos que deveria expor nas palestras que realizava e cursos que ministrava, e nunca tinha encontrado nada semelhante.

Ambas, muito convictas de seus sentimentos e ideias, começaram a repelir a amizade de Jonas, com receio de serem por ele prejudicadas, pois não sabiam o que realmente se passava do lado espiritual.

Ah, se pudessem ver! Aqueles todos que se conservaram à espreita, esperando a abertura de pequena janelinha para que pudessem adentrar, embora timidamente de início, tiveram toda uma porta escancarada, à sua disposição, quando ela própria, tendo a sua mediunidade desenvolvida, como fora previsto no Plano Espiritual, deixou que imperfeições, ainda fazendo parte do seu íntimo, aflorassem, e eles se achegaram.

Sim, a sua mediunidade, aquela que trouxera a fim de receber os necessitados, servindo-lhes de ponte para que saíssem das trevas de tanto sofrimento, e passassem para um local de luz, de amparo e de alívio, serviu-lhe para que, nessa ponte, começassem a desfilar suas próprias imperfeições.

O ciúme que sentia de Jonas a cada comunicação que ele recebia, o orgulho que lhe aflorou pelo que ela própria realizava mediunicamente, tudo foi aproveitado por todos os espíritos que viram a oportunidade de se aproximarem e, trabalhando com os elementos que ela própria lhes fornecia, ficaram também junto de Jonas, para atuarem sobre elas, através dele. Por isso, para cada telefonema, muitos espíritos havia, prontos a fazerem com que o interlocutor de Jonas passasse mal.

O ciúme crescia, juntamente com a descrença que eles próprios colocavam, principalmente na mente de Márcia, por ser ela um instrumento muito fácil e maleável de ser trabalhado, pois sabiam que, após, tudo era transmitido a Angélica. Crucificavam assim, aquele que tanto a ajudara e, desse modo, tão envolvida pelos espíritos, passou a se esquivar do tratamento que lhe era transmitido através dele.

O próprio médium começou a perceber que, nos raros atendimentos dos quais ela não tinha como se furtar, não estava mais havendo nenhuma receptividade. Pelo contrário, ela armava-se para repeli-lo, com receio de que pudesse passar mal depois.

Pobre Angélica! Ela que tanto havia se esforçado, tanto prometido no mundo espiritual, por tão pouco, deixara-se envolver e tornara-se presa de tantos espíritos.

Lígia estava percebendo a sua recusa ao tratamento, e pediu-lhe, repetidas vezes, com insistência, para que o aceitasse para o seu próprio bem, pelo amor de seus filhos, mas ela, sempre tão obstinada, não o aceitou mais, recusando-se a recebê-lo, com evasivas. Lígia percebeu também que ela estava envolta por muitos espíritos que a desviavam do tratamento, e ela voltou a sentir a sua saúde novamente abalada, e, muitas vezes, deixava de comparecer aos trabalhos da casa espírita.

# 14

A ATITUDE DE Angélica já estava causando certa estranheza, mesmo o seu desempenho mediúnico, quando comparecia aos trabalhos. Mas um outro fato começou a ocorrer, normal para Lígia e alguns participantes, porém estranho, inacreditável e até forjado, para Angélica e alguns outros que viam nela quase que a santificação de virtudes e dons mediúnicos.

Dissemos já que muitos, muitos dos espíritos que com ela tinham compromissos, tiveram o ensejo de se aproximar, e trabalhavam. Trabalhavam intensamente para deixá-la ao desamparo do auxílio espiritual que recebia, trabalhavam para que ela, por si só, se retirasse da casa espírita, fazendo-a ver aquele local como que conspurcado pela farsa e pelo descrédito, e assim agiam, agiam muito...

Começaram a surgir, durante as reuniões mediúnicas, muitas comunicações de espíritos que diziam estar com ela. Para lá eram levados, com a permissão dos orientadores e mentores espirituais, para que o alívio de suas dores se fizesse e para que esses espíritos, comprometidos com ela há séculos, pudessem, também, ter um novo direcionamento, um encaminhamento, e ela fosse ficando liberta, mesmo recusando o outro atendimento que lhe era proporcionado. E eles contavam de onde vinham, com quem estavam e o que faziam.

Ah, quando presente, Angélica não tolerava que isso ocorresse, pois não admitia estar presa de tantos espíritos. Não concordava com Lígia que tantas vezes lhe oferecera auxílio para que ela, aliviada desses espíritos que a envolviam mostrando-lhe uma realidade deturpada, também aceitasse a continuidade do tratamento que lhe era dispensado, do qual ela se esquivava. Ela sentia-se, ali, na sala de reuniões, exposta ao ridículo e motivo de uma farsa, provocada por um médium, no qual não acreditava mais. Revoltada, ela foi deixando de comparecer aos trabalhos.

Mas, mesmo na sua ausência, para auxiliá-la, sempre muitos e muitos espíritos eram levados, e alguns companheiros, ainda sem saberem de sua enfermidade, apiedavam-se dela pelo ridículo, que entendiam, a estavam fazendo passar. Ao término dos trabalhos, eles comunicavam-se com ela, ou visitavam-na, contando todas as ocorrências.

Esse problema foi se exacerbando de tal forma e, mesmo assim, Lígia procurou-a por recomendação do orientador espiritual da casa, oferecendo-lhe um trabalho mediúnico direcionado só para as suas necessidades, apelando para que ela compreendesse a sua própria situação e aceitasse a ajuda que lhe estava sendo oferecida. Após muita insistência, ela aceitou, não como ajuda a si própria, pois que não acreditava mais em nada do que ocorria nas reuniões. Jamais ela estaria presa de espíritos malévolos, uma vez que nada sentia em relação a qualquer mal que eles pudessem lhe ocasionar.

Dos espíritos que a envolviam, uma grande parte trazia, como forma de ridicularizá-la perante todos, a aparência de freiras, e comunicavam-se através de palavras doces e ternas, como que a imitando de forma cínica. Para que não fossem detectados, cuidavam para que ela não sentisse o mal-estar próprio dos espíritos infelizes, enquanto trabalhavam a sua mente com as ideias que eles queriam colocar. Primeiro para afastá-la do local onde recebera e poderia ainda receber muita ajuda, muito amparo; depois afastá-la do médium e amigo que tanto a ajudara, e, principalmente, afastá-la de Lígia, a dirigente dos trabalhos, que, apesar de gostar muito de Angélica, de sentir muitas afinidades com ela, de querer ajudá-la com todo o empenho, não aceitava o que ela, juntamente com Márcia, diziam do médium, quanto ao fato de que ele as fazia passar mal, como também todas as pessoas com quem ele falava por via telefônica, afirmando-lhe, frequentemente:

– Isso não ocorre comigo, que também tenho necessidade de falar com ele ao telefone! Por que só com vocês?

Ocasião houve, mesmo, anterior a esse período em que Angélica já se afastara da casa espírita, que ela própria convencera Jonas de que ele prejudicava as pessoas com quem falava via telefone, comprovando-lhe com fatos e exemplos, que ele mesmo, ingênuo, deixou-se acreditar, tendo se privado de falar com muitas pessoas, com receio de fazê-las passar mal.

Angélica, astuta e inteligente, fez com que ele próprio confessasse a Lígia essa situação, acreditando que deveria ocorrer em razão da sua mediunidade de efeitos físicos, como Angélica e Márcia o fizeram crer.

Lígia recusou-se terminantemente a acreditar, tentando esclarecer, tanto Angélica quanto Jonas, que isso jamais poderia ocorrer. Que qualquer possibilidade mediúnica, fosse essa ou outra, era dada para ajudar e não para prejudicar.

– Prejudicamos, sim! – dizia – se para isso nos propusermos, se trabalharmos no mal! Mas se estamos trabalhando no bem, alicerçados no amparo e na proteção dos benfeitores espirituais, isso jamais pode ocorrer! Procurem estudar muito bem a doutrina, pesquisem, e jamais encontrarão tal fato!

Angélica não aceitou a recusa de Lígia, e sentiu que estava sendo abandonada pela amiga de quem gostava tanto, e assim, também, se manteve mais afastada de Lígia e da casa espírita.

Mas voltemos ao trabalho que, insistentemente, Lígia oferecia a Angélica, como forma de ajudá-la, e que dissemos, ela aceitara, não com a finalidade que todos os companheiros se proporiam, mas com a finalidade que ela tinha em mente.

O trabalho, concordado por ela com a condição de que também dele participasse com a sua presença, foi marcado num dia e horário fora das atividades comuns da casa, para que fosse específico às suas necessidades, com resultado mais benéfico a ela e a tantos espíritos que também teriam a oportunidade de ser ajudados.

Quando uma reunião com esses propósitos ocorre, não é hábito e nem aconselhável que o beneficiado – motivo principal de tal realização – permaneça na sala, pois que a liberdade dos médiuns fica tolhida, e os próprios espíritos ficam mais enraivecidos, por verem a pessoa a quem odeiam tanto, ali junto deles, num trabalho de ajuda, para que eles sejam retirados, beneficiando-se assim a quem eles julgam não merecer.

Todavia, tudo foi organizado, e a reunião seria realizada nas condições impostas por Angélica que, embora não sendo as desejáveis, era a única forma com que contariam para ajudá-la, e Lígia não queria perdê-la.

Todos os companheiros, participantes habituais, compareceram, desejosos de proporcionar-lhe um atendimento salutar e benéfico.

O desenrolar da reunião foi chocante. Angélica não acreditava em nada do que os espíritos comunicantes revelavam, e, justamente por não acreditar, achava-se exposta, não ao ridículo somente, mas via-se obrigada a fazer parte de uma encenação armada por médium obsediado – era esse o julgamento que passou a fazer de Jonas – dirigido por Lígia, obsediada também.

Ao final das comunicações, quando a prece de encerramento foi efetuada, Angélica pediu a palavra para agradecer alguns dos médiuns presentes, demonstrando, visivelmente, não ter dado importância ao que outros transmitiram, principalmente Jonas e a irmã de Lígia. Começou a chorar, e comunicou-lhes, talvez para comovê-los e desviá-los da atenção que os espíritos comunicantes haviam despertado neles, dando novo rumo aos acontecimentos, que se encontrava muito enferma, de mal incurável. Todos ficaram muito abalados sentindo que, se ela se encontrava enferma como dizia estar, deveria ter sido poupada de situação tão vexatória, e se apiedaram dela. Lígia e Jonas estranharam muito a sua atitude. Eles, que sempre haviam sido proibidos por ela, de fazer a menor insinuação que fosse, do seu mal, viram-na colocá-lo todo, ali, para os companheiros que tanto se comoveram.

Ela havia conseguido de cada um, o que desejava. Pediu-lhes discrição, pois que ninguém mais sabia da sua enfermidade, e assim o trabalho foi encerrado. Com aquela atitude ela isolou-se completamente de tudo o que os espíritos haviam comunicado, e ainda angariou para si, muita consternação dos companheiros.

Nunca mais ela compareceu à casa espírita, e começou a convencer muitos dos companheiros, agora comovidos e apiedados, para que se reunissem em sua própria casa. Lá ela possuía local adequado, onde poderiam, de forma pura e não conspurcada, continuar a desempenhar o trabalho, sem que tivessem que continuar a partilhar de uma casa onde a própria dirigente se encontrava obsediada, e unida a um médium – Jonas – que não era digno de se assentar a uma mesa para desempenhar um trabalho mediúnico.

Alguns companheiros, iludidos por ela, por suas palavras, e comovidos com o seu mal, começaram a partilhar das suas convicções, e assim, reunidos em sua casa, trabalhavam mediunicamente. Mas ela, ainda assim não estava satisfeita! Queria mais, como sempre o quisera, e procurava se comunicar telefonicamente com muitos outros companheiros, para que também se reunissem a eles, a fim de que, num futuro, uma nova casa espírita fosse aberta, e continuassem a dar ajuda a tantos necessitados.

Alguns já haviam se retirado da casa através de comunicação por escrito, em carta dirigida à diretoria, que já se encontrava desfalcada, pois alguns de seus membros a acompanharam. Mas ela queria arrebanhar para o seu lado outros mais, e, fato estranho começou a ocorrer. Muitos para os quais ela telefonava, começavam a passar mal após, sem saberem o que acontecia, até que o orientador espiritual da casa alertou-os para que evitassem essas conversas, pois que os espíritos que a acompanhavam em grande quantidade, realizavam com eles, exatamente o que ela havia acusado Jonas de ocasionar.

Ah, a casa espírita sentiu-se abalada com tantos acontecimentos adversos, quando tantas esperanças tinham nas suas realizações! Tudo transcorria bem, apesar dos trabalhos para derrubá-los, pedidos por aquele irmão infeliz – Flávio – pois a ajuda dos amigos espirituais era grande, e mesmo ele, percebendo que nada conseguia em termos visíveis, do que desejava, tinha já arrefecido em muito os seus intentos.

Com todos esses acontecimentos, a diretoria, inteligentemente, conseguiu contornar a situação, mas, quanto aos trabalhos, a mesa viu-se muito reduzida em seus componentes, em razão dos que a abandonaram para seguir criatura tão dócil, tão meiga, tão vilipendiada, não só pelos espíritos "falsos" trazidos por médium obsediado, mas apoiado por dirigente também obsediada.

E o mundo espiritual, perguntarão, como pôde permitir que tudo isso ocorresse? Os benfeitores espirituais, entre os quais o orientador da casa, atento a tudo, não mediam esforços para que Angélica não se visse novamente presa de espíritos com os quais tinha tantos débitos. Ela fora bastante alertada, fora trabalhada, fora aconselhada, mas tão envolvida por eles já se encontrava, que não aceitava nada do que lhe ofereciam. O seu orgulho não lhe permitia, a sua obstinação a levava novamente por caminhos tortuosos, dos quais tantos quiseram desviá-la, mas ela própria por eles enveredou, emaranhando-se cada vez mais em teias tão intensas. O mais importante, porém, foi que desta vez não se emaranhou sozinha, não! Levou consigo muitos, que também se emaranharam e se viram privados de participarem de uma casa cujas atitudes eram ilibadas, a ajuda, a orientação espiritual, e o amparo, os mais sadios!

# 15

A RETIRADA DE tantos irmãos da casa espírita, onde trabalho tão sublime era realizado, abalou-a. Os componentes que restaram também sentiram-se abalados, pois formavam um grupo uníssono, para o auxílio a muitos. A falta de diversos companheiros deixou claros em algumas das atividades, mas não só nestas que sempre, com o colocar de substitutos de boa vontade, suprem as lacunas, e tudo logo é recomposto. Mas, nos corações de grupo tão fraterno e uno, ficou a sensação amarga da incompreensão. Por mais gostariam – sobretudo Lígia – que todos compreendessem a real situação na qual Angélica se encontrava imersa, para ajudarem-na e ela não se visse prejudicada, foram envolvidos de tal forma, pelos mesmos espíritos que queriam vê-la ao abandono, a descoberto de tanta proteção, que a consideravam vilipendiada, e acorreram para hipotecar-lhe a sua consideração e solidariedade, apoiar-lhe as iniciativas, tão ultrajada fora na casa que ajudara a criar.

Ah, se eles conseguissem enxergar com os olhos da realidade, a verdade seria outra! A cada palavra de Angélica, teriam uma explicação para convencê-la de que estava errada, ajudando-a bastante, mas deixaram-se levar pelas suas ideias obstinadas. Deixaram-se dirigir por ela, que já estava sob o domínio total daqueles mesmos de quem se propusera afastar ou nunca se deixar envolver.

Os amigos espirituais da casa onde ela estivera levando a sua colaboração, eram-lhe gratos pelo muito que já havia realizado, e, embora sem condições de a demoverem completamente daquela obstinação, pois que em tudo há o querer, que já explicamos muito, permaneciam à distância, promovendo a proteção que lhes era permitido promover, e mesmo quando se desprendia pelo sono, estavam atentos e não a deixavam presa daqueles irmãos infelizes. Mas a sua obstinação era tão intensa, e o ódio que já sentia, tão grande, não pelos que permaneceram na casa, mas, mais especificamente por Lígia, por quem sempre nutrira um amor fraterno muito sincero. Sentia-se abandonada por ela, uma vez que não partilhava das suas convicções, e permanecera com o médium – no seu conceito – conspurcado pela sua incorreção de caráter, pois influía no seu trabalho mediúnico, tornando-se um farsante tão odioso, que chegava a prejudicar as pessoas, até à distância. Também a irmã de Lígia era alvo do mesmo sentimento, pois que permanecera com a irmã e apoiava também o médium Jonas, por quem nutria também muita amizade.

Quanto aos outros, não se cansava de convidá-los para se libertarem de local que não correspondia às expectativas do mundo espiritual, e passassem a engrossar a nova fileira que estava formando, a fim de trabalharem de acordo com o que Jesus desejava, e dentro da verdade que só eles conheciam. Desejava que Lígia, a irmã e Jonas, muito unidos que estavam, permanecessem sós, e que aos poucos, os próprios frequentadores da casa compreendessem que lá não era o local adequado a eles, e também se afastassem.

Se os amigos espirituais, embora não concordando com ela, procuravam ampará-la, o que não faziam então, em relação àqueles que permaneceram na casa, àqueles que conseguiram, em meio a todos os choques de emoções e sentimentos, enxergar a verdade? Sim, o amparo para esses era muito grande.

O Plano Maior muito realiza em favor de muitos, mas para que esse auxílio se lhes chegue, e para que o trabalho que desenvolviam naquela casa, em favor de tantos, continuasse, precisavam dos encarnados, e felizes estavam agora, que, apesar de se encontrarem em menor número, trabalhavam com aqueles que permaneceram convictos de sua crença, desejosos não só de trabalhar, mas de obrar com a verdade de Jesus.

Haviam sido testados, pois cada situação que devemos enfrentar é um teste a que somos submetidos, e os amigos espirituais sentiam-se trabalhando com um grupo de escol, selecionado por tantas provas e testes, dando sempre o testemunho de que se encontravam preparados para enfrentá-los, tanto o foi, que saíram aprovados.

O grupo era menor, mas de qualidade boa! Não eram perfeitos, que aqui neste orbe ninguém o é. Todos se encontram resgatando e se preparando para, um dia, terem uma vida melhor, mas estavam conseguindo se manter ao lado do trigo, ou melhor, eles próprios faziam-se trigo, separados do joio, e, mesmo triturados, amassados, permaneceriam trigo e se transformariam em alimento para muitos.

Mas, o que dizer daqueles que se afastaram? Que foram reprovados no teste? Não, não podemos afirmar isso! Apenas que não conseguiram compreender as verdades de todos os ensinamentos transmitidos durante tantos anos na casa espírita, onde muitos o eram por eles mesmos, e que, no momento de vivenciá-los, não souberam discernir. Não foram reprovados, que Deus não reprova nenhum de Seus filhos, apenas os deixa permanecer um pouco mais no aprendizado, para que novas experiências se lhes acheguem e o discernimento se faça. E quando o momento de demonstrar que também já aprenderam, chegar, serão novamente testados e, quem sabe, conseguirão ser aprovados nos testes, não por Deus, mas por eles próprios, escolhendo o caminho do amor de Jesus, o caminho da Luz, que os iluminará e os recolherá ao aprisco do Senhor, puros, humildes, iluminados, prontos a servir!

# EPÍLOGO

# EPÍLOGO

# 01

PASSADOS UNS POUCOS meses, a casa espírita, tão abalada pelos acontecimentos que culminaram com a retirada de tantos irmãos, encontrava-se já recomposta, e caminhando no desenvolvimento de suas tarefas, tendo tudo se normalizado.

Angélica reunia, em sua casa, os irmãos que a acompanharam, e lá realizavam reuniões mediúnicas, com a intenção caridosa de promover a desobsessão da ex-companheira, dirigente da casa espírita, como também do médium apoiado por ela.

É óbvio que, acompanhados como estavam todos, envolvidos também pela grande multidão de espíritos que desejavam perdê-la, cada um tinha uma história para narrar sobre o médium e sobre a orientadora, como se verdadeiramente com eles estivessem. Assim pensando que, abnegada e desprendidamente, ajudavam os que os haviam repudiado, não atinavam que desviavam, propositadamente imposto pelos espíritos, a atenção de que eles próprios estavam sendo alvo de obsessão tão profunda.

Mas Deus está atento a tudo e tem os Seus desígnios. A saúde daquela irmã, tão afastada de um ambiente benéfico que sempre lhe proporcionara atendimento físico salutar, ficava cada vez mais precária, mesmo com a continuidade dos atendimentos médicos, e um dia em que ninguém esperava, pois a sua obstinação ainda a mantinha em pé, foram surpreendidos com a sua retirada do mundo dos encarnados.

Chegara o momento de seu retorno ao mundo espiritual, de onde partira tão esperançosa e tão cheia de promessas.

O que levaria ela de volta, em lugar dos louros da vitória que desejava entregar ao irmão que a orientara? O que lhe diria quando pudesse se defrontar com ele?

Mas, espírito tão obstinado e livre do corpo, assediado pela imensidão de obsessores que aguardavam o momento de sua partida para arrebanhá-la para si, estaria à mercê de mãos impiedosas, não fosse o amparo, mesmo à distância, dos amigos espirituais com quem ela trabalhara, e que nunca a abandonaram, pois, apesar de tudo, sabiam reconhecer o que ela havia realizado em favor da casa espírita e em favor de muitos necessitados.

Eles a recolheram e a retiveram livre do assédio imenso de irmãos tão infelizes, num pequeno local de repouso para os que deixam o corpo, a fim de lhe proporcionar um período de sono profundo, durante o qual, o refazer de suas energias espirituais, e o desfazer das impregnações que trazia por enfermidade tão atroz e por assédio tão intenso, ser-lhe-ia propiciado.

Sob sono profundo ela estava tranquila, mas o despertar se fez. Quando percebeu que já não existia em corpo e que já não pertencia ao mundo dos encarnados, uma revolta muito intensa a envolveu, e todo o rancor que trazia em seu coração contra aqueles irmãos que julgava, eram a causa maior de sua desdita, voltou, e muito mais profundo ainda, pois não tinha mais o corpo para barrá-lo e nem para impedi-la de nada.

Num impulso muito intenso de sua mente, projetou-se fora de lá, burlando toda e qualquer vigilância, e retornou, instalando-se no lar do médium que odiava, e desejava, com todas as forças da sua obstinação, prejudicar, como fora – no seu entender – prejudicada por ele.

Ninguém sabia, ninguém a via, mas ela lá estava, observava e planejava. Seu espírito agudo e lúcido, dentro dos rancores que trazia, traçava planos. Não deveria atacá-lo, sem que uma diretriz fosse traçada. E o melhor para isso seria observar...

Conhecia-o bem, mas não tão intimamente como quem participa da sua vivência diária, das suas atitudes e de seus pensamentos.

Fora preterida em razão da sua mediunidade, pelo que ele falava, pelos espíritos que recebia, pelas orientações que passava. Por que não nulificar essa possibilidade para lhe mostrar quem era o melhor, para evitar que suas comunicações continuassem a auxiliar a orientadora, num trabalho de assistência a muitos?

Quando desejamos empreender uma atividade maléfica, sempre encontramos, com muita facilidade, aqueles que se dispõem a nos ajudar, por diversas razões. Une-se passado culposo, unem-se os que não desejam que o bem prevaleça, e querem impedir que trabalho tão sublime e benéfico a tantos, seja realizado.

Com a força da sua obstinação, com o seu desejo de prejudicar, ela trouxe para sua companhia muitos irmãos infelizes que com ela colaborariam.

O importante era nunca se fazer perceber!

Isso é possível porque os encarnados têm as possibilidades de percepção do mundo espiritual, vedadas, e, àqueles que a possuem mais amplas, são trabalhados para nada perceberem quando os espíritos não desejam se fazerem visíveis.

A sua atividade era intensa! Todavia, aqueles mesmos irmãos que sempre a ajudaram, aqueles que desejavam promover a redenção de espírito tão devedor, estavam atentos, que nada lhes é vedado. Eles também têm seus objetivos e também traçam seus planos.

Como deixar aquela irmã, que fora tão querida, apesar de tudo o que fizera, junto de entidades tão infelizes, agindo no mal? Como deixar espírito tão obstinado, permanecer nas fileiras da maldade, do prejuízo? Eram reconhecidos pelos esforços que ela realizara, e ajudaram-na bastante para que se redimisse. Estavam a par de tudo e deixavam-na agir, dentro dos limites permitidos, sem que ela soubesse ou percebesse, até o momento aprazado para dar-lhe uma ajuda mais efetiva e profunda. Porém, enquanto essa hora não chegasse, ela agia.

E os resultados não tardaram a aparecer. A mente do médium era, aos poucos, trabalhada para perder o gosto pelas reuniões mediúnicas, para se afastar da orientadora e da amizade de sua irmã, e ele, receptivo a essas sugestões, achando que eram resultado de suas próprias reflexões ou de sua vontade já enfraquecida, deixava-se levar.

A orientadora do trabalho de desobsessão percebia que Jonas já não era o mesmo. Estava indiferente ao que pudesse ocorrer na reunião, e até às necessidades mais urgentes de atendimento mostrava indiferença ou desprazer, eximindo-se o mais possível.

Enquanto isso, Angélica-espírito, estimulava nele o orgulho, pretendendo desenvolver, junto dele, algumas atividades para expô-lo ao ridículo perante os companheiros e os frequentadores da casa.

Queria aniquilá-lo de vez, tanto mediunicamente, quanto na consideração e respeito que havia adquirido entre os companheiros e frequentadores da casa, por sua conduta ilibada e desejo de auxiliar.

A orientadora Lígia estava preocupada, percebendo que algo muito estranho estava ocorrendo. Oferecia-lhe ajuda constantemente, obtendo sempre a sua recusa, alegando que tudo estava bem. Nada aceitava e afastava-se de sua amizade cada vez mais!

# 02

AQUELE ESPÍRITO OBSTINADO estava feliz! Incontida em seus desejos e ações, trabalhava muito intensamente, à distância, para não ser captada.

Tudo, porém, tem o controle dos amigos espirituais e dia chegou que precisavam começar a auxiliá-la mais efetivamente.

O período de seu trabalho anônimo estava terminado. Ela deveria aparecer e se identificar, mesmo contra a sua vontade.

As providências foram tomadas, e Jonas foi impelido a aceitar o oferecimento de Lígia, para ajudá-lo. Embora relutasse e afirmasse que nada sentia, compareceu à sua casa, para que uma tentativa se fizesse, e, se Deus permitisse algum esclarecimento, muitas indagações encontrariam respostas, e ele próprio, o médium, livre do que lhe ofuscava a sensibilidade, começaria a trabalhar mediunicamente de modo mais eficaz, sem prejuízo do trabalho de atendimento aos necessitados.

À hora combinada ele lá estava, afirmando que de nada adiantaria, que nada sentia, e mesmo que se esforçasse, não conseguiria.

O pequeno grupo de encarnados, apenas Jonas, Lígia e sua irmã, reuniu-se, e Lígia rogou a Deus, em prece, que aquela situação que envolvia o médium tivesse uma solução satisfatória, e para isso pedia a ajuda dos amigos espirituais da casa espírita, onde emprestavam a sua colaboração.

Mal sabiam eles a entidade que lá seria levada, mal sabiam eles que tal reunião fora sugerida pelos amigos espirituais, através de intuição insistente.

Pensavam em qualquer entidade naquele momento, desconhecida talvez – aquelas que sempre pretendem perturbar o bom andamento de reuniões assistenciais, de nível mediúnico, por serem contrárias à luz, como se identificam quando passam pela comunicação – mas nunca, nunca, por nenhum momento, se lembraram daquela irmã infeliz, e ainda muito querida por tantas lembranças boas vividas no bem, no desejo de auxiliar, no amor fraterno, pois supunham-na amparada, em repouso, pelo auxílio que os amigos espirituais da casa, tinham a certeza, lhe proporcionavam.

Terminadas as preces, o médium foi solicitado pela orientadora, que se esforçasse para receber alguma entidade e mudar aquela situação.

– Não consigo! Não sinto nada! É como se não tivesse mediunidade! – exclamava ele.

Após algumas tentativas, Lígia pediu à sua irmã que se sentisse algum envolvimento, desse passividade, para, de alguma forma, auxiliar.

Logo ela começou a ser envolvida por uma entidade que iniciou sua comunicação de modo vago, tentando não ser reconhecida, mas a médium passou a ter lembranças muito intensas de Angélica, provocadas pelos amigos espirituais que desejavam resgatá-la. Ao perceber que fora identificada, tentou passar à médium, uma sensação de receio de dizer o que sentia.

Passadas as primeiras palavras, ela – médium consciente – interrompeu a comunicação, dizendo à doutrinadora, sua irmã:

– Quem está falando agora, sou eu mesma, a médium! Interrompi a comunicação por estar sentindo fortemente Angélica. Não é outro espírito, senão ela própria que estava falando!

Os dois – Lígia e Jonas – sobressaltaram-se pela surpresa da revelação, e Lígia recomendou-lhe que novamente se postasse em concentração, para que, se ela realmente ali estivesse, retornasse à comunicação, e para isso, pediu a ajuda dos amigos espirituais.

O seu rancor por ter sido descoberta, foi muito grande, e ela revelou, pela comunicação, esse sentimento, dizendo que era ela mesma, Angélica, que odiava a todos ali, e odiava aquele local onde por tantas vezes se submetera a tratamento. Acusou-os, desabafando todos os sentimentos negativos contidos em seu coração, durante muito tempo, acrescidos, naquele momento, de revolta por ter sido descoberta, e também por ser obrigada a ali estar contra a sua vontade.

Nada aceitou! Nenhuma palavra que pudesse demovê-la de tal empreitada, teve eco em seu coração. Prometeu continuar a sua ação, principalmente sobre Jonas, por quem se sentira humilhada e responsável pelo seu afastamento da casa espírita, e sobre Lígia e a irmã, por terem permanecido com ele.

Nada mais precisava dizer! Nada tendo aceitado, seria necessário ainda um período para ser trabalhada. Espírito tão obstinado, agora imbuído de propósitos tão intensos no mal, demoraria para ser convencida, para enxergar a verdadeira realidade, porém, não a que lhe fora revelada pelos espíritos que a assediavam e desejavam perdê-la através das brechas fornecidas por ela própria, pelas imperfeições que ainda trazia em si e das quais não conseguira se desfazer.

Extravasado foi todo o fel que trazia consigo, aquele mesmo que os irmãos infelizes que permaneceram com ela colocaram-lhe no espírito, gerando situação tão difícil a tantos, trazendo-lhes sofrimentos e consequências muito tristes.

Entretanto, temos o nosso livre-arbítrio, temos a nossa razão, o nosso raciocínio, e também, no caso da nossa irmã, um passado de fraternidade e amor, de dedicação e trabalho, que ela pôde vivenciar junto daqueles irmãos com os quais convivera dentro da casa espírita e no ambiente familiar. Por que, no momento de dificuldade, ela não os analisou, colocando em comparação tudo o que cada um representara, com as atitudes que ela insistia em lhes imputar?

Como uma amizade de tantos anos, com tanta pureza de sentimentos, de repente se transformaria em desejo de humilhá-la, de fazê-la sair da casa espírita onde realizava um trabalho tão belo e tão benéfico?

Como quereriam prejudicá-la, aqueles que sempre se dispuseram, com imenso amor, sem dia nem hora, tantas vezes quantas foram necessárias, a cuidar da sua saúde afetada, para preservar-lhe a vida, a sua companhia, a sua permanência no lar, onde ainda era tão necessária aos filhos, aumentando-lhe as oportunidades de continuar trabalho tão profícuo no campo mediúnico e doutrinário?

Por que a cada melhora que demonstrava, sentiam-se mais felizes por vê-la recuperar-se?

O que teria acontecido, para que ela visse toda essa situação apenas como os espíritos maléficos desejavam que visse, sem que pudesse reagir às suas sugestões, contestando, analisando e até aceitando a ajuda que Lígia – a par de tudo o que se passava – constantemente lhe oferecia?

Todas essas indagações, para impeli-la a procurar as respostas em si mesma, após a sua retirada da comunicação, começaram a lhe ser feitas. Ela nada aceitava, mas nada impedia que um irmão abnegado e desejoso de resgatá-la de empreitada tão infeliz, ficasse em sua companhia, embora sem ser visto, apelando-lhe para o raciocínio lúcido, para o bom-senso. Mas a obstinação no mal era tão intensa, que, embora ouvindo, nada aceitava, em nada acreditava, tão cristalizados em si estavam os seus próprios conceitos.

Os dias passavam, e, desde que não mais incógnita estava, passou a prejudicar mais intensamente o trabalho do médium, na casa espírita, deixando-se até ver por ele. Embora conservando o mesmo rosto, assumira uma nova postura visual, envergando a aparência daquela madre que trabalhara para o mal há séculos atrás.

Trazia, como aquelas que quiseram prejudicá-la, o hábito das que se dedicam a Deus, e, no peito, o símbolo daquela doce figura que entregara a vida por amor à humanidade, porém, dentro, no coração, tinha o veneno do ódio e o desejo de vingança.

O mesmo cuidado e atenção que aquele espírito recebera e fora alvo, quando da sua preparação para a encarnação que há pouco terminara, estava recebendo agora. Eles tentavam, com esforços ingentes, trabalhar-lhe a mente para as sutilidades evangélicas tão propaladas por Jesus, mas ainda era cedo. Nada lhe chegava ao coração, onde todos os espaços eram pequenos para conter tanto rancor, tanto desejo do prejuízo.

Contudo, os bondosos amigos espirituais, principalmente aqueles que lhe haviam sido orientadores, e compreendem as falhas humanas, estavam incansáveis nos recursos que providenciavam para ajudá-la a sair de atoleiro tão profundo. Mas que saísse pelas próprias convicções, que saísse consciente de que errara, e de tudo o que fizera movida pela atuação espiritual, na qual nunca acreditou, e o que era muito mais importante, pelas imperfeições que trazia no espírito e das quais não conseguira se desfazer, mesmo realizando um trabalho no bem. Só assim lhe seria benéfico.

Apesar de tudo, nada fica perdido diante do Pai. Nenhum auxílio que estendemos a um irmão em sofrimento, passa despercebido aos Seus olhos! Ela muito se esforçara, e somente falira na prova final e decisiva, para alijar de seu espírito, de uma vez por todas, o compromisso com aqueles irmãos infelizes que foram suas vítimas em passado distante.

Mesmo assim, por tudo de bom que fizera, merecia o amparo do Plano Espiritual, que muito trabalhava a seu favor.

# 03

MOMENTOS HAVIA, EM que aquele espírito, tão pertinaz e obstinado em suas atividades de destruição, também se cansava. Colocava-se num canto e pensava, pensava,... não nos sentimentos bons que abrigara por tanto tempo, mas em como deveria agir, para mais rapidamente conseguir a sua vingança, a ponto de ver aquela casa espírita que tanto ajudara, desacreditada e fechada.

No entanto, os amigos espirituais que tudo veem, e sentem a fragilidade do espírito mesmo na obstinação, nos seus momentos de cansaço, sem que ela percebesse, aplicavam-lhe passes, procurando modificar seus sentimentos, enquanto outros, mais suscetíveis e afinizados com a sensibilidade do grande mestre, diziam-lhe:

*Querida irmã, em Cristo!*
*Que as bênçãos daquele que é o Criador Supremo do Universo, te envolvam, abrindo-te os olhos do espírito para as verdades que te circundam, para as docilidades evangélicas que tu mesma ensinaste a tantos que te admiravam e absorviam tuas palavras, fazendo-as penetrar em seus corações sequiosos de paz!*
*Vemos, querida irmã, ainda há muita bondade em teu espírito, e é para ela que apelamos, em nome do Pai Universal! Olha para ti mesma, e pro-*

*cura encontrar essa mesma bondade que um dia vimos em teu coração e em tuas ações, e com elas ficamos felizes!*

*Faze, querida irmã, com que ela renasça em ti, encobrindo todo rancor que abrigas, todo desejo de uma vingança vã, com a qual só irás assumir mais compromissos!*

*Roga ao Pai que Ele te faça ver a verdade, não aquela que colocaram em teu íntimo, mas aquela que não tem receio de nada, pois que está junto do Pai!*

*Aprende, querida irmã, a ver naqueles que hoje pretendes prejudicar, irmãos queridos que sempre se esforçaram muito para te ajudar, contribuindo para que maiores oportunidades de ressarcimento de débitos te fossem dadas!*

Ao ouvir estas palavras, sem saber de onde vinham, mais revoltava-se, e, num impulso muito intenso, levantava-se, repelindo toda e qualquer ajuda.

Os amigos espirituais que a amavam, e queriam vê-la redimida de tanto mal, não se cansavam, mas estava muito difícil. Porém, como nenhum espírito foi criado pelo Pai, para permanecer no mal, eles continuariam seu trabalho, até que pudessem levá-la redimida.

Quando novamente refeita pelo repelir de toda e qualquer sugestão para modificar seus intentos, procurando sondar a realidade que a envolveu, deu prosseguimento ao seu trabalho.

Tinha já, junto dela, muitos que a ajudavam, porque também é desejo de irmãos que ainda se demoram no mal, ver a destruição de ideais nobres de auxílio, ver a destruição daqueles que servem de instrumento à concretização desses ideais.

A voz primeira era sua, mas muitos estavam em sua companhia e a ajudavam, entre os quais, um grande número daqueles que queriam vê-la no mal, e desvalida do amparo de que sempre fora alvo. Regozijavam-se por tê-la novamente consigo para a realização de trabalhos demolidores, sobretudo quando ela, tomando a postura que mantivera no convento, há séculos atrás, deu-lhes condições de se achegarem mais estreitamente. Sentiram, no reencontro, aquela que tantas incumbências lhes dera, permitindo que liberassem, sobre aqueles que desejavam prejudicar, o fel que traziam.

A sua assembleia já era grande, a felicidade que os envolvia, maior ainda!

Tantos trabalhando numa empreitada de tanta satisfação, num trabalho tão grande, muitas tarefas foram organizadas e distribuídas. Alojaram-se na casa espírita, atingindo os outros membros que participavam daquela reunião tão benéfica de auxílio; no lar da orientadora Lígia, atingindo seus familiares num período que lhes foi de muitas dificuldades, e no lar do médium Jonas, onde agiam com muito mais intensidade, atingindo, especificamente, sua mãezinha, tão carente de saúde física.

O sofrimento, a conturbação estavam instalados e todos os atingidos, muito preocupados. Embora conscientes de que todo o sofrimento são créditos colocados na conta de seus débitos, lhes estava sendo difícil.

O Plano Espiritual a tudo via, a tudo estava atento e promovendo todas as providências para que tal situação tivesse um fim. Mas, para que esse fim fosse atingido, necessário seria que aquela irmã compreendesse, aceitasse e partisse convicta.

Como trabalhá-la a fim de que visse a realidade e a extensão do mal que realizava?

Colocaram-na algumas vezes à comunicação, conseguindo, em uma delas, que fosse levada a um posto espiritual onde ficou em repouso, durante o qual trabalhavam a sua mente para enternecê-la, ficando mais sensível às verdades tão proclamadas por Jesus. Era uma tentativa a fim de que, por ocasião do seu despertar, pudessem trabalhá-la, encontrando-a mais flexível e com maior facilidade de compreensão e aceitação, e daí partisse de vez para o ressarcir de seus débitos, ainda no mundo espiritual, através dos estudos e do trabalho a que o próprio remorso a levaria.

No entanto, nada estava adiantando.

Muitos conceitos evangélicos eram-lhe colocados na mente, apelando para o amor de Jesus a toda a humanidade, quando palavras tão ternas de instrução, de coragem e de amor foram aqui deixadas.

Entre os encarnados que ela tanto molestara, sentiu-se o alívio pela sua retirada, e a felicidade de que tivesse partido, quem sabe, compreendendo melhor todos os fatos que os envolveram, e que pudesse, também, ser mais feliz em novas empreitadas no bem. Apesar de tudo, sempre gostaram da companheira e lamentaram muito não terem podido ajudá-la como desejavam. Mas, se ela partira para um novo caminho, ficavam felizes.

Desfrutaram de paz, por algum tempo, porém, de repente, começaram a sentir os mesmos problemas, e a percepção de Jonas avisava-lhe de que ela estava de volta, que havia escapado da ajuda que os amigos espirituais tentaram e se esforçaram em lhe proporcionar, mas que ela ainda não se encontrava preparada para aceitar.

espírito tão obstinado precisava de muito para ser convencido, para compreender, e o trabalho em seu favor deveria continuar.

Aquele espírito pertinaz novamente se encontrava no mesmo meio de onde fora levado, no mesmo meio em que trabalhara em Jesus, e que agora odiava e queria destruir.

Os familiares que havia deixado na Terra, principalmente os filhos, consternados e entristecidos pela surpresa da partida da mãe tão querida, que se mantivera, até o último instante, na obstinação de esconder deles a gravidade do seu mal, não eram objeto de suas preocupações. Praticamente anulara os seus sentimentos em relação a eles, para desempenhar tarefa tão importante, imposta a si mesma. Nada importava, senão a consecução de seus objetivos, e nele trabalhava e para eles se empenhava....

Novamente as diligências dos amigos espirituais, para redimir espírito tão obstinado em suas ideias, começaram, mas ela nada deixava penetrar nos conceitos que cristalizara em seu íntimo, através da ótica que os espíritos que desejavam perdê-la a fizeram ver.

Eles trabalhavam muito, mas nada conseguiam. Parecia que, com o passar dos dias, mais enraivecida ficava, a ponto de ser levada à comunicação e nela extravasar, de forma muito intensa, o ódio que trazia em si, unido à frustração de ali estar submetida à vontade dos amigos espirituais, que não mais sentia nem ouvia.

Mas Deus sempre tem Seus desígnios para que ovelhas desgarradas sejam novamente recolhidas ao seu aprisco, e, um engenho que pensavam, seria a forma de fazê-la compreender o que ninguém o conseguira, foi arquitetado.

Intuídos foram os irmãos mais atingidos, a realizarem uma pequena reunião mediúnica para ajudá-la, e, sem que soubessem o que ocorreria no seu desenrolar, foi providenciada. Confiavam nos amigos espirituais, orientadores da casa espírita, que já haviam dado, de sobejo, mostras do grande amor que dedicavam à tarefa que abraçaram e da grande consideração que tinham por irmã tão infeliz.

Iniciou-se a reunião, e logo ela foi colocada à comunicação, através do médium que ora odiava e desejava atingir. Ela demonstrou, com profundidade, o seu desejo de vingança, por mais a orientadora – no momento a doutrinadora que com ela conversava, – manifestasse a intenção e vontade de ajudá-la.

Em determinado momento, porém, o engenho preparado pelos amigos espirituais, seria tentado.

A irmã da orientadora sentiu um envolvimento, dando passividade, e a entidade comunicante começou a falar-lhe com muito amor e com a emoção que procurou conter, tão preparada havia sido:

– Filha do meu coração, aqui estou! É a sua mãezinha que veio, atendendo ao chamamento dos bondosos amigos espirituais que querem ajudá-la!

Quando começou a ouvir estas palavras que reconheceu ser de sua mãe, interrompeu o que dizia, e passou a ouvi-la:

– Vim buscá-la, filha, para que deixe trabalho tão demolidor que vem realizando, e estejamos juntas,...

Logo em seguida, ela própria, Angélica-espírito, através do médium, interferia, dizendo-lhe:

– Não vou com a senhora, não adianta usar de palavras ternas querendo convencer-me, que não conseguirá! Continuarei aqui, e mostrarei àqueles que me humilharam, quem sou eu e o que farei!

– Ninguém a humilhou, filha, você ainda não compreendeu e é isso que quero explicar-lhe. Venha comigo que a levarei a um local tranquilo onde poderá refletir e concluir, por si própria, o quanto estava errada!

– Não perca tempo comigo que não irei!

– Onde estão seus filhos, minha querida? Você os esqueceu! Lembre-se deles, da ternura e do amor que sempre lhes devotou, e, por eles, deixe tudo! Você nem sabe como eles se encontram!

– Meus filhos estão bem com o pai! Já são grandes e sabem cuidar de si!

– Tem o seu caçula, filha, que sofre muito a sua ausência! Vamos embora, eu a levarei à sua casa, você o abraçará, levar-lhe-á palavras de conforto para ajudá-lo também!

– Não irei, não perca seu tempo!

– Lembre-se de Maria, a mãe de Jesus, pela qual nutria um amor e uma ternura tão grandes, como mãe que também o era! Você se enternecia a se emocionava ao falar nela. Ore, peça-lhe, filha, que ela a ajude a compreender e a se afastar desse fosso onde está se afundando! Ouça sua mãe que a ama e quer ajudá-la!

– Quanto a Maria, deixe-a, como eu a deixei! Se ela não serviu para evitar que tantas humilhações eu sofresse, não merece o meu amor nem que me lembre dela, nem que lhe peça nada! Deixe-a, como já o fiz – esqueci-a!

# 04

NADA, NENHUM ARGUMENTO, nenhum apelo aos seus antigos sentimentos surtiram o efeito desejado, tão empedernida estava. Nenhuma palavra, tentando ajudá-la, penetrou-lhe o espírito, que tinha apenas um objetivo, para o qual extravasava todo o ardor de seu ódio.

Em vão a mãezinha fora trazida, pois nem ela conseguiu demovê-la de seus propósitos.

A reunião estava sendo presenciada e assessorada pelos amigos espirituais que desejavam levá-la, retirando-a de empreitada tão maléfica. Tinham recursos incontáveis para levá-la, até imobilizada ou dormindo, mas, de que adiantaria?

Teriam de levá-la por sua própria vontade, consciente de suas convicções, para depois, a partir daí, começar a trabalhar o seu refazimento, a sua consciência plena dentro da verdade, dentro dos compromissos que assumira perante o Pai, quando ainda encarnada, e agora, como espírito livre.

Os amigos espirituais a ajudariam, como a ajudavam agora. Estava difícil, mas não era impossível. Quando um recurso falha, para o desempenho de qualquer atividade, vamos em busca de outro, mas não devemos desistir.

Se há os obstinados de olhos fechados ao bem, há também, em grande número, os "obstinados" incansáveis, de olhos sempre abertos às realizações de amor, procurando o mal para transformá-lo em bem, procurando o sofrimento para levar-lhe o alívio.

A situação em que viviam era por demais difícil. Os encarnados sofriam, a reunião mediúnica de auxílio a tantos estava afetada, e espírito tão obstinado também sofria. Sim, o ódio, as frustrações fazem-nos sofrer muito, e, quando estamos errados, então, precisamos reconhecer a verdade, para que o sofrimento maior – o remorso – não advenha, ao abrirmos os olhos.

Nada tendo aceitado, nenhum argumento tendo-a convencido, ela foi retirada juntamente com sua mãezinha, que nem vista por ela o era.

Permitido foi, a pedido da própria mãe, que pudesse permanecer por mais alguns dias junto da filha, e tentar convencê-la de alguma forma, utilizando-se das palavras que só o amor de mãe sabe dizer.

Ela, porém, nunca deu atenção a nada do que a mãe tentava lhe dizer – ouvia sua voz, sentia seu abraço terno, mas, tão arraigada estava em seus objetivos, que a repelia. Tinha medo de se deixar convencer e armava-se de tal forma para que nada interferisse nos seus planos.

Entretanto, todos nós possuímos o nosso ponto sensível, todos temos os nossos sentimentos mais profundos no nosso íntimo e aquela irmã também os tinha.

Vivemos muitas existências, armazenamos experiências, mas armazenamos também sentimentos bons, entes queridos que permanecem em nossa lembrança, mesmo que muitas encarnações passem sem que os encontremos. Isso não importa, pois sabemos que o espírito é imortal e, mesmo afastados um do outro, um dia o reencontro se dará, quando ambos puderem gravitar no mesmo nível de elevação espiritual, para juntos continuarem.

Assim, aquela irmã também possuía, no ímo mais profundo do seu ser, experiências armazenadas de convivência com um ente muito querido, do qual se via afastada pelas suas próprias convicções, quando, a cada encarnação, faltas tão graves eram cometidas, compromissos tão intensos assumidos. Mais recuada dele ficava, mais remota era a possibilidade de um reencontro feliz...

Todavia, a espiritualidade que tudo sabe e que precisa se utilizar de todos os recursos, quando se trata de redimir um ente tão querido e obstinado no mal, preparava o momento para que tal entidade, vivendo em locais mais elevados, fosse trazida e com ela conversasse, tentando mostrar-lhe a verdade. Era o maior recurso que possuíam e nele punham todos os seus esforços, toda a sua fé.

Tarefa tão importante que os amigos espirituais se impuseram precisava de muitas diligências para ser bem-sucedida.

Permitido foi, no Plano Espiritual onde aquela entidade gravitava, que fosse trazida. Seria um reencontro, embora logo em seguida interrompido pelas circunstâncias expostas, mas era o único que poderia convencê-la, o único que poderia mostrar-lhe a verdade, sem que ela duvidasse.

O afeto intenso que os envolvia, dar-lhe-ia a crença de que nunca, em nenhum momento, ele a enganaria. Mas até que pudesse ser trazido, sua mãe fora incumbida de uma tarefa, embora a filha tivesse recusado qualquer ajuda oferecida por ela. Ela foi colocada a par do que ocorreria, do que tentariam como um recurso extremo e de muita eficiência, e pediam-lhe o seu concurso.

Mostraram-lhe muito da vida de ambos, comprovaram-lhe a ascendência que ele tinha sobre ela, e pediram que ela fosse trazendo para a mente da filha, lembranças daquele passado distante de muitas encarnações de amor, lembranças ternas daquele ente que lhe era tão caro.

E o que uma mãe não realiza em favor dos filhos? Colocada junto dela como instrumento de ajuda, aproveitava-se de todos os momentos favoráveis, para realizar o seu trabalho.

Quando Angélica-espírito sentia as sugestões mentais de sua mãe, sem que sua voz fosse percebida, para não ser recusada, ficava atenta como se ela própria estivesse a rememorar passado longínquo, do qual começava a ter vislumbres, encontrando nele, aquele ente tão querido.

Nessa preparação primeira, os dias estavam passando, sem que nada ainda a impedisse de continuar a sua ação, até que ele próprio veio e permaneceu em sua companhia, sem ser percebido, por dois dias, intensificando-lhe as lembranças, tornando-a mais sensível, quando o momento da conversa chegasse.

Se não fosse dessa forma, se apenas o trouxessem no momento da comunicação, ela não acreditaria e até o ridicularizaria, tão arraigada em seus propósitos estava. Mas, já sensibilizada por suas próprias lembranças, tudo seria mais fácil.

Intuído foi o médium Jonas de que nova reunião de caráter mediúnico deveria ser organizada, porque importantes providências haviam sido tomadas para a redenção daquele espírito. Um ente muito querido do seu passado, no qual punham todas as esperanças de convencê-la, seria trazido.

Comunicado foi à orientadora, e a reunião foi marcada logo em seguida.

Tudo pronto! A expectativa tomava conta não só dos encarnados que desejavam muito ajudá-la, mas dos amigos espirituais que também se esforçavam para retirá-la de empreitada tão infeliz, consciente de que estivera errada, livrando-a também de adquirir mais compromissos.

A reunião foi iniciada com as preces costumeiras, pedindo o amparo do Pai e a assessoria dos amigos espirituais.

Nada demorou para que a irmã da orientadora ficasse envolvida por espírito tão obstinado, que falava com a certeza e a força de quem sabe o que quer.

Ela nada sabia do que se preparara, e incomodava-se por ter que novamente ali estar submissa à médium. Pronunciadas as primeiras palavras, demonstrando o seu rancor e a inutilidade de tantos engenhos para convencê-la, o médium Jonas, envolvido pela entidade de luz que havia sido trazida, começou a falar-lhe:

– Minha querida, hoje tive a felicidade de vir ao teu encontro! Sabes quem está falando contigo neste momento, porque há dias te acompanho e te observo, e tu, pelos recursos que foram utilizados, sabes quem sou! Minha querida, a alegria deste reencontro é tão grande, a oportunidade de estar contigo me traz muita felicidade, e sei que o teu coração também poderia estar feliz ao saber que quem aqui está é o teu doce amor, aquele que aguardas de há muito, aquele com quem foste feliz por muitas vezes, mas que circunstâncias adversas à minha vontade nos separaram. Sei que poderias estar mais feliz ao me reconheceres aqui, se tivesses o coração liberto de tanto rancor endereçado àqueles que não o merecem, pois que só se empenharam em ajudar-te sempre, sempre... Mas tu, minha querida, não compreendeste, e toda a verdade te foi desviada de sua pureza!

À medida que ele lhe falava, com tanta delicadeza e doçura, a mente de Angélica ia trazendo do armazém de suas lembranças, momentos de intensa felicidade que tivera junto daquele ente tão querido, e do qual estava afastada há tanto tempo. Tinha nele toda a confiança que um ser deposita em outro, e tudo o que dizia, ia-lhe penetrando o coração, e, juntando-se às suas próprias recordações, ia se modificando, e ela pôde falar com ele também:

– Eu não posso acreditar que tenha estado errada por todo esse tempo, depois de tudo o que houve!

– Nada houve, minha querida! Foram os teus olhos envolvidos por muitos outros, que quiseram fazer-te ver outra realidade, justamente para prejudicar-te, para perder-te, para afastar-te daqueles que sempre te ampararam, daquele local onde recebias auxílio e onde tinhas a oportunidade de também trabalhar, redimindo-te.

– Você quer dizer que eu estive errada! Que nada ocorreu como imaginava, que eles ainda me querem bem e que me afastei, por engano, caluniando e prejudicando?

– Mesmo que estivesses certa, minha querida, nada do que tens feito tem justificativas diante do Pai Eterno! Mas estando errada, é muito pior! Tu acreditas em mim, que sei, pelo passado que já tivemos e por tudo o que representamos um ao outro! Aguardo-te, querida, para que um dia possamos ainda estar juntos, no amor de Jesus, nos mesmos ideais! Entretanto, se continuas nessa empreitada, cada vez nos afastamos mais. Lembra-te de Jesus, que tudo sofreu injustamente e perdoou! Mesmo que estivesses certa, perdoa e te afasta! Mas sabedora de que nenhum dos teus conceitos é verdadeiro, não tens necessidade de continuar afastada de Jesus, e cada vez aumentando mais a distância que te separa dele! Deixa-te levar, querida, vem comigo que tudo te será explicado e compreenderás, arrependendo-te do mal que tens feito, do tempo perdido!

– Se pode mostrar-me essa verdade, só em você acredito, e tentarei!

Quando ela pronunciou essas palavras, colocando-se à disposição dele para uma verificação mais correta, a alegria que envolveu a todos foi muito grande, não só dos encarnados que a amavam muito, mas dos amigos espirituais que tanto haviam se empenhado, por muito a amarem também.

– Fico feliz, minha querida, que tenhas acreditado em mim, e que te disponhas a acompanhar-me! Verás com teus próprios olhos o que te será mostrado, e compreenderás o que te será explicado, sem as barreiras que tu mesma colocavas, para não compreenderes nem aceitares nada!

– Quero ir com você, mas leva-me depressa, o mais rápido que puder, para que não me arrependa desta decisão! E prometo Lígia, sim, prometo, – falou dirigindo-se a ela – se realmente eu estiver errada, eu voltarei para me penitenciar! Você terá notícia!

Lígia, que apenas ouvia aquele diálogo tão importante, sem interferir, tão emocionada estava, não se furtou de lhe responder:

– Jesus mostrar-lhe-á que o caminho que começa a trilhar agora é o da verdade, e nele será feliz! Compreenda que a amamos e que sempre quisemos ajudá-la, mas que, infelizmente, circunstâncias outras a afastaram do nosso convívio, mas, tenho a certeza, sabedora da verdade dos fatos, será mais feliz! Que Jesus a abençoe, amiga, e que seja muito feliz!

– Eu voltarei! Se estiver errada, eu voltarei!

# 05

TERMINADAS AQUELAS PALAVRAS, ela retirou-se.

Ah, como o regozijo dos irmãos do plano espiritual era grande! Haviam se empenhado e se esforçado tanto e obtiveram êxito. Ela prometera e cumpria, mas agora dependeria de novos engenhos para que toda a realidade pudesse lhe ser mostrada, mas de tal forma que a aceitação plena e total fosse efetuada.

Bondosos amigos espirituais, juntamente com aquela entidade que fora trazida para fazê-la compreender, recolheram-na e levaram-na a um recanto no mundo espiritual, onde ela pudesse ter um pouco de repouso, para após, ser trabalhada como pretendiam.

O repouso provocado não deveria ser muito longo. Seria perigoso pois, ao acordar, todas as suas convicções poderiam retornar e ela novamente se lançaria sobre os que pensava odiar. Na realidade, ela nunca chegou a odiar aqueles irmãos, apenas se sentira prejudicada por eles, não acreditando nos seus argumentos e ofendida por não ter conseguido o que pretendia. No entanto, um afeto muito intenso os havia unido, numa cumplicidade fraterna de amor no bem e no desejo de ajudar, como também pelo reconhecimento por tudo o que já havia deles recebido.

Muitos pensamentos entrechocavam-se em sua mente, e seu repouso não era tranquilo. Mas os bondosos benfeitores aproveitavam-se justamente desses momentos em que tinham o acompanhamento e a sequência de toda a sua atividade mental, para, aos poucos, irem colocando, com os seus próprios conceitos, palavras ternas de compreensão, de explicação da verdade, de amor fraterno e até de perdão, se necessário fosse.

Dois dias, apenas, assim passaram, até que lhe provocaram mais um dia de sono profundo, sem memória, para que o repouso realmente se fizesse.

Aquele irmão que conseguira convencê-la a partir, permanecia em sua companhia, auxiliando-a, e também para que ela, ao acordar, o encontrasse ao seu lado, para ter a lembrança do que ocorrera, sem nenhum perigo de revolta ou desejo de retorno.

Completadas foram as horas que entenderam, seriam suficientes para o seu reequilíbrio mais momentâneo, porque após, dependendo do rumo dos acontecimentos, se ela compreendesse e capitulasse, um repouso e um tratamento muito intenso deveria ser iniciado para sua recomposição.

Conforme pretendiam, ao despertar, ela encontrou-o a seu lado, segurando suas mãos para acalmá-la e dar-lhe segurança.

Surpresa por encontrá-lo, e arguta como era, ela rememorou todos os últimos acontecimentos, numa fração de segundos. Aproveitando-se do momento, ele começou a lhe falar ternamente, demonstrando-lhe muito amor, muito desejo de ajudá-la, e ela, calada, em atitude de reflexão, ouvia-o.

– Minha querida, Jesus permitiu que eu ainda permanecesse contigo para aclarar-te a mente, trazer-te o conforto da minha companhia e ajudar-te na conscientização da verdade que insistes em recusar! Eu também estou feliz de poder estar aqui, satisfazendo anseios tão antigos e eternos, pois sabe que te aguardo! No entanto, se continuas a viver do modo como o tens feito, cada vez mais a nossa união na eternidade dos mundos, fica mais remota. Por que, minha querida, retardar tanto o que podemos ter mais rapidamente? Por que ficarmos tanto tempo afastados, se poderíamos ter continuado juntos, não fossem teus atos tão obstinados? Mas o Pai, que ama a todos os Seus filhos, proporciona-lhes mil oportunidades para que compreendam a verdade que só o caminho que conduz a Ele, contém. Não te afastes desse caminho, querida! Todos estavam felizes do modo como conduzias tua vida, na qual tinhas a oportunidade de resgatar tantos dos teus débitos. Todavia, te deixaste levar por ideias falsas que aqueles que queriam te perder, colocaram em tua mente, fazendo-te ver tantos atos de amor realizados por aqueles irmãos, como humilhações, como desejo de afastar-te da casa onde desenvolvias o teu trabalho redentor e onde recebias tanto auxílio. Ah, minha querida, se não tivesses te deixado levar pela inveja, querendo comparar-te a outro, querendo superá-lo na realização do teu trabalho, quanto terias progredido! Se não tivesses dado ensejo a que aqueles irmãos infelizes que te buscavam, sequiosos de te perder, se aproximassem, deles terias te livrado para sempre. Mas deixando-te levar, levaste outros que também eram beneficiados com a oportunidade do trabalho redentor, naquela casa que amavas.

Ela, que até aquele momento apenas o deixara falar, interferiu, perguntando-lhe:

— Então, por tudo o que me diz, eu estava errada, cometi desatinos, e com isso mais me comprometi diante de Jesus?

— Não quero dizer que mais te comprometeste, que isto deixamos ao Pai, mas explicar-te o quanto estavas errada, e o quanto te deixaste levar pelo orgulho, pelo ciúme e pela inveja!

— Como ciúme, orgulho, inveja?!

— Sim, minha querida, foram os três vícios que te perderam em atos comprometedores, fazendo-te sofrer e fazendo também aqueles irmãos que te amavam, sofrer muito também! Lembras-te, querida, de quando transmitias a tantos os ensinamentos de Jesus, lembras-te da ternura que possuías e do amor que dedicavas a Maria, aquela mãe tão pura e que tanto sofrera em razão do filho?

– Como não lembrar, se foi o tempo mais feliz que vivi na Terra, durante o qual pude desenvolver um trabalho que me trazia alegria, junto de companheiros que me amavam e sempre me sustentaram em minhas necessidades, como nas de meus familiares, que também eram minhas pelo amor que lhes devotava?

– Rendamos graças a Jesus e ao Pai, por fazer-te lembrar e reconhecer o quanto te foi benéfico! Reflete, analisa e conclui, querida! Se assim pensavas, se assim eras feliz, se assim os consideravas, como iriam te prejudicar, se só queriam o teu bem, se também buscavam a tua companhia porque de ti gostavam?

– Estou começando a compreender, não por mim, que ainda tenho dúvidas, mas porque sempre acreditei em você, e sei que não me enganaria!

– Aqui estou para auxiliar-te, mas não posso concordar contigo num erro! Quero que reflitas agora, em minha companhia, com a mente livre de assédios infelizes que a conturbaram. Reflete também, minha querida, no empenho e no amor dos amigos espirituais, não só dos da casa onde emprestaste o teu auxílio, mas daqueles mesmos que te acompanharam para amparar-te! Eles não estariam aqui para iludir-te com uma falsa verdade. Estamos agora num plano onde não existe mais a mentira nem a falsidade de conceitos, mas tão somente a verdade pura, como devem ser todas as verdades! A verdade única que não tem irmãs nem sócias! É nela que tens de acreditar, é ela que tens de enxergar!

– Por tudo o que insiste, tenho que compreender, eu estava errada! Aqueles amigos que sempre estiveram comigo, nunca desejaram me prejudicar, nunca fizeram nada contra mim. Tudo o que fiz foi o resultado de um enredo que eu própria criei, colocando nele os que amava e outros que induzi a me seguirem, afastando-os também de onde trabalhavam, e, mais que isso, recebiam amparo!

– Sim, minha querida, hoje é um dia de regozijo para todos nós que aqui estamos, empenhados em fazer-te entender! Jesus sempre tem muitos meios de nos ajudar a retornar ao seu caminho, e sempre inspira aqueles que possam recolher seus irmãos necessitados de amor, de esclarecimento e de auxílio!

– Compreendo agora e peço perdão a Deus por tudo o que fiz! Lamento ter perdido oportunidades tão preciosas que estavam em minhas mãos e desprezei, carregando, com o meu ódio, outros que agora devem estar ao desamparo! O que devo fazer para redimir-me de tantos erros? O que devo fazer para que Jesus volte seus olhos para esta irmã tão imperfeita? O que devo fazer para pedir perdão a Maria, de quem tanto gostava e duvidei, desprezando-a também?

– Nada deves fazer, senão a ti mesma! Eles que te amam, como espírito imortal, desejam que trabalhes para ti mesma e retornes ao caminho reto do amor, do auxílio, do entendimento, porque é o único que nos leva à perfeição!

– Ah, meu Deus, perdoe esta filha tão infeliz que desprezou oportunidades preciosas de auxílio! Perdoe-me, que ainda poderia estar na Terra, tendo a companhia dos meus familiares queridos, tendo os companheiros que sempre me deram apoio, tendo o amparo daquela casa que sempre me recebeu e me auxiliou, e não tendo decepcionado os amigos espirituais que em mim confiaram e sempre me auxiliaram, muito mais que merecia!

Nesse momento, uma outra entidade, fazendo parte da casa espírita, como um dos seus mentores que tanto havia se empenhado em ajudá-la, durante tanto tempo, enquanto encarnada, feliz, aproximou-se e disse-lhe:

– Filha querida, Jesus que sempre nos auxilia, hoje está feliz! Novamente aquela irmã tão querida, que dele se afastara, retorna a seus braços, porque a compreensão, a aceitação e o entendimento penetraram em sua mente e tocaram o seu coração, fazendo-a entrever a verdade. Tendo entendido, filha, estarás afastada e resguardada de tantos que te assediavam, e com os quais até te aliaras para prejudicar. E, muito mais importante que a própria verdade, é o posicionamento que tomarás a partir de agora. Entretanto, a alegria deste reencontro é muito grande e sei que me ouves! Nunca te abandonei e sempre me empenhei, juntamente com tantos, para que entendesses, mas nada ouvias além de tuas próprias convicções. Contudo, hoje abriste o coração para nos receber novamente, para que um novo limiar mais feliz te seja proporcionado, e novamente retornes a nós, filha do nosso coração!

À medida que ela ouvia estas palavras, proferidas com o amor de um pai e com a emoção de um grande amigo e irmão em Cristo, ela também foi se emocionando, e chorou muito, muito!... E, com palavras entrecortadas pelo choro, pôde também responder-lhe:

– Ah, irmão! Eu não mereço que me fale assim! Eu afastei-me de tudo o que havia aprendido, eu recusei todo o auxílio que me davam, eu caluniei, arquitetei e muito destruí! Não mereço o que me dispensa!

– Se não o merecesses, aqui não estarias! Se não o mereces pelas tuas ações, mereces pelo grande amor que te dedico, por tudo o que realizaste em favor da casa onde trabalhamos, pelo grande desejo de ver-te feliz, esquecida de tudo, e agora, partindo para trabalhares o teu refazimento e o teu completo reequilíbrio!

– O que me estará reservado?

– Todo o amparo que desprezaste, se o aceitares agora, te será dispensado! Mas, para que ele te seja salutar, terá que ser aceito por tuas próprias convicções, sem que um dia recaias em teus próprios conceitos e novamente desejes voltar!

– Eu já compreendi, irmão, e peço perdão, mil perdões por tudo o que fiz, por tudo o que desprezei!

– Ainda aguardaremos mais alguns dias, até que essa decisão se solidifique em teu coração! Depois, sim, a teu próprio pedido, nós te levaremos para um refazimento completo de toda a tua estrutura espiritual e mental, dentro dos ensinamentos do grande mestre, e com a ajuda de muitos amigos que te esperam, que oravam e pediam por ti!

Todos os presentes muito se comoveram, acreditando que seus conceitos estavam modificados, e, a partir daquele momento, novos rumos lhe seriam dados; que a nova consciência lhe propiciaria o ensejo de se restabelecer, e de deixar aqueles que tanto sofreram na Terra, desde os primeiros momentos em que perceberam o seu envolvimento com espíritos que a fizeram enxergar uma outra realidade, recusando tudo o que lhe proporcionavam, caluniando, arquitetando e depois assediando... Proporcionaria também, após, a ela própria, o completo refazimento, o equilíbrio e o bem-estar pelo amparo e proteção dos amigos espirituais que tanto trabalharam a seu favor, retirando-a de empreitada tão demolidora, modificando as suas convicções e ajudando-a novamente a se reerguer por um trabalho no bem, no amor de Jesus.

A alegria entre todos era muito grande, mas aquela conversa ainda não estava encerrada. Ela prometia a si própria e a eles que renunciaria a tudo, que já havia compreendido, mas que, antes de partir, para ter paz, mesmo que algum tempo ainda demorasse esperaria, mas queria retornar mais uma vez e novamente conversar com aqueles que tanto prejudicara. Prometera e queria cumprir!

Ouvindo esse seu apelo, aquela entidade bondosa e que tanto trabalhara para a sua redenção, tranquilizou-a:

– Nada temas, filha querida! Compreendemos o teu pedido e até o louvamos! Nós te ajudaremos a retornar e temos a certeza, ser-te-á muito benéfico que assim procedas! Porém, mais alguns dias ainda terás de aguardar, período esse em que todos os fatos, aqueles mesmos nos quais não acreditaste, ser-te-ão mostrados, para que as convicções fiquem cristalizadas em teu íntimo, e nunca mais tenhas desejos de voltar e retomar aquela empreitada.

– Confiem em mim! Eu já compreendi, não precisam me mostrar nada para terem a certeza, eu prometo! Não desejo ter diante dos meus olhos, momentos de desequilíbrio e desvario pelos quais passei! Ajudem-me, mas evitem-me esse novo sofrimento!

– Estamos te ajudando, mas é necessário! Até aqui acreditaste em nossas palavras, pelo amor e pela confiança que tens naquele que procurou ajudar-te, mas tens que ver por ti própria, tudo!

– Se essa é a minha sentença, eu me submeto, mas ajudem-me a suportá-la!

– Não te abandonaremos em nenhum momento, como não o fizemos nunca, filha! Foste tu que nos abandonaste, nos recusaste! Estaremos contigo e te auxiliaremos com muito mais alegria no coração, porque agora és tu que o solicitas! Quando recebemos um pedido de auxílio, temos a certeza de que a necessidade é grande e a humildade em pedir, maior ainda, e nada recusamos! Aguarda mais uns poucos dias e, depois que tudo te for mostrado, voltarás! Ser-te-á benéfico, aliviarás o teu espírito e levarás muita alegria a todos aqueles que lá ficaram, e foram alvo de tanto sofrimento pelas tuas atitudes. Eles te aguardam, redimida e feliz, não para te dizer que eles é que estavam certos, que isso já o sabiam, mas para ver--te bem, consciente de tua situação, a fim de que um novo caminho possa começar a ser trilhado por ti, no qual a verdade, o amor e o desejo de progredir sejam a tua meta!

# 06

PASSADOS MAIS UNS poucos dias, durante os quais aquela irmã verificou o que era necessário, com seus próprios olhos, através dos recursos que o mundo espiritual possui e os utiliza, nenhuma dúvida mais restou.

Estava convicta de que errara, de que afastara de si aqueles a quem amara e dos quais tanto recebera, e prejudicara o andamento da casa espírita, com a retirada de tantos colaboradores, impedindo que eles também tivessem a oportunidade do auxílio. Lamentava todo o mal que havia feito após, em espírito, àqueles mesmos dos quais se afastara quando ainda encarnada, e sofria muito.

Muito havia sofrido em outras ocasiões, quando se julgava acicatada pela dor da traição, do repúdio e da humilhação, conjugada com a dor física pelo mal que trazia em seu físico. Nada, porém, nada era comparado ao sofrimento que sentia agora, muito maior que tudo o que ela provocara nos outros, aquele sofrimento que corrói o ser, num misto de tristeza e de arrependimento – o remorso!

Os amigos espirituais ainda a acompanhavam, e iriam satisfazer o seu pedido.

– Nada justifica o que fiz! – dizia – Nada fará com que eu me perdoe, mas quero mostrar-lhes que estou consciente, quero pedir-

-lhes o perdão que não consigo dar a mim mesma, e tentar aliviar o meu sofrimento! Se souber, se ouvir deles próprios, principalmente de Lígia e Jonas, que me perdoam, o meu sofrimento será um pouco menor, e, embora não o mereça, dele eu preciso!

Providenciado foi, nos moldes das vezes anteriores, através de pedido a Jonas, pelas suas faculdades mediúnicas, que nova reunião deveria ser efetuada. Angélica viria trazer o resultado de suas investigações e reflexões, sem, contudo, adiantar-lhe quais seriam.

A ansiedade entre o pequeno grupo encarnado era grande, e o momento da reunião chegou.

Após a prece inicial, pedindo a proteção de Jesus e dos amigos espirituais que sempre os assessoravam, a irmã de Lígia sentiu um envolvimento muito intenso, e ela – Angélica – através dessa médium, para deixar Jonas consciente para o que ela pretendia, começou a sua comunicação.

Antes de qualquer palavra, num controle muito grande de suas emoções, usando de sua força, da sua coragem, da sua obstinação – agora com intenção redentora – ergueu as mãos através da médium e apresentou-as a Lígia, dizendo:

– Aqui estão minhas mãos! Aqui estão, Lígia, e entrego-as à palmatória! Pude comprovar o quanto estive errada, e agora volto para pedir a ambos, a você Lígia, e a você Jonas, o perdão! Sei que muito os fiz sofrer, e hoje me arrependo, ainda mais por tudo do qual me privei!

Lígia, muito emocionada, transmitiu-lhe palavras de conforto, de compreensão e de estímulo, demonstrando a grande felicidade que os envolvia por aquele momento.

A emoção de todos era grande, e Angélica continuou, lamentando-se e condenando-se por tudo o que havia feito, pela grande oportunidade que mais uma vez desprezara, nessa sua última encarnação.

Passados esses momentos de intensa emoção, em que ela, insistentemente, pedia-lhes perdão, foi retirada da médium, após ter dito que seria levada, pela misericórdia de Deus, a um local onde pudesse descansar e se refazer, pois sentia-se esgotada e sofrida.

À sua retirada, o mentor espiritual da casa espírita, tomou o médium Jonas para transmitir-lhes algumas palavras:

*Que a paz do Senhor esteja em nossos meios, e nos corações dos que aqui se fazem presentes!*

*Queridos irmãos, a alegria que envolve o nosso coração, neste momento, é muito grande, porque vimos o encerramento de um período difícil de tanto sofrimento, mas, muito mais do que sofrestes, tenho a certeza, é a dor da nossa querida irmã, pelo seu arrependimento!*

*Jesus tem muitos meios para nos levar à redenção, e, graças à bondade e misericórdia do Pai, mostrou-nos o caminho por onde pudemos conduzi-la!*

*Senti-vos felizes, como nós próprios o estamos, não pelo livrar do vosso sofrimento, não por tudo ter sido esclarecido, mas por aquela querida irmã ter compreendido, e porque hoje, um novo espírito volta ao aprisco do Pai, para começar a trabalhar o seu reequilíbrio, a sua paz!*

*Que Deus vos abençoe pela conduta que sempre mantivestes, pelo amor que sempre demonstrastes, e pelo muito que contribuístes para ajudar aquela irmã que hoje parte! Agradecei a Deus, por terdes recolhido lições preciosas, durante as quais sempre soubestes demonstrar dedicação e amor, transformados em desejo de auxiliar, contribuindo também, convosco próprios, para terdes vossos débitos diminuídos! É isso o que o Pai espera de cada um de nós, Seus filhos muito amados, para que um dia, todos nós possamos nos reunir a Ele!*

# OBSTINAÇÃO
# OBSTINAÇÃO
# OBSTINAÇÃO